Interesse Nacional e Visão de Futuro

Rubens Barbosa

Interesse Nacional &
Visão de Futuro

SESI-SP editora

SESI-SP editora

CONSELHO EDITORIAL
Presidente: Paulo Skaf
Walter Vicioni Gonçalves
Débora Cypriano Botelho
Neusa Mariani

Memória e Sociedade

EDITOR
Rodrigo de Faria e Silva

EDITORA ASSISTENTE
Évia Yasumaru

PRODUÇÃO GRÁFICA
Paula Loreto
Apoio técnico
Carol Ermel
Valquíria Palma

REVISÃO
Muiraquitã Editoração Gráfica

CAPA, PROJETO GRÁFICO E DIAGRAMAÇÃO
Negrito Produção Editorial

© Sesi-SP Editora, 2012

Barbosa, Rubens
    Interesse nacional [e] visão de futuro/ Rubens Barbosa - São Paulo: Sesi-SP Editora, 2012. (Memória e Sociedade)
    328 p.

    ISBN 978-85-8205-059-0

    1. Economia 2. Comércio exterior 3. Política externa I. Título

CDD – 330

Índices para catálogo sistemático:
Economia: Brasil
Comércio exterior: Brasil
Política externa: Brasil

SESI-SP EDITORA
Avenida Paulista, 1313 | 4º andar | 01311 923 | São Paulo - SP
F. 11 3146.7308 | editora@sesisenaisp.org.br

Sumário

Introdução 11

PARTE 1. ECONOMIA GLOBAL E INTERNA

1 Mudança na percepção externa 15
2 Novo cenário internacional 18
3 É a competitividade, estúpido 21
4 A (des)ordem internacional em 2012 24
5 Capitalismo ao estilo chinês 27
6 O modelo chinês de desenvolvimento 30
7 Impressões sobre a Índia 33
8 Taxa de juros: um novo olhar 36
9 O papel do Estado na sociedade brasileira 39
10 Novo colonialismo ou novas oportunidades? 42
11 Novas tensões globais 45
12 O difícil caminho da modernização 48
13 O Brasil e o processo de globalização 51

PARTE 2. COMÉRCIO EXTERIOR

1 Personagem à procura de um autor 57
2 Terras raras: questão estratégica 60
3 Vulnerabilidades do comércio exterior 63
4 A indústria e o comércio exterior 66

5 Primo pobre da política econômica 69
6 Parceria transpacífico 71
7 Comércio exterior e o futuro governo 74
8 A necessária reforma do comércio exterior 77
9 De novo o contencioso comercial com os EUA..............80

PARTE 3. POLÍTICA EXTERNA

1 Parceria para o século XXI 85
2 Desafios em um mundo em transformação 88
3 Durban e Rio +20: agendas diferentes 91
4 Visão estratégica da América do Sul 94
5 O Brasil e o Brics: *policy paper* 97
6 Os desafios da Ásia para o Brasil 104
7 As perspectivas das relações Brasil-EUA nos próximos dez anos 107
8 O mundo não mudou com o 11 de setembro.................119
9 O Brasil e a América do Sul 123
10 Visita de Obama e visão de futuro 126
11 Um lugar na mesa principal.............................129
12 Mais profissionalismo na política externa 132
13 Que país queremos?.....................................136
14 Notas sobre uma nova política externa 139
15 Assistência financeira ao exterior 142
16 O Brasil em primeiro lugar 145
17 Projeção externa do Brasil.............................148
18 Erro de cálculo 151
19 Um novo ator internacional 154
20 A cúpula sobre segurança nuclear......................157
21 O Brasil e a Conferência de Copenhague 160
22 Ser ou não ser 163
23 O Brasil e a (não) proliferação nuclear 166
24 (Não) proliferação nuclear 169
25 Sentimento do mundo 172
26 Bric: *Allegro ma non tropo*...........................175

27 Proteção de investimentos no exterior 178
28 Grupo do Bric 181
29 Política externa e internacionalização da empresa brasileira. . .184
30 Visão de longo prazo 187
31 Em busca do tempo perdido 190
32 O Brasil e o mundo em 2020 193

PARTE 4. INTEGRAÇÃO REGIONAL E MERCOSUL

1 Réquiem para o Mercosul 199
2 Eixo Buenos Aires-Caracas 202
3 O futuro do Mercosul 205
4 As difíceis negociações entre o Mercosul e a União
  Europeia 208
5 Mercosul vinte anos depois 211
6 Mercosul: retórica e realidade 214
7 Cinquenta anos de integração latino-americana 217
8 A saga do Mercosul 220
9 Mercosul e integração regional 223
10 Mais do mesmo. 226
11 Segurança energética e jurídica 229
12 O exercício da liderança. 233

PARTE 5. DEFESA NACIONAL

1 Fortalecimento da indústria de defesa 239
2 Terrorismo e segurança nacional 242
3 Os avanços tecnológicos e as novas formas de guerra 245
4 Defesa e política externa 248
5 Modernização das Forças Armadas .251
6 Contradição interna 254
7 A estratégia de defesa nacional e o Itamaraty 257
8 Uma política para a indústria de material bélico 260
9 Política de defesa nacional 263
10 As Forças Armadas e o Estado brasileiro 266

PARTE 6. ENTREVISTAS

1 Entrevista 1 271
2 Entrevista 2 275
3 Entrevista 3 285
4 Entrevista 4 300

PARTE 7. SENADO FEDERAL

1 Depoimento 1 307
2 Depoimento 2 316

Introdução

A REALIZAÇÃO DESTE LIVRO foi possível graças à sugestão e ao incentivo de Walter Vicioni Gonçalves, superintendente do SESI-SP e diretor regional do SENAI-SP, que me instou a reunir em livro uma seleção de artigos publicados no jornal O *Estado de S. Paulo*.

Além dos referidos artigos, a publicação reúne ensaios, entrevistas e depoimentos na Comissão de Relações Exteriores e de Defesa Nacional do Senado Federal, em especial, datados de 2010 a 2012. Pela sua relevância e pertinência, decidi incluir também alguns trabalhos de anos anteriores.

Para facilitar a leitura sobre os diferentes temas, me pareceu adequado separar os artigos em cinco grandes temas: economia global e interna, comércio exterior, política externa, integração regional e Mercosul, defesa nacional.

Os artigos têm como pano de fundo o governo dos presidentes Luiz Inácio Lula da Silva e Dilma Rousseff. Nos trabalhos, procurei discutir o que está acontecendo tanto no Brasil quanto no cenário internacional e explicitar as transformações que vêm ocorrendo no mundo, na América Latina e no Brasil, sempre com ênfase no impacto dessas profundas mudanças sobre a economia e a política externa brasileiras.

Levando em conta o período de transição por que passam a economia e a política internacionais, assim como a crescente projeção externa do país, são analisados os desafios que se colocam para os formuladores de política, tanto na área econômica quanto no setor externo, para que o Brasil possa enfrentar as mudanças e para melhor aproveitar as oportunidades que esse período de transição oferece.

O fio condutor do livro é, portanto, a busca da identificação do interesse nacional. Em muitos dos trabalhos perpassa a preocupação com a necessidade de uma visão de longo prazo para responder a problemas internos e externos.

Parece evidente que grande parte das políticas implementadas nos últimos anos pelo governo brasileiro nessas áreas não se fundamentaram em visões estratégicas, mas, muitas vezes, as medidas foram tomadas em função do interesse de obtenção de resultados políticos e econômicos de curto prazo. Mais de acordo com objetivos partidários do que com os interesses permanentes do país.

Espero que a visão de conjunto de meu pensamento sobre temas que considero de grande relevância para o Brasil possa ser útil para o melhor entendimento de um momento transformador da sociedade brasileira e da comunidade internacional.

Quero agradecer a Walter Vicioni Gonçalves pela iniciativa e pelo apoio que me deu para tornar este livro possível. Também gostaria de registrar meus agradecimentos a Rodrigo de Faria e Silva pela coordenação geral do trabalho, à equipe responsável pela revisão dos artigos, e a Vera Vassolar, que, com dedicação extrema, muito me ajudou na seleção dos artigos e demais trabalhos.

Rubens Barbosa
São Paulo, agosto de 2012

PARTE I

Economia Global e Interna

1 Mudança na percepção externa

DE UM EXPERIENTE político britânico, hoje homem de negócios, ouvi, em Londres, que nos meios empresariais europeus e norte-americanos começa a ganhar corpo a percepção de que o Brasil está chegando ao limite de sua capacidade de expansão do crescimento e que o governo terá pouco tempo para reverter essa impressão, caso queira manter a grande visibilidade do país e sua atração de investimentos. "O Brasil está muito caro e muito complicado para investir", disseram-me várias empresas. O *Financial Times* e o *The Economist*, influentes formadores de opinião no mundo dos negócios, repercutiram as medidas recentes de apoio à indústria nesse mesmo tom: mais protecionismo e menos ações efetivas do governo dentro de uma visão estratégica de médio e longo prazos. A demora e a complexidade da nova regulamentação para a entrada de empresas automobilísticas com novas fábricas no Brasil é um exemplo.

O sucesso da política econômica, demonstrado pela estabilidade da economia, com o controle da inflação e a volta do crescimento, e pela expansão do comércio exterior, quadruplicado desde 2003, escondeu os reais problemas do setor industrial por mais de uma década. O alto nível do crescimento em 2010 (7,5%) expôs nossa debilidade no tocante à mão de obra qualificada, à educação e à infraestrutura, enquanto a baixa taxa em 2011 (2,7%) expôs o impacto sobre a indústria da perda da competitividade da economia brasileira. A indústria, que representava 27,2% do PIB em 1985, em 2011 viu sua participação reduzida para 14,6%.

O Ipea, insuspeito ao analisar as políticas do governo nos últimos anos, em estudo recente, afirmou que o Brasil precisa de políticas industriais de longo prazo e reconheceu ser preciso atacar o problema de forma sistemática, e não de maneira pontual, como feito até aqui.

A crescente desindustrialização, com a perspectiva de fechamento de um grande número de empresas, e o inevitável desemprego, sobretudo na indústria de transformação, uniram as centrais sindicais e o setor empresarial, liderado pela Fiesp.

O grito de alerta contra a desindustrialização e em prol do emprego, com a perspectiva de grande mobilização popular e a criação de uma frente parlamentar para defender os postos de trabalho e a indústria no Congresso, acendeu a luz vermelha em Brasília.

A presidente Dilma Rousseff convocou 28 importantes representantes do setor industrial para discutir a situação e determinar aos ministérios da Fazenda e da Indústria e Comércio medidas concretas de apoio ao setor industrial. Aparentemente, a presidente saiu sensibilizada do encontro e entendeu que o setor industrial de transformação precisa de uma atenção maior neste momento em que, por questões conjunturais, está perdendo competitividade.

Embora, nos dez últimos anos, as medidas de apoio à indústria e ao comércio exterior tenham sido tímidas e muitas vezes nem chegaram a ser implementadas, a reação presidencial parece representar uma mudança positiva de postura em relação à indústria de transformação, o setor mais afetado pela perda da competitividade. Nesse sentido, a indústria não pode senão dar um voto de confiança, na expectativa de que medidas efetivas sejam anunciadas pelo governo no curto prazo.

A desoneração da folha de pagamento sem novo tributo sobre o faturamento, a devolução de impostos bem acima de 3% via Reintegra, a simplificação do pis-Cofins, a melhoria da eficiência da Alfândega, medidas para impedir a apreciação cambial, a ampliação e o barateamento do crédito, a busca de formas para reduzir o custo da energia e a melhoria da infraestrutura são todas medidas compensatórias bem-vindas. A retomada da indústria depende, entretanto, de medidas mais amplas, que envolvam soluções para o alto custo da tributação, da energia e dos juros bancários, não de mais protecionismo. O cenário internacional, que, por muitos anos, ficará afetado pela crise econômica e financeira, ameaçando o crescimento global e do comércio exterior, e a China, agressivamente competindo com produtos brasileiros, no exterior e mesmo no mercado doméstico, aconselha um esforço político para reduzir significativamente o Custo Brasil.

Chegou a hora de uma ação firme do governo e do Congresso com visão de futuro. Se o governo não enfrentar, no médio prazo, o problema central das reformas estruturais (tributária, da previdência social, trabalhista e política), estará perdendo uma oportunidade histórica para criar condições de um grande salto qualitativo ao estilo chinês na economia.

Apesar da guerrilha que o governo enfrenta atualmente no Congresso, a Frente Parlamentar poderia liderar um movimento para discutir uma verdadeira reforma tributária que permita uma ampla negociação entre os estados para benefício de todo o país. Há um pacote pronto para ser discutido entre o governo e os estados. A reforma do Imposto de Circulação sobre Mercadorias e Serviços (ICMS), a aprovação da Resolução n. 72/2010, que prevê a uniformização da alíquota do ICMS interestadual para importações, a repactuação dos *royalties* do pré-sal, a desoneração da folha de salários, a dívida dos estados e sua renegociação sem violar a Lei de Responsabilidade Fiscal (LRF), todas essas importantes matérias poderiam ser colocados conjuntamente na mesa para uma ampla negociação. Caso seriamente tratada essa questão, estaria aberta a possibilidade de a presidente Dilma avançar com sucesso em uma área minada que os dois governos anteriores não quiseram ou não puderam enfrentar.

Aproveitando o momento, uma modificação no processo decisório do comércio exterior com o reforço da Camex e a separação da Alfândega da Receita Federal ajudariam em muito o setor privado e o funcionamento da economia.

Publicado em 27 mar. 2012

2 Novo cenário internacional

No CENTRO DE PENSAMENTO Estratégico do governo da Colômbia, participei de encontro sobre o Brasil e a Ásia, com ênfase no nosso relacionamento com a China. Mais recentemente, a convite do centro de análise estratégica do governo francês em Paris, representei a FIESP em colóquio sobre o novo mundo em formação como consequência das profundas transformações por que passa o cenário internacional. O Brasil foi o único membro do Brics presente no encontro, o que sinaliza o interesse que o país hoje desperta.

Reuniões desse tipo se multiplicam nos principais centros de pensamento dos EUA, da Europa e da China, países que estão no centro dos acontecimentos e que pretendem antecipar as novas tendências globais ou para elas contribuir. No Brasil, no entanto, são raras. Preferimos organizar encontros para atrair investidores ou para louvar para nós mesmos os importantes avanços econômicos, sociais e nas relações internacionais que ocorreram no Brasil nas últimas duas décadas. Pouco discutimos sobre como o mundo está evoluindo, sobre os valores que emergirão, sobre os modelos de crescimento, sobre o lugar da América do Sul no novo equilíbrio internacional e qual o papel que o Brasil deve representar nesse cenário em transição.

A presença do primeiro-ministro francês, François Fillon, na abertura do evento parisiense, e do presidente Nicolas Sarkozy, no encerramento, no Palácio Elysée, dá a dimensão da importância do encontro. Ambos reconheceram as dificuldades econômicas por que atravessa a Europa e assinalaram os efeitos das mudanças em curso no cenário internacional.

Ficou claro que a perda da competitividade e a desindustrialização, agravadas pela concorrência desleal e pelo *dumping* cambial, estão acarretando o crescente desemprego e o baixo crescimento na grande maioria dos países no continente europeu.

A palavra de ordem, repetida inúmeras vezes pelos líderes políticos e empresariais, participantes do encontro, foi "reciprocidade de tratamento nas trocas comerciais e nas políticas industriais". O protecionismo, condenado retoricamente por todos, estava presente nas entrelinhas dos pronunciamentos e ficou subentendido na nova ênfase colocada na reciprocidade.

O novo mundo não será mais aquele das posições historicamente conquistadas pelos países desenvolvidos. Não importa o tamanho, a população ou os recursos naturais, as potências de amanhã serão aquelas que conquistarem as condições para serem competitivas e inovadoras.

O mundo multipolar que vem se desenhando traz o risco de novas tensões, mas, se a comunidade internacional conseguir colocar em vigor uma nova governança global, também oportunidades sem precedentes de cooperação. A reforma do Conselho de Segurança da ONU, com a inclusão do Brasil, da Índia, da Alemanha, do Japão e de representante da África – continente que em 2050 terá mais habitantes do que a China e a Índia juntas, no dizer de Sarkozy –, foi defendida abertamente. A necessidade de mudança da Organização Mundial de Comércio (OMC) foi igualmente reconhecida como urgente, com ajustes nas organizações financeiras como o FMI, o Banco Mundial, a exemplo do que aconteceu com o G-20, diretório mais representativo do que o G-7 para a discussão das questões econômicas e financeiras globais. O poderio econômico não pode ser durável sem responsabilidade política, como, por exemplo, a luta contra a pobreza, pela paz e segurança internacionais.

A transição para esse novo mundo não será imediata, mas o processo já está em curso e não tem volta. Em minhas intervenções, ressaltei que estamos no limiar de um mundo pós-ocidental e que o modelo de crescimento europeu terá grande dificuldade para se recuperar. Mostrei que o mundo multipolar em formação terá como polo político e econômico-financeiro não o Atlântico, mas o Pacífico, e que o rearranjo produtivo mundial, com a China configurando-se como o grande produtor industrial global, tornará difícil recuperar o crescimento e a redução do desemprego na maioria dos países da Europa. Acentuei ser imperativo que as potências hoje estabelecidas reconheçam as novas circunstâncias internacionais criadas por países como o Brics e, em vez de resistir, acelerem as modificações necessárias para uma nova governança global, em especial no tocante ao Conselho de Segurança das Nações Unidas, cuja composição está congelada desde 1945 e reflete uma situação política de pós-guerra, totalmente superada na atualidade.

Apesar de o presidente francês ter reconhecido que os países europeus devem aceitar a realidade, ou seja, conviver com os novos países cada vez mais influentes nas decisões econômicas, comerciais, financeiras e políticas, foi interessante verificar a dificuldade de grande parte dos participantes em reconhecer a perda de poder do continente europeu no mundo que emerge. A ameaça de desintegração política com o fim da União Europeia ou o enfraquecimento do sistema monetário europeu, com a eventual saída de algum país, como a Grécia, por exemplo, encontra reação imediata, através do apelo à cooperação ampliada. Uma nova política industrial, demandada por todos os empresários presentes, enfrentará resistências dos grupos sociais, que se sentirão prejudicados com a redução, no altar da competitividade, dos programas de assistência e dos ganhos conquistados.

Os problemas da indústria brasileira se assemelham muito aos dilemas industriais europeus. Aumento da competitividade e atração de investimentos na inovação são também nossos desafios. A diferença reside no fato de que, pelo menos na Europa, existe o reconhecimento do problema e medidas concretas estão sendo tomadas. Chegou a hora de o governo brasileiro fazer a sua parte para evitar a desindustrialização e o desemprego.

Publicado em 13 mar. 2012

3 É a competitividade, estúpido

APESAR DOS NÍVEIS RECORDES em 2011, a preocupação com a evolução do comércio exterior é grande. A concentração das exportações em poucos produtos e a perda de mercados dos manufaturados aumentaram a vulnerabilidade do setor externo e mostraram os problemas do setor produtivo industrial.

O governo anunciou mais um pacote de medidas de apoio ao setor produtivo e exportador, com ênfase na redução do custo do crédito e na abertura de novos mercados para os manufaturados. Certamente serão medidas discutidas e adotadas sem consulta ao setor privado, e a maioria não deverá ser implementada. Nos últimos meses, as decisões na área de comércio exterior visaram, sobretudo, a isenções fiscais e crescente proteção a setores mais vulneráveis à concorrência externa, além de cortes nos programas de financiamento à exportação. Na realidade, são providências *ad hoc*, sem visão estratégica e de futuro e que não levam em conta as transformações produtivas que estão ocorrendo no mundo, diante da crescente presença da China como motor da produção industrial global.

O sucesso da política econômica e do comércio exterior, que quadruplicou em dez anos, esconde os verdadeiros problemas da economia em geral e do setor externo em particular. A desindustrialização é um triste fato. A indústria, que já representou 25% do PIB, hoje está reduzida a menos de 15%. O consumo doméstico é atendido cada vez mais por importações (22,3%), fazendo desaparecer fornecedores nacionais e empregos. O déficit na balança comercial industrial subiu a mais de US$ 90 bilhões. As exportações se reprimarizam (produtos primários representam 70% das exportações e quatro produtos, quase 50%).

Não havendo uma política de Estado que defenda a indústria nacional, nem liderança política para tentar resolver os problemas estruturais que afetam os setores industrial e exportador, o governo não está preparado para enfrentar as causas da perda de espaço da indústria e de mercado dos manufaturados.

"Os números de janeiro da balança comercial comprovam o descaso do governo brasileiro com o setor produtivo do país. Estamos diante de uma situação muito grave, que pode comprometer nossa capacidade de gerar riquezas e empregos. O governo não pode ficar parado e se limitar apenas ao discurso. Há meses estamos alertando para o problema da avalanche de importados, que afeta severamente a nossa indústria. O Brasil não pode mais esperar, é preciso que as autoridades adotem imediatamente medidas eficazes que garantam a igualdade de condições para a produção nacional", afirmou dura, mas corretamente, Paulo Skaf, presidente da FIESP.

Na área da negociação externa, nos últimos dez anos, o aumento das exportações pouco teve a ver com a abertura de mercados por meio de acordos comerciais, pois somente acordos com Israel, Egito e agora com a Autoridade Palestina foram assinados, no âmbito do Mercosul. A exemplo da China e dos EUA, uma nova estratégia de negociação de acordos de livre comércio para acompanhar as mudanças que estão ocorrendo no mundo deveria estar sendo discutida com o setor privado.

Enquanto essa é a situação no Brasil, o presidente Obama, na mensagem anual ao Congresso ("State of the Union"), ofereceu um bom exemplo de como defender de forma vigorosa a indústria manufatureira com visão de futuro.

Com milhões de empregos ameaçados, o governo norte-americano ajudou as empresas, exigindo sua reestruturação, como ocorreu na indústria automobilística. Procurando trazer de volta empregos para a economia, anunciou um ambicioso programa de apoio à indústria doméstica. O conjunto de medidas incluiu a aprovação de ampla reforma tributária, novos impostos para as multinacionais que se instalam no exterior e exportam empregos, e redução de tributos para as empresas de transformação e de alta tecnologia, além de programas de treinamento profissional especializado. Na área de comércio exterior, Obama reiterou a meta de dobrar as exportações em cinco anos, o avanço nas negociações de novos acordos de livre comércio e o reforço da promoção das exportações e da defesa comercial com a criação de uma unidade de acompanhamento da aplicação das regras comerciais, responsável pela investigação de práticas desleais de comércio em países como a China.

Por aqui, nos últimos dez anos, as medidas de apoio à indústria ignoraram a principal causa da rápida perda da competitividade da economia nacional. O Custo Brasil está tendo um efeito devastador na economia. De imediato, com a perda de mercado no setor exportador e a crescente saída de empresas brasileiras e, a médio e longo prazo, com o aumento do desemprego e com a redução de investimentos.

A exemplo dos EUA, a desoneração tributária deveria encabeçar a agenda do governo para enfrentar a competição externa. Defesa comercial apenas não melhora a competitividade. O custo da energia, a alta taxa de juros, a apreciação cambial que anula a proteção tarifária, as ineficiências burocráticas, a guerra de incentivos nos portos e seus altos custos operacionais, o descalabro da infraestrutura, o peso dos gastos com a corrupção e com a aplicação da legislação trabalhista poderiam, se atenuados, representar significativa redução dos mais de 35% no custo final dos produtos.

Do ponto de vista empresarial, não se trata de reivindicar uma política industrial, mas de demandar medidas pontuais com imediata repercussão sobre a competitividade do setor produtivo. Medidas recentes, ao invés de reduzir, estão fazendo aumentar o Custo Brasil.

Em resumo, é a competitividade, estúpido. O setor privado já fez a sua parte com o aumento da produtividade das empresas. Se o governo não atacar de frente o Custo Brasil, a reindustrialização brasileira ficará seriamente ameaçada.

Publicado em 14 fev. 2012

4 A (des)ordem internacional em 2012

O ANO NOVO NASCE sob a marca da instabilidade política, no cenário internacional, e da volatilidade e da incerteza, na área econômica. A democracia e o mercado estarão em xeque em 2012.

O mundo vive em sobressalto diante da crise econômica e financeira que se abate sobre os EUA e a União Europeia. Não bastasse isso, são igualmente inquietantes alguns sinais que, isolados, podem não parecer preocupantes, mas que, quando vistos em conjunto, adquirem o caráter de uma possível grave crise nos próximos meses.

O quadro mais complexo está no Oriente Médio. Permanece a possibilidade de um ataque, aberto ou por meio de ações clandestinas, às instalações nucleares no Irã. Notícias de que o Reino Unido e Israel preparam-se militarmente para atacar o Irã diminuíram, mas não desapareceram, como evidenciado pela questão da passagem do petróleo pelo estreito de Ormuz. A concentração de tropas norte-americanas no Coveite e o lançamento bem-sucedido de mísseis de longo alcance israelense e iraniano indicam que preparativos de lado a lado se intensificam. Isso não quer dizer que o ataque seja iminente, nem que será levado a efeito, mas esses fatos ajudam a aumentar a tensão na área, agravada pelos ataques recíprocos Israel-Hamas, apesar da retomada das conversações. O estado de guerra civil na Síria contra o governo de Bashar Assad pode propiciar a repetição da fórmula utilizada pela OTAN na Líbia. Para complicar ainda mais a situação, depois da queda dos regimes autoritários na Tunísia, do Egito, Líbia, no norte da África, a primavera árabe começa a se defrontar com as inevitáveis rivalidades internas. Questões tribais e religiosas afloram e ameaçam a transição para a democracia, podendo reacender focos de guerra civil. A retirada do Afeganistão e do Iraque das forças militares dos EUA não contribuirá para reduzir as tensões e vai concentrar as atenções nas ações do Irã nesses dois países. O Paquistão nuclear continuará a preocupar pela instabilidade política.

As Nações Unidas, *locus* para a discussão de questões de paz e de segurança, saíram desgastadas depois dos episódios na Líbia. A resolução aprovada permitindo medidas necessárias para proteger vidas humanas foi ampliada, sem autorização da comunidade internacional, pelos membros da Otan, liderados pelo Reino Unido e França, com a tácita cumplicidade dos EUA. Não só para interferir em uma guerra civil, mas para caçar e matar Muhamar Kadafi. A experiência da Líbia é o primeiro caso de aplicação do novo conceito estratégico de atuação de uma força da segurança global capaz de intervir em outros países com ou sem autorização do Conselho de Segurança. Estabeleceu-se perigoso precedente que poderá ser invocado a qualquer momento contra a Síria, o Irã ou outros países vistos como ameaça à comunidade internacional. O Brasil, que corretamente se absteve quando da aprovação da resolução sobre a Líbia, está apresentando proposta para limitar esse tipo de excesso, sugerindo que a preocupação da ONU seja não só no sentido de exercer a responsabilidade de proteger, mas também ao proteger. Por outro lado, o pedido da Autoridade Palestina de ingresso como membro permanente da ONU feito ao Conselho de Segurança das Nações Unidas foi esquecido. Os EUA e Israel retaliaram, com corte de dotações orçamentárias, a decisão de entrada da Palestina na Unesco.

Ao preocupante cenário político internacional, deve-se acrescentar a instabilidade e o baixo crescimento que deverão perdurar entre cinco e dez anos em virtude das crises econômicas na Europa e nos EUA.

A crise europeia continuará a manter alta a temperatura política no continente pela negociação de um novo tratado de responsabilidade fiscal e pela possibilidade concreta de que outros países tenham de ser socorridos a fim de evitar a ameaça de rompimento do sistema monetário ou mesmo da união política do continente.

O G-20 continuará procurando se consolidar como um fórum para o exame da evolução da crise econômica e o dólar continuará a perder valor.

A produção de petróleo não está aumentando, o que manterá os preços altos por muito tempo, acrescentando mais um elemento de pressão contra a volta do crescimento.

As demonstrações anticapitalismo, fruto da frustração da classe média, que surge como grande perdedora, se espalharão por diversas capitais e continuarão a exercer pressão sobre os principais centros financeiros, embora sem consequências práticas.

Os países emergentes, China à frente, continuarão a liderar o crescimento da economia global e deverão superar em 2012, em termos de PIB, os países desenvolvidos. O Brasil deverá ter seu crescimento reduzido pela crise. O comércio internacional deverá estagnar ou registrar uma expansão menor, em função da desaceleração econômica nos EUA e na União Europeia e da restrição dos financiamentos à exportação.

Eleições em 24 países, inclusive EUA, França, China e Rússia, definirão os novos líderes que terão de enfrentar os desafios impostos pelas incertezas e instabilidades.

Os EUA, no meio de uma continuada crise de confiança, de baixo crescimento e de aumento do desemprego, começam a se preparar para as eleições presidenciais. A campanha para as prévias do lado republicano mostra como o sistema político naquele país está disfuncional, com efeito negativo direto sobre o funcionamento do governo. O fator preocupante é que os neoconservadores – fundamentalistas falando inglês – estão de volta com toda força, e a reeleição de Obama – que até aqui parece a melhor perspectiva – não está assegurada. A vitória de um candidato republicano certamente teria um impacto expressivo sobre o cenário político e econômico global.

Publicado em 10 jan. 2012

5 Capitalismo ao estilo chinês

O CRESCENTE INVESTIMENTO externo da China e a presença cada vez mais forte de suas empresas em países em desenvolvimento começam a expor dificuldades culturais geradas pelo modelo de gestão empresarial implantado em terras africanas e latino-americanas.

O semanário *The Economist* recentemente publicou trabalho mostrando o que está acontecendo na África. A China é atualmente o maior parceiro dos países africanos e é o destino de mais de um terço do petróleo produzido naquele continente. As empresas chinesas, privadas e públicas, estão investindo pesadamente na produção agrícola, de manufaturas e no varejo. Recursos chineses são responsáveis pela construção de numerosas escolas e hospitais e edifícios públicos. Seu comércio superou US$ 120 bilhões em 2010. Nos últimos dois anos, a China fez mais empréstimos para países em desenvolvimento, especialmente na África, do que o Banco Mundial. Entre 2005 e 2010, estima-se que 14% dos investimentos chineses no exterior foram canalizados para a África subsaárica e grande parte dos empréstimos está condicionada a compras de produtos chineses.

A China goza, até então, de uma vantagem em relação aos países desenvolvidos que investiram nos países em desenvolvimentos nos últimos duzentos anos: sua atividade não despertava hostilidade. Sua lua de mel, no entanto, está chegando ao fim. As empresas chinesas dependem da cooperação de um grande número de africanos crescentemente insatisfeitos com o tratamento recebido.

Uma das explicações para essa mudança de atitude reside no fato de que os chineses que saem para trabalhar no exterior replicam métodos de negócios que pouco levam em conta os direitos dos trabalhadores, relegando a um segundo plano as regulamentações e os costumes locais. Com o aumento do comércio, do investimento, do emprego e da qualificação, os chineses também estão trazendo práticas desleais e uma cultura do vale-tudo, inclusive a da violência física, nas relações de trabalho.

As queixas são generalizadas: o país destrói os parques e florestas na busca de recursos minerais e agrícolas e rotineiramente desrespeita regras rudimentares de segurança no trabalho. Estradas e hospitais construídos pelos chineses são mal-acabados, inclusive porque as companhias construtoras subornam funcionários públicos locais e inspetores de obras. A corrupção, um problema crônico na África, vem sendo agravada pelos métodos seguidos pelos chineses.

A China passou a ser vista como um predador exaurindo os recursos minerais africanos. Críticos acusam o país de estar adquirindo a propriedade de recursos naturais em vez de controlar a produção para seu próprio consumo, como no caso do petróleo. Seu interesse, no momento, é vender no mercado *spot* para manter o fluxo de fornecimento para o mercado internacional de modo que contenha a alta dos preços. Por outro lado, o interesse da China não é somente ter acesso aos recursos minerais africanos, mas também construir estradas de ferro e pontes longe das jazidas e dos campos de petróleo para conquistar uma imagem positiva.

Em Angola, segundo o *The Economist*, o presidente José Eduardo dos Santos, refletindo o descontentamento com a presença da China, disse publicamente que os chineses não eram os únicos amigos dos angolanos, e que não raramente brasileiros e portugueses são usados pelo governo de Luanda para contrabalançar a força da presença dos chineses.

Evidentemente a situação no continente africano nada tem a ver com o que se passa na América Latina. O que não impede que o crescente número de empresas chinesas no Brasil deva merecer atento acompanhamento por parte das autoridades públicas.

Acaba de ser anunciada a ampliação da Foxconn, por meio de investimento de US$ 12 bilhões e o aumento de mais de 150 mil empregos. De acordo com informações publicadas pela *Folha de S.Paulo*, operários na linha de produção da maior fornecedora de componentes eletrônicos do mundo reclamam de intimidação para produzir horas extras, pressão para atingir metas, ritmo de trabalho hipertenso, múltiplos contratos de experiência e alta rotatividade.

O anúncio desses grandes investimentos e a possibilidade do aumento de executivos e trabalhadores chineses, sobretudo em obras de infraestrutura, como aconteceu na tentativa frustrada de trazer operários chineses para trabalhar no porto de Tubarão, e as iniciativas do governo de Pequim de casar investimentos em terras para a produção de produtos agrícolas com a vinda de agricultores do interior da China exigem um cuidadoso acompanhamento do Itamaraty e dos setores de imigração.

Longas jornadas de trabalho, horas extras frequentes, teleconferências de madrugada, vigilância constante dos chefes, metas de produção irrealistas e inegociáveis são algumas das características da gestão empresarial chinesa. Embora reflitam hábitos e práticas existentes na China, o choque cultural tem se traduzido na redução do tempo de permanência dos trabalhadores na empresa. Os chineses não abrem mão de algumas de suas características culturais, entre elas, a administração extremamente centralizada, jornadas longas de trabalho e a falta de confiança. A chamada dupla estrutura de cargos também incomoda os executivos brasileiros. Em algumas empresas chinesas há um executivo chinês exercendo a mesma função de um brasileiro, o que é visto como um sinal de desconfiança. De acordo com informações veiculadas pela *Folha de S.Paulo*, 42% dos funcionários brasileiros abandonam seus empregos em empresas chinesas no país em um ano.

Enquanto ainda é tempo, o entendimento entre a Fiesp e as centrais sindicais, concentrado na questão da competitividade da empresa brasileira, poderia também voltar-se para essa delicada questão.

Publicado em 9 ago. 2011

6 O modelo chinês de desenvolvimento

O CRESCIMENTO MÉDIO de 9% da China nos últimos trinta anos tem despertado a atenção de todo o mundo, em especial dos países em desenvolvimento. Qual é o fundamento do modelo chinês? O êxito econômico da China não decorre apenas da aplicação de políticas econômicas *strictu sensu*, mas de alguns princípios inspirados no pragmatismo de Deng Tsiao Ping, chefe do governo chinês nos anos de 1970: a importância da inovação; a rejeição de medir o desenvolvimento pelo crescimento do PIB e da renda *per capita*; a busca de melhoria na qualidade de vida e a crença na autodeterminação e soberania.

Recentemente, Stefan Halper, no livro *Consenso de Pequim*, procurou mostrar como o modelo chinês, classificado como "autoritarismo de mercado", começa a ganhar adeptos entre países em desenvolvimento. Embora seja discutível se esse modelo pode ser replicado em outros países com o mesmo êxito, o sistema chinês oferece uma alternativa ao consenso de Washington, que enfatizava a prevalência do mercado e da austeridade econômica doméstica, mas que ficou associado às condicionalidades impostas pelas instituições financeiras internacionais como o Banco Mundial e o FMI.

Segundo o economista chinês Ping Chen – que esteve há algum tempo na FGV em São Paulo –, o que ocorre na China não configura o aparecimento de um modelo de desenvolvimento econômico porque o país está em constante experimentação e mudança com o objetivo de ajustar-se a um mundo em transformação. O Congresso do Povo está permanentemente modernizando leis e regulamentos, úteis no passado, mas obsoletos no presente. Ao contrário do consenso de Washington, o modelo chinês parte do pressuposto de que cada país enfrenta desafios diferenciados e por isso não pode aceitar soluções padronizadas. Nas últimas três décadas, a China descartou as barreiras ideológicas e históricas e testou as mais diferentes ideias, implementando-as e corrigindo os erros cometidos.

Não chega a ser surpresa constatar a forte presença do Estado, uma das características dos regimes comunistas, como o aspecto fundamental do modelo. O capitalismo de Estado é a sua marca registrada, combinado com a abertura a investimentos externos, com transferência de tecnologia e associação compulsória com empresas estatais e com o câmbio congelado.

Dada a natureza controvertida dos comentários apresentados por Chen, pareceu-me útil resumi-los, sem questionar suas premissas pela limitação de espaço.

Refletindo as peculiaridades do sistema político e social chinês, Chen alinhou nove princípios responsáveis pelo êxito da China em um mundo de incertezas e complexidades.

1. Buscar oportunidades para o crescimento da economia e adotar reformas ousadas para aproveitá-las. Nos países em desenvolvimento, os governos têm mais capital e recursos humanos do que o setor privado para ativar um mercado pouco sofisticado. A economia neoliberal tem pouca experiência nos países mais pobres e por isso frequentemente recomenda práticas de mercados desenvolvidos, de forma equivocada, aos mercados emergentes.

2. Necessidade de manter um sistema dual para a estabilidade e a inovação. A dualidade é representada pela atuação do governo e do setor empresarial. As regulamentações são adotadas por consenso entre a liderança política, empresários e a comunidade.

3. Clara divisão de trabalho entre o governo central e o local. O governo central é responsável pela segurança nacional e pela coordenação regional. O governo local lidera as experiências institucionais e de desenvolvimento. A experiência de descentralização é o motor das inovações, não a imposição de regras de cima para baixo por conselheiros externos.

4. Para o desenvolvimento regional, a liderança política é mais importante do que o capital, recursos e infraestrutura.

5. Economias mistas (capitalismo de Estado) oferecem financiamentos públicos para favorecer reformas e desenvolvimento sustentável. Políticas liberais nunca funcionam em países com grande população, poucos recursos e frequentes desastres naturais. O setor estatal e coletivo serve de anteparo para os ciclos de negócios.

6. A disciplina da economia chinesa é alicerçada na competição em todos os níveis e não na negociação com grupos de interesse no estilo ocidental. A democracia na China não é uma competição verbal, mas uma corrida por ações concretas. A legitimidade do governo não deriva do eleitorado, mas dos resultados políticos e econômicos.

7. A coordenação entre governos, homens de negócios, trabalhadores e setor agrícola tende a gerar uma nova parceria.

8. Os governos podem criar e orientar o mercado, mas não devem ser conduzidos por ele. A condição fundamental é o fator humano.

9. As ações do governo devem focalizar o desenvolvimento econômico interno, sem perder de vista as turbulências externas.

Segundo Chen, a alternativa asiática de desenvolvimento é representada por valores compartilhados pelo governo e pelos cidadãos, tendo como pano de fundo crescentes pitadas de ensinamentos de Confúcio. O consenso de Pequim, baseado no apoio familiar, na edificação da nação e no governo central que interage com a população, é a alternativa ao sistema ocidental, fundado no individualismo, no consumismo e no equilíbrio entre os grupos de interesse.

Para países como o Brasil, não se trata de tentar replicar o capitalismo de Estado, mas reconhecer a influência da China no processo produtivo global e procurar melhorar a competitividade da economia para poder enfrentar o grande desafio que aquele país coloca hoje ao setor produtivo nacional, sobretudo o industrial.

Temos de superar a visão ingênua derivada da percepção equivocada das vantagens que a China oferece e definir nossos próprios interesses.

Publicado em 12 jul. 2011

7 Impressões sobre a Índia

ESTIVE RECENTEMENTE na Índia pela terceira vez. A obra *Contrastes e Confrontos*, do sempre atual Euclides da Cunha, me veio à mente. O país que ingressou há alguns anos no fechado clube nuclear, que planeja lançar um foguete à Lua em breve e que tem uma dezena de centros de excelência, os Indian Institute of Technology, moldados a partir do MIT norte-americano, convive com uma das maiores concentrações de renda do globo e níveis de pobreza aterradores.

Com mais de 1,2 bilhão de habitantes, a Índia representa 17,5% da população mundial (contra 19,4% da China). Tendo uma taxa de natalidade mais alta, em poucos anos a Índia se tornará o país mais populoso do planeta. Segundo dados oficiais, 1% da população indiana são milionários e bilionários (55 em 2010, segundo a revista *Forbes*); 10% integram a classe média alta e outros 13%, a classe média baixa. Os restantes 960 milhões, ou 77% dessa população, vivem abaixo do nível de pobreza, com poucas chances de inclusão na economia de mercado.

Segundo o primeiro-ministro da Índia, Moammah Singh, os 77% da população que vivem com menos de um real (vinte rúpias) por dia são chamados de pobres e vulneráveis. Desse grupo, 88% é formado por castas e tribos, e 85% são muçulmanos, a maior parte é analfabeta e sofre de desnutrição. Emergem como uma espécie de coalizão dos discriminados socialmente e economicamente abandonados. O sistema de castas, abolido formalmente pela constituição indiana, e o hinduísmo, uma espécie de união de crenças com estilo de vida, são em grande parte responsáveis pela aceitação dessa situação e conformismo dos mais pobres. Essa realidade não impede, em casos isolados, contudo, a ascensão social e mesmo política, como ocorre no estado de Kerala, onde uma mulher, vinda da classe mais pobre e membro do Partido Comunista, governa há mais de vinte anos.

Durante as minhas duas semanas entre Goa, Rajastão e pela capital Delhi, dois assuntos se mantiveram prioritariamente na mídia: inflação e corrupção.

A economia cresce a cerca de 10% e a inflação, medida pelo índice de preço ao consumidor, chegou a 8,5%, puxada pela alta dos preços dos alimentos. O governo, preocupado com a erosão da renda dos mais pobres e pela repercussão política do aumento dos sinais inflacionários, estava tomando medidas para reduzi-la a 7% nos próximos meses.

No quesito corrupção, chamado de "temporada de fraudes", discutiam-se os bilhões desviados pelo funcionário responsável pela organização dos Jogos da Comunidade britânica em Delhi; a perda de US$ 40 bilhões na venda de concessões de telecomunicações; e o desaparecimento de mais US$ 40 bilhões no estado de Uttar Pradesh destinados a programas subsidiados de alimentos e combustível para os pobres. Publicou-se que 75% dos parlamentares e membros das assembleias legislativas têm registros criminais ou estão sendo investigados pelo equivalente à nossa Polícia Federal desde desvio de recursos públicos a assassinatos.

O governo da Índia começou a adotar medidas concretas contra políticos poderosos. Um ministro de Estado foi demitido e outro, que dirigia a organização dos Jogos, foi preso, junto com o ministro das Comunicações responsável pela concorrência na área de comunicações. As licitações on-line estão sendo ampliadas e um projeto de lei que reforma o processo de compras governamentais está sendo discutido. A situação despertou tanta reação na opinião pública que o primeiro-ministro Singh, que raramente concede entrevistas, se sentiu obrigado a ir à televisão responder a perguntas de jornalistas sobre os escândalos e sobre as providências que o governo estava tomando. No meio da entrevista a que assisti, o primeiro-ministro, candidamente, observou que seu partido não tinha maioria no Congresso e, como se tratava de um governo de coalizão, teria de atuar com cautela para punir os culpados. Do contrário, teria de convocar eleições a cada seis meses...

O debate público sobre a crescente onda de escândalos adiou as decisões já tomadas pelo governo sobre as reformas estruturais e paralisou o parlamento pela ação da oposição que desejava uma comissão de inquérito para apurar as fraudes.

A discussão sobre as prioridades do governo e do Congresso – sem que haja acordo político para aprovação – inclui também as reformas política, tributária, da previdência social e trabalhista. Para os próximos cinco anos, o governo já anunciou ambicioso plano de investimento de mais de US$ 1 trilhão destinados a melhorar as condições precárias da infraestrutura nas estradas, ferrovias, portos, além de bilhões adicionais para o reequipamento das forças armadas e o bem-estar social. Tudo isso, comentava-se, virá a aumentar as oportunidades de corrupção e de escândalos.

Nós aqui no Brasil que não estamos acostumados com esses problemas, estranhamos...

Depois de conhecer mais de perto a situação social da esmagadora maioria da população da Índia, ficou reforçada minha convicção de que o Brasil só não resolverá a situação de miséria em que ainda se encontram cerca de 16 milhões de concidadãos, se não quiser. Conhecidas as dificuldades dos governos da China, Índia e Rússia para aumentar a inclusão social, o Brasil apresenta um quadro, embora ainda doloroso, administrável. Comparando a qualidade dos centros de excelência e de algumas universidades da Índia com o nosso cenário universitário, refletido nos lamentáveis resultados para o Brasil em recente pesquisa, também ficou reforçada minha certeza de que a reserva de mercado universitário brasileiro tem de ser quebrada para permitir, como na maioria dos países, a competição intelectual com estrangeiros qualificados.

Publicado em 10 maio 2011

8 Taxa de juros: um novo olhar

A COMBINAÇÃO DE alta da inflação com aumento do déficit público e das transações correntes acendeu a luz amarela – quase vermelha – no âmbito do governo e do setor privado.

A reação imediata dos economistas e da mídia especializada ao repique da inflação foi considerar inevitável o aumento da taxa de juros, já a mais alta do mundo em termos reais.

Criou-se no Brasil o dogma de que a inflação pode ser contida com a elevação da taxa de juro, quando na realidade, em países como o nosso, a relação de causa e efeito não ocorre necessariamente ou não da mesma forma como nos países desenvolvidos. Há anos, em seguida às reuniões do Comitê de Política Monetária (Copom), o setor financeiro respira aliviado, e o setor industrial repete as críticas, sem nenhum efeito prático.

Chegou a hora de enfocar essa questão sob um ângulo novo. Em vez de reclamar do crescente gasto público e da insensibilidade das autoridades no tocante aos efeitos nocivos do aumento da taxa de juro sobre os investimentos produtivos privados e sobre a dívida pública, que aumenta significativamente a cada movimento para cima da taxa de juros, governo e setor privado deveriam começar um debate sobre os critérios empregados pelo Banco Central para definir a taxa de juros.

O Banco Central tem como uma de suas missões principais a formulação, execução e acompanhamento da política monetária. Adicionalmente, exerce o controle das operações de crédito, formula, executa e acompanha a política cambial e as relações financeiras com o exterior; fiscaliza o Sistema Financeiro Nacional e o ordenamento do mercado financeiro; emite moeda e executa os serviços do meio circulante.

Com o objetivo de estabelecer as diretrizes da política monetária e de definir a taxa de juros, foi instituído, em 1996, o Copom, composto pelos membros da Diretoria Colegiada do Banco Central. A sistemática de "metas para a inflação", introduzida em 1999, foi determinada como diretriz de política monetária. Desde então, as decisões do Copom passaram a ter como objetivo cumprir as metas para a inflação definidas pelo Conselho Monetário Nacional.

Formalmente, os objetivos do Copom são "implementar a política monetária, definir a meta da Taxa Selic e seu eventual viés, e analisar o 'Relatório de Inflação'". A taxa de juros fixada na reunião do Copom é a meta para a Taxa Selic (taxa média dos financiamentos diários, com lastro em títulos federais, apurados no Sistema Especial de Liquidação e Custódia), a qual vigora por todo o período, entre reuniões ordinárias do Comitê.

O Copom faz uma análise da conjuntura doméstica abrangendo inflação, nível de atividade, evolução dos agregados monetários, finanças públicas, balanço de pagamentos, economia internacional, mercado de câmbio, reservas internacionais, mercado monetário, operações de mercado aberto, avaliação prospectiva das tendências da inflação e expectativas gerais para variáveis macroeconômicas. Após exame das projeções atualizadas para a inflação, são apresentadas alternativas para a taxa de juros de curto prazo e são feitas recomendações acerca da política monetária. Ao final, procede-se à votação das propostas e se define a taxa de juros, sempre que possível, por consenso.

No caso dos EUA, o Federal Reserve System (FED) desempenha a função de banco central e tem competência regulatória e de supervisão das instituições financeiras, além de manter a estabilidade do sistema financeiro. Diferentemente do Banco Central do Brasil, o FED tem a importante atribuição de alcançar objetivos algumas vezes conflitantes, como manter o emprego no nível mais alto possível, a estabilidade de preços, incluindo a prevenção da inflação (ou da deflação) e o nível moderado das taxas de juro a longo prazo. E tem também a competência de gerenciar a oferta de moeda, por meio da política monetária, e de fortalecer a posição dos EUA na economia global.

No Brasil, a análise comparativa das atribuições dos dois bancos centrais mostra uma preocupação estritamente monetária e financeira na discussão da fixação da taxa de juros, enquanto nos EUA há uma preocupação mais ampla, não limitada apenas às tendências da inflação ou deflação, mas igualmente com o nível de emprego e, portanto, com o crescimento da economia.

Trata-se de uma diferença de grande significação política. Nos EUA, o FED é obrigado a preocupar-se com a situação geral da economia para manter a competitividade do país no contexto internacional. No Brasil, o Banco Central trabalha dentro de sua estrita competência, sem levar em conta esses critérios adicionais e, na prática, fica refém de considerações às vezes conjunturais ou sazonais ou sofre influência dos tomadores ou aplicadores, pessoas físicas ou jurídicas.

Depois de mais de quinze anos de bem-sucedida política econômica, que estabilizou a economia e manteve a inflação sob controle, o Brasil está entrando em uma nova etapa voltada para o crescimento, a expansão do mercado interno e a inserção competitiva no mercado externo.

Nesse contexto, impõe-se uma reavaliação de políticas que fizeram todo o sentido na etapa anterior, como, por exemplo, os critérios utilizados para a redução e a manutenção da inflação dentro de padrões mundiais aceitáveis, e a legislação cambial restritiva, adequada para uma situação em que a autoridade monetária teve de se preocupar com o controle cambial.

O Banco Central, assim, para definir a taxa de juros, não deveria continuar a basear sua análise da economia apenas em critérios financeiros. Caberia rever sua competência legal para incluir parâmetros de manutenção do emprego e do crescimento econômico, a exemplo dos bancos centrais dos EUA e da China.

Publicado em 25 jan. 2011

9 O papel do Estado na sociedade brasileira

A CRISE ECONÔMICA e financeira de 2008 sinalizou o fim de uma era em que o Estado reduzia sua presença na economia e na sociedade em geral.

Na primeira década do século XXI, as transformações globais produziram desafios que, vistos em seu conjunto, recolocaram a questão do papel do Estado no centro do debate político.

Vivemos agora uma nova fase em que o poder do Estado parece crescer em decorrência da necessidade de gerar rápidas respostas para o desequilíbrio macroeconômico que vem afetando o mundo todo. Programas de emergência governamentais, que custaram trilhões de dólares, foram aplicados para salvar bancos e empresas de grande porte a fim de evitar a recessão.

Mesmo antes da crise, nos EUA e no Reino Unido, os gastos públicos e o aumento da regulamentação elevaram a participação do Estado na economia. Os novos desafios trazidos pela globalização, o crescimento do desemprego, a volatilidade dos mercados, a emergência de novas potências econômicas, como a China, o aparecimento de algumas das maiores companhias multinacionais e de fundos soberanos estatais vieram a reforçar a percepção de que o Estado passou definitivamente a assumir um papel ampliado.

Outros fatores contribuem para esse fato. O envelhecimento da população trará aumento de gastos e de regulamentação. Custos com segurança, pela ameaça de terrorismo e pela expansão do crime organizado, também deverão crescer significativamente.

O mundo está assistindo à volta do "capitalismo de Estado", e a grande novidade é que os governos parecem estar gostando de usar os mecanismos de mercado como instrumento de poder, como acontece na China.

O governo Obama, por necessidade, para evitar a falência da economia, tomou medidas antes impensáveis dentro das regras do capitalismo norte-americano e passou a controlar bancos e companhias privadas e a regular de forma quase intrusiva o sistema financeiro.

Na América do Sul, o fortalecimento do Estado ocorre na Venezuela, na Bolívia, no Equador e, em menor grau, na Argentina, com os conhecidos resultados de queda da eficiência da economia, de arranhões à democracia e de crescentes custos sociais.

No Brasil, assistimos ao mesmo fenômeno. O governo Lula ampliou a participação do Estado com medidas intervencionistas e de estímulo, para a superação da crise econômica de 2009.

Ao contrário do pragmatismo norte-americano, no entanto, o que se vê no Brasil é a retomada da ideologia do nacional-desenvolvimentismo de forma radical. Os exemplos dessa atitude são conhecidos. O Plano Nacional de Direitos Humanos com mais de quinhentas medidas afetando muitos aspectos da vida econômica e política do país, a nova regulamentação para a exploração do petróleo do pré-sal e as tentativas de exercer um maior controle sobre os meios de comunicação e sobre as telecomunicações são provas dessa nova atitude.

Não se pode invocar o exemplo dos EUA para justificar o crescimento do Estado no Brasil, historicamente tão tentacular. As situações são distintas, visto que, passada a crise, a tendência nos EUA é o Estado refluir para seu leito tradicional, ao passo que, no Brasil, ele parece estar aí para ocupar um espaço talvez maior e sem preocupação com seu tamanho e influência sobre os rumos democráticos.

O debate sobre o novo papel do Estado – que nunca esteve ausente no Brasil, dada a importante participação histórica do Estado na sociedade em geral e na economia em particular – deverá estar presente na campanha eleitoral.

O PT trata o assunto do ponto de vista ideológico, como evidenciado nas discussões do recente Congresso do Partido. O documento

A Grande Transformação, que servirá de base para o programa de governo de Dilma Rousseff, dá claras indicações nesse sentido. A nova concepção de desenvolvimentismo exige, entre outros aspectos, o fortalecimento do Estado, das empresas estatais e o restabelecimento do planejamento estratégico da economia nos setores considerados essenciais para o desenvolvimento do país. O esvaziamento dos órgãos reguladores independentes e a concentração do poder nos órgãos públicos resultarão inevitáveis. Os exemplos oferecidos de como essa visão do papel do Estado será executada poderão trazer problemas para o fortalecimento da democracia e da livre-iniciativa, como forças fundamentais para o desenvolvimento de médio e longo prazos.

No tocante ao PSDB, inexiste a preocupação ideológica de fortalecimento do papel do Estado. O que se busca é o aperfeiçoamento dos instrumentos utilizados pelo Estado nas políticas econômicas e sociais. Se críticas são feitas à política econômica, seus fundamentos não estão em questão. O objetivo é evitar a desindustrialização e estimular o investimento produtivo com medidas corretivas tanto na política monetária quanto na cambial. O controle do gasto público e a maior eficiência de sua aplicação para melhorar o desempenho do Estado na prestação de serviços aos contribuintes deverão estar presentes nos debates até as eleições. Tudo isso com visão de futuro e de planejamento de médio prazo, de acordo com esses princípios.

Dessa forma, nas eleições de 2010 estará em jogo o destino do Brasil em sua trajetória como grande potência econômica nos próximos dez a quinze anos.

O modelo de desenvolvimento, iniciado em 1993 e mantido até 2010, terá de ser aprofundado para permitir o salto qualitativo necessário para o crescimento sustentável. Resta saber como isso será feito: com um nacional-desenvolvimentismo e a presença de um Estado cada vez mais forte e participativo, ou com um Estado regulador, que venha a corrigir as distorções do modelo adotado até aqui e que abra oportunidades para o setor privado crescer e projetar o país no concerto nas nações.

Publicado em 9 mar. 2010

10 Novo colonialismo ou novas oportunidades?

UMA DAS ÁREAS QUE mais sofre os efeitos das profundas transformações que estamos vendo acontecer em todos os continentes é a da produção de alimentos.

A mudança de clima, as crescentes dificuldades do uso da água nas plantações, o aumento da população e da demanda mundial, e a pouca disponibilidade de terra arável na maioria dos países são alguns dos fatores que influem na produção e no fornecimento de alimentos. Se acrescentarmos a isso a volatilidade dos preços das *commodities*, o gradual empobrecimento do solo, a forte presença da China no mercado e a decisão política de alguns países produtores, sobretudo asiáticos, de proibir a exportação de determinados produtos, como o arroz, temos um quadro realista das incertezas que afetam o setor agrícola mundial.

De acordo com projeções de instituições especializadas, em 2050, a Terra poderá ter mais de 9 bilhões de habitantes, cerca de 2 bilhões a mais do que hoje. Nos próximos vinte anos, espera-se que a procura mundial de alimentos cresça cerca de 50%. A China, com 20% da população mundial, dispõe de apenas 9% de terras aráveis. Os Estados do Golfo importam 60% de seus alimentos, enquanto as reservas naturais de água são suficientes apenas para irrigar a agricultura por mais trinta anos.

Para garantir a segurança alimentar a suas populações, países desenvolvidos e emergentes estão examinando a possibilidade de criar estoques de alimentos e com isso evitar o risco de escassez.

A combinação de mais população e menos terra transforma os alimentos em investimento seguro com rentabilidade anual entre 20 e 30%, excepcional para os anos de crise que estamos vivendo.

Segundo o Relatório Mundial de Investimentos da UNCTAD, entre 1990 e 2007, o fluxo de investimento direto externo na produção agrícola triplicou, atingindo US$ 3 bilhões.

Fundos de investimento e bancos começaram a antecipar essa situação de potencial desequilíbrio global entre a oferta e a demanda de produtos agrícolas. Não apenas essas instituições financeiras, mas também governos estão adquirindo terras em outros países, sobretudo na África, e também na Ásia e na América Latina, para a produção de alimentos com o objetivo de reduzir sua dependência da volatilidade do mercado mundial e das importações. Não se trata de investimentos visando à produção para o consumo interno nesses países, mas para a exportação, sobretudo para os países do Oriente Médio ou para a China.

De acordo com o International Food Policy Research Institute, desde 2006, cerca de 20 milhões de hectares foram vendidos ou arrendados, a maior parte em nações pobres da África. Os principais compradores são países do Oriente Médio e da Ásia. A China comprou extensas áreas no Congo, Zâmbia e Tanzânia, e a Coreia do Sul, no Sudão. O Egito pretende cultivar trigo e milho em 840 mil hectares em Uganda; a Arábia Saudita, que já está presente no Sudão e no Punjab paquistanês, está alocando US$ 800 mil numa nova companhia pública que investirá em projetos agrícolas no exterior, buscando terceirizar o abastecimento das necessidades alimentares em culturas estratégicas, como arroz, trigo, cevada e milho.

Em virtude dos riscos envolvidos, a preferência crescente dos fundos é por contratos de produção, em vez de compra de terra. Os investidores fornecem a tecnologia e o capital, enquanto os fazendeiros locais, trabalhando em suas próprias terras ou terras arrendadas, produzem arroz ou trigo a preços fixados. No Brasil, 75% da produção de frango e 33% de soja são feitas com base nesses contratos.

A América Latina, longe desses mercados, ainda está imune a essa tendência. Há mais interesse nos recursos minerais e energéticos, como mostram exemplos recentes de iniciativas da China ao comprar companhias produtoras de cobre e petróleo, do que na compra de terras para a produção agrícola, até porque, na maioria dos países desta região, a venda de terra para governos é proibida, como é o caso do Brasil.

Resta saber como essa tendência vai evoluir no futuro. Será uma nova forma de colonialismo? Como reagirão as populações eventualmente deslocadas de seu hábitat por companhias estrangeiras produtoras de alimentos? Como reagirão os governos desses países se houver escassez interna de alimentos, enquanto terras produtivas são utilizadas para a exportação? Caso essa tendência se firme e tenha impacto sobre a demanda global, qual o efeito sobre a exportação de produtos agrícolas brasileiros?

Se houver um planejamento adequado, essa situação crítica poderá ser aproveitada por países como o Brasil para assegurar contratos a longo prazo em mercados como o do Oriente Médio ou da China, mediante *joint ventures* com empresas nacionais para produzir o que for demandado por países dessas duas regiões. Grupos nacionais poderiam associar-se a empresas de fora para plantar alimentos ou desenvolver a pecuária para a exportação casada com investimentos no Brasil.

O setor agrícola brasileiro, tão competitivo e com tanta perspectiva de expansão, não pode observar passivamente essas tendências sem, de alguma forma, planejar as próximas décadas. Essa nova forma de negócios é tanto mais perigosa para o Brasil quando se sabe que nossa produção agrícola pode continuar aumentando, mas a infraestrutura (estradas, ferrovias, portos) continua insuficiente, sem muita perspectiva de mudança no médio prazo.

Temos que começar a pensar como assegurar mercados, de forma estável, em um mundo em constante mutação. Valeria a pena explorar a possibilidade de combinar, por exemplo, investimento externo em infraestrutura (portos), com contratos de longo prazo para fornecimento de produtos agrícolas.

Publicado em 27 out. 2009

11 Novas tensões globais

QUESTÕES RELACIONADAS com as mudanças de clima ainda são tratadas no Brasil como temas de meio ambiente.

A realidade é que os efeitos das mudanças climáticas começam a repercutir fortemente na geoeconomia e na geopolítica mundial e que terão grande impacto sobre a política internacional e sobre muitos aspectos sociais e populacionais. Mais cedo do que se pensa, as consequências do aquecimento serão encaradas como questão de segurança nacional.

O risco de um cenário de tensões crescentes em diferentes regiões do mundo pode ser explicado, em especial, por três elementos.

1. A emergência da China com poucos recursos agrícolas, minerais e energéticos para atender a suas crescentes necessidades de gás, de petróleo, da quase totalidade dos minerais, de madeira e de produtos agrícolas e alimentícios.

2. Países com instituições fracas ou com governos autoritários (Congo-Brazzaville, Libéria, Serra Leoa, Sudão, Iraque, Irã, por exemplo) estão se beneficiando de um crescente fluxo de investimentos e da venda de seus recursos naturais (sobretudo minérios, petróleo e gás) a preços cada vez mais altos, o que poderá aumentar a instabilidade global.

3. O aumento das tensões em virtude dos múltiplos efeitos da mudança de clima global sobre a disponibilidade de recursos naturais e produtos alimentícios.

É evidente que não se deve exagerar o risco real, em curto prazo, de conflitos para assegurar os recursos naturais indispensáveis para a sobrevivência de grandes massas populacionais. Não se pode, no entanto, ignorar o problema e sua importância, já que a escassez desses produtos interage com outros fatores como a ecologia, a política, a economia e elementos institucionais.

O impacto maior tem sido causado, entre outros fatores, pela alta dos preços dos recursos energéticos e dos minerais, pela crescente escassez de água e pelo aparecimento do fenômeno de deslocamento populacional.

As consequências da mudança de clima, nos próximos anos, poderão ter um efeito cumulativo sobre os já graves problemas de escassez de alimentos. Distúrbios em vários países relacionados com o aumento dos preços dos alimentos são um terrível prenúncio do que poderá ocorrer no futuro.

Estudos recentes, realizados pelo Centro de Análise Naval dos EUA ("A ameaça da mudança do clima e segurança nacional") e pelo Serviço de Monitoramento das Geleiras no Mundo, da Universidade de Zurique, analisam os riscos que as rápidas mudanças climáticas, devidas ao aquecimento global, colocam para a estabilidade internacional e para a segurança nacional de todos os países.

A falta de água ou seu excesso (tanto pelo aumento do nível do mar quanto pela escassez derivada do derretimento das geleiras), a queda da produção agrícola e o potencial impacto sobre a produção de alimentos, o uso dos recursos naturais, a utilização do petróleo e do gás como armas políticas e a disseminação das pandemias (ameaça de doenças com extensão global) são algumas das áreas que poderão ser fontes de tensão ou de conflitos no médio e longo prazos.

A maior parte das geleiras que alimentam rios e reservatórios de água está se desfazendo de forma acelerada, podendo acarretar no futuro o desaparecimento de rios, com efeitos sobre o fornecimento de água potável e a utilização da sua força em hidrelétricas.

A fonte de alguns dos maiores rios asiáticos como o Hindu, o Ganges, o Mekong, Yang-Tsé e o Rio Amarelo são as camadas de gelo do Himalaia. Se essas geleiras continuarem a derreter, o fornecimento de água de grande parte da Ásia, tão densamente povoada, vai se reduzir drasticamente. O mesmo ocorre com os países andinos que recebem água da Cordilheira dos Andes, como é o caso do Peru e da Bolívia.

O aumento do nível do mar, em virtude do degelo da região ártica, como mostra recente relatório do Centro de Informação sobre Neve e Gelo, da Universidade do Colorado, pode causar o declínio das florestas, além de afetar cidades costeiras, países e ilhas oceânicas. Esses fatos podem acarretar movimentação populacional (como foi o caso do furacão Katrina, em New Orleans, e do tsunami, na Indonésia), criando problemas econômicos e sociais de grande magnitude.

Regiões que já sofrem de escassez de água, como Coveite, Jordânia, Israel, Ruanda, Somália e Argélia, podem ser confrontadas com a necessidade de buscá-la de qualquer maneira, na medida em que as mudanças no clima agravem a situação. Provocada pelo aquecimento global, a desertificação de áreas hoje produtoras de alimentos (o Brasil poderá ser um desses países afetados) e o aparecimento de novas regiões de produção agrícola (como a Sibéria) hão de alterar a geopolítica da agricultura mundial.

Em relatório de 2005, a Organização Mundial da Saúde (OMS) estudou o efeito das mudanças globais de clima sobre a saúde. A OMS chama atenção para o risco potencial da disseminação de doenças derivadas das alterações climáticas com efeitos importantes sobre as condições sanitárias em importantes concentrações populacionais. Trata-se de prever quando, como e onde deverão ocorrer os maiores impactos. O referido relatório levanta uma série de preocupações sobre a disseminação de doenças como a dengue, a malária e a salmonela.

O debate sobre o papel da competição pelos recursos naturais nas relações internacionais ainda passa ao largo de nossas preocupações pela posição privilegiada de que desfruta o Brasil. Nem por isso deve ser dada menor importância ao problema, uma vez que poderá nos afetar diretamente. A repercussão no exterior da devastação da floresta amazônica e os problemas energéticos que estão ocorrendo hoje na América do Sul sugerem a necessidade de nos posicionarmos para encarar essa nova realidade.

Publicado em 24 jun. 2008

12 O difícil caminho da modernização

Foi interessante, apesar de menos confortável, estar em Paris quando eclodiu a greve comandada por centrais sindicais representando mais de 500 mil trabalhadores dos setores ferroviário, ônibus, metrô e servidores públicos, que paralisou a França e instaurou o caos no já complicado trânsito de Paris.

A razão imediata da greve foi a decisão do governo francês de promover reforma da previdência social em que os aposentados desses setores passariam a receber pensão integral somente depois de quarenta anos de contribuição, como todos os demais trabalhadores, modificando o sistema atual em que os ferroviários se aposentam aos cinquenta anos e recebem os benefícios na sua totalidade.

O presidente Sarkozy, eleito justamente por seu programa de reformas estruturais que pretende levar a França para a linha de frente dos países mais competitivos da Europa, defendeu as medidas propostas como primeiro passo para introduzir modificações no sistema previdenciário com o aumento da contribuição e da idade da aposentadoria. Além dessa mudança, Sarkozy propõe a ampliação da jornada de trabalho de 35 para 39 horas, maior facilidade para as demissões, restrições ao direito de greve, preenchimento de metade das vagas abertas por aposentadoria no serviço público, a redução do poder dos sindicatos e autonomia universitária.

Em pronunciamento público, Sarkozy prometeu não recuar e enfrentar o desafio dos sindicatos, evitando a repetição do que ocorreu em 1995, quando Jacques Chirac, depois de três semanas de greve, teve de retirar proposta semelhante de reforma da previdência social. Agora, divididos, os sindicatos tiveram de voltar ao trabalho, sem concessões da parte do governo.

O fato novo, no contexto francês, é que os sindicatos estão isolados e a maioria dos estudantes e da população trabalhadora desaprovou a greve. Os eleitores que elegeram Sarkozy se opõem à defesa de benefícios generosos, como o da previdência social e outras benesses corporativas, que caracterizaram seu país até aqui.

Diferente dos países anglo-saxões onde o Estado do bem-estar garantiu as conquistas sociais, a França tem uma tradição de concessões assistencialistas, com grandes privilégios corporativos e de influência e militância dos sindicatos que lhes deu uma voz importante nas reformas econômicas.

A greve se transformou em teste significativo para a agenda de reformas prometidas pelo presidente Sarkozy. O movimento grevista é simbólico e representa o confronto entre o esquerdismo conservador e o futuro da França em um mundo globalizado e altamente competitivo.

Paradoxalmente, a França, que sempre resistiu às transformações capitalistas e globalizantes – a das 35 horas de trabalho por semana – coexiste com uma outra França, altamente dinâmica e empresarial, inserida no comércio internacional e que tem algumas das mais bem-sucedidas empresas do mundo.

Observando esses acontecimentos é inevitável associar o que ocorre atualmente naquele país europeu com a perspectiva brasileira a partir de 2010, respeitadas naturalmente as peculiaridades de cada país.

Nas eleições de 2010, o Brasil terá de enfrentar os desafios do mundo globalizado e decidir se quer ter um programa de reformas para completar o processo de modernização política, econômica e social. As transformações que terão de ser submetidas ao eleitorado deverão afetar interesses corporativos e privilégios, um dos fatores que atualmente impedem o crescimento do país.

Vendo a reação desses setores na França, não pude deixar de pensar na reação de movimentos como o MST, dos sindicatos como a CUT, dos funcionários públicos e dos que tanto se beneficiam do aparelhamento partidário do Estado, por exemplo. O próximo governo deverá enfrentar um período de turbulência política para conseguir exercer algum tipo de controle sobre esses grupos que defenderão seus privilégios sem hesitar em utilizar todos os métodos a seu alcance.

Se no governo do PT, o MST, aliado de Lula, apenas para chamar a atenção sobre suas preocupações, faz ocupações ilegais, inclusive de prédios públicos, e destrói propriedades e pesquisas científicas, sem nenhuma consequência, imagine-se o que não fará para atacar um governo que queira exercer sua autoridade, nos limites da democracia, e impedir que ações desse tipo continuem a ser executadas impunemente desrespeitando a lei e perturbando a ordem pública.

O exercício da autoridade para coibir os excessos contrários aos interesses da maioria da população, que deseja progredir e melhorar sua condição de vida pelo trabalho ordeiro e pacífico, certamente será denunciado como autoritarismo repressor.

A regulamentação do direito de greve dos servidores públicos, se não for feita no atual governo, terá de ser realizada pelo futuro governo e podemos imaginar a reação dos sindicatos das diferentes categorias de servidores e os problemas que poderão criar para o funcionamento normal do país.

Daqui três anos, a exemplo do ocorrido na França, o eleitorado brasileiro vai ter de optar entre o progresso e a modernidade com a redução dos gastos públicos e dos privilégios ou a continuação de políticas internas assistencialistas e corporativas, e do terceiro mundismo na política externa, justificáveis há cinquenta anos e ainda existentes em países que preferem ou insistem em perder as oportunidades que as transformações globais oferecem.

A França hoje poderá ser o Brasil amanhã. Só espero que, como acontece naquele país, a instabilidade e a turbulência políticas não perturbem nem contaminem a estabilidade da economia, que continuará a crescer e a se internacionalizar em um mundo globalizado e interdependente. O mundo não vai esperar pelo Brasil.

Publicado em 27 nov. 2007

13 O Brasil e o processo de globalização

O II Congresso Internacional de Derivativos e Mercado Financeiro, organizado recentemente pela BM&F, ao lado de discussões altamente especializadas acompanhadas com interesse por mais de setecentos participantes, propiciou um amplo debate sobre a inserção externa do Brasil no contexto do processo da globalização.

Os comentários de Paul Krugman, economista do MIT e de Princeton, e de Kenneth Rogof, ex-economista chefe do FMI e agora professor em Harvard, abordaram temas de grande interesse e relevância para entender as principais tendências do cenário econômico internacional.

Krugman descreveu de forma direta o que chamou de situação estranha em que vivemos atualmente. De maneira pertinente, observou que o capital está fluindo para onde os retornos são menores, o que, por si, parece violar a lógica empresarial e econômica. Essa situação ocorre em virtude dos desequilíbrios da economia dos EUA, com grandes déficits em transações correntes, baixa poupança pessoal e bolha especulativa no mercado imobiliário, estimulada por uma taxa de juros estremamente baixa. Do outro lado do mundo, a China com seu câmbio desvalorizado, exportando e acumulando reservas de forma assustadora e com substanciais investimentos financeiros nos EUA. Essa situação pode parecer quase insustentável em médio e longo prazos. Tudo isso, em meio a uma escalada sem precedentes no preço do petróleo.

Com relação ao Brasil, Krugman referiu-se à desigualdade social como um dos aspectos essenciais para o desenvolvimento brasileiro, que, para ser revertida, necessita de claras prioridades governamentais associadas a uma política econômica sólida em seus fundamentos.

Rogoff discutiu os desafios do novo sistema financeiro internacional e qual seria o modelo ideal na globalização. Observou que o crescimento de longo prazo da economia mundial segue uma tendência positiva e que as crises registradas recentemente foram bem mais curtas do que no passado. Os dados confirmam que o mundo vive hoje um ciclo de prosperidade da economia comparável com o observado nos períodos após a Primeira e a Segunda Guerras Mundiais. Tanto a política monetária norte-americana quanto a eficiência para distribuir os efeitos do crescimento dos EUA pelo mundo do mercado financeiro podem ser apontados como elementos catalisadores desse ciclo de crescimento e pela velocidade de recuperação econômica, após cada crise. Como resultado da globalização, o mercado financeiro doméstico se funde com o externo, sendo ilusão achar que pode ser criada uma política somente para o setor doméstico. Apontou o terrorismo como o risco mais grave para a economia global. Em virtude do terrorismo aumenta a possibilidade de os países recuarem da disposição de maior integração de suas economias e se fecharem, com a redução dos benefícios já obtidos.

No tocante ao Brasil, Rogoff assinalou que têm sido feitas reformas estruturais importantes e que o país vem colhendo os frutos de seu esforço. Mas se o Brasil parar esse processo cairá na estagnação, como ocorre com o México. Torna-se por isso crucial continuar a melhora das condições econômicas internas, porque a situação ainda deixa o Brasil em uma posição de vulnerabilidade e de risco.

Como debatedor da apresentação de Rogoff, fiz uma avaliação da crescente inserção externa do Brasil e dos avanços e retrocessos observados nas negociações multilaterais e observei que a globalização envolve riscos e benefícios que devem ser mais bem avaliados em conjunto pela sociedade.

Assinalei que a análise atual parte da constatação de que o ambiente internacional é extremamente favorável: crescimento da economia internacional, expansão do comércio, da integração financeira, excesso de capital e baixa taxa de juros. Situação bastante similar ocorreu na década de 1990, o que não impediu sucessivas crises, como a do México em 1994, da Ásia em 1997 e da Rússia em 1998. No mesmo período, a crescente livre movimentação de capitais, que atualmente é considerada um ganho e um progresso, foi vista como um dos principais fatores da crise.

No caso do Brasil, a globalização aumenta ou reduz a vulnerabilidade externa? Qual seu impacto sobre o crescimento?

Os indicadores da economia, sobretudo os da relação da dívida/PIB e dívida/exportações, ainda não deixam o Brasil imune ou mais resistente à crise.

É importante ressaltar que a globalização financeira, com a livre movimentação da conta de capital, apresenta aspectos muito positivos, que, no entanto, são transitórios. Assim, o investimento externo direto e os empréstimos governamentais se expandem com taxas de juro extremamente baixas, que poderão ser revertidas de forma brusca se uma crise internacional se materializar.

O setor externo da economia brasileira tem acompanhado essa tendência positiva e tem desempenhado um papel relevante quando se examina o comportamento recente da economia e sua vulnerabilidade.

O Brasil tem, contudo, aproveitado parcialmente o cenário internacional favorável, em virtude das ineficiências internas, do alto Custo Brasil para as empresas, em decorrência da alta carga tributária, das deficiências logísticas, entre outras, além da indecorosa taxa de juros e de uma apreciação contrária aos interesses exportadores da taxa de câmbio.

A taxa de crescimento da economia em 2005 será a menor da América Latina e bem inferior àquela que registram a China, a Índia e outros países emergentes.

Crescer ou crescer é alternativa para a economia brasileira a fim de reduzir sua vulnerabilidade e as desigualdades sociais, em um cenário em que, como acentua recente relatório da ONU, a globalização tende a reforçar a concentração de renda e as disparidades sociais.

Publicado em 13 set. 2005

PARTE 2

Comércio Exterior

1 Personagem à procura de um autor

A QUESTÃO DA COMPETITIVIDADE na economia brasileira, um dos temas mais importantes da atualidade para o setor produtivo e exportador, foi o tema central das discussões do 30° Encontro Nacional dos Exportadores (Enaex), realizado no Rio de Janeiro.

As causas da perda de competitividade, como a apreciação do câmbio, o Custo Brasil, as altas taxas de juro e as dificuldades em avançar na inovação, foram tratadas de forma abrangente.

A combinação da apreciação do real com a desvalorização do dólar e do yuan resultou na erosão das tarifas de importação negociadas na OMC (tanto a aplicada quanto a consolidada), segundo estudo da FGV. O Custo Brasil, ao invés de diminuir, está aumentando. O investimento novo na indústria se reduz e custos adicionais cada vez mais afetam as empresas: guerra fiscal nos portos, a definição de novas regras para o aviso prévio, a eventual entrada em vigor da Resolução n. 158 da OIT, que torna mais difícil a demissão nas empresas e que cria tantos problemas na França e na Itália.

Essa menor competitividade está acarretando perda de espaço no mercado interno e no exterior para os produtos manufaturados, a reprimarização da pauta de exportação e a desindustrialização da indústria de transformação.

Foram também examinadas medidas tomadas recentemente pelo governo Dilma visando a uma nova política industrial, tecnológica e de comércio exterior. Elas representam um primeiro passo na direção correta para contrabalançar a perda de competitividade e necessitam ser ampliadas. Apesar das dificuldades dentro do governo para sua aprovação em virtude do confronto entre a perspectiva de renúncia fiscal e o corte de gastos e a política de combate à inflação, espera-se que o Plano Brasil Maior tenha resultados mais efetivos para as empresas do que as medidas tomadas em 2003, 2008, 2009 e 2010.

A busca de novas ideias para melhorar a competitividade mostrou-se frustrante.

Lembrei, talvez com alguma dose de ingenuidade, que as novas ideias são as velhas ideias, sobretudo a retomada das discussões sobre as reformas que há quinze anos dormem nas gavetas do executivo e do legislativo: tributária, trabalhista, da previdência social e política deveriam voltar a ser negociadas por estímulo da sociedade civil e dos setores empresariais afetados. Mencionei que medidas no mercado futuro de moedas deveriam separar operações legítimas de hedge das transações especulativas, que exercem pressão para a valorização do câmbio. Na área da inovação, além do que já está sendo feito pelo governo e da implementação das medidas de apoio adotadas, mas que somente terão efeito no longo prazo, são necessárias ações de promoção de investimento em inovação para aumentar a participação da empresa privada no total dos gastos com pesquisa e desenvolvimento.

Por último, referi-me à mudança na estrutura decisória governamental do comércio exterior. A notícia de que a presidente Dilma teve de intervir diretamente para que as medidas do Plano Brasil Maior pudessem ser anunciadas e tivessem significado real para o setor privado reforçou minha convicção de que o comércio exterior deveria ser tratado de forma independente. Impõe-se a criação do cargo de presidente da Câmara de Comércio Exterior (Camex), subordinado diretamente à Presidência da República, para dar maior peso e força política ao setor, facilitar a coordenação dentro do governo e propiciar um comando unificado e efetivo, a exemplo do que ocorre nos EUA com o USTR, o verdadeiro ministro do comércio exterior.

O sucesso da política econômica nos últimos anos e o grande salto quantitativo do comércio exterior – que quadruplicou em oito anos – escondem os problemas reais que afetam o setor. Sem as reformas, a perda da competitividade não se resolverá, nem no longo prazo, e até lá, como dizia Keynes, estaremos todos mortos (no caso, também a indústria brasileira). Menos do que na China ou nos EUA (registrou superávit de US$ 8 bilhões com o Brasil), que estão defendendo seus interesses, o problema está no Brasil pela falta de vontade política do governo e pela passividade da sociedade, da classe política, dos empresários e dos sindicatos para levar adiante as necessárias reformas estruturais.

O Enaex, assim, foi importante por fazer um balanço amplo dos avanços das dificuldades do comércio exterior brasileiro.

Não posso deixar de observar, contudo, que a agenda de discussão é a mesma dos últimos quinze anos. Poucas foram as referências sobre as novas realidades. Somos bons em diagnósticos, a partir do passado e do que ocorre hoje, mas temos dificuldade para enfrentar, com visão estratégica, os desafios representados pelas grandes transformações por que passam o mundo, a América do Sul e o próprio Brasil.

Estamos presenciando a mudança do eixo comercial do Atlântico para o Pacífico. A China tornou-se o novo polo dinâmico de crescimento para a economia mundial e o grande fornecedor de produtos industriais, fazendo surgir um novo ordenamento produtivo no mundo. A demanda global para o Brasil está na agroindústria, no setor de minérios e, em breve, estará no petróleo, todos incorporando avanços significativos em inovação e com alto valor agregado. A estratégia de comércio exterior e de negociação comercial de todos os países vem se ajustando à nova dinâmica na Ásia, nosso principal parceiro comercial superando a América Latina e a Europa. O setor industrial está perdendo seu vigor e reduzindo prematuramente sua importância na economia.

O que fazer? O que desejamos para o Brasil nesse novo quadro? Qual a nossa visão para o futuro para alcançar o *status* de potência econômica global nos próximos quinze anos, como se prevê no exterior? Esse é o nosso real desafio.

Publicado em 23 ago. 2011

2 Terras raras: questão estratégica

As GRANDES TRANSFORMAÇÕES por que passa o mundo globalizado estão propiciando algumas oportunidades que o Brasil não pode deixar passar. A abertura do mercado global para terras raras brasileiras é uma delas.

Terras raras são um grupo de dezessete tipos de metais não ferrosos de nomes estranhos: lantânio, neodímio, ítrio, promécio, cério, praseodímio, samário, európio, gadolínio, térbio, disprósio, hólmio, érbio, túlio, itérbio, escândio e lutécio. Relativamente abundantes na natureza, possuem propriedades químicas semelhantes e misturados a outras substâncias são utilizados para a fabricação desde produtos simples como isqueiros até supercomputadores, Ipods, painéis solares e aplicações militares, em virtude de sua força magnética que permite uma grande miniaturização dos componentes.

A produção desses minerais está concentrada (97%) na China, que detém um terço das reservas mundiais e concentra, juntamente com Rússia, EUA e Austrália, cerca de 70% das reservas globais. Índia, Rússia, Brasil e Malásia são outros produtores marginais.

Segundo estudos do Congresso norte-americano, a demanda global está crescendo significativamente, passando de 134 mil toneladas em 2010 para 180 mil toneladas em 2012, representando um mercado de cerca de US$ 10 bilhões.

A questão das terras raras ganhou uma dimensão política e estratégica quando a China, depois de incidente pesqueiro com o Japão, ameaçou reduzir as cotas de exportação para esse país. Ao mesmo tempo, as autoridades chinesas deixaram saber que haveria uma redução de 40% das cotas de exportação para o mercado mundial para proteger o meio ambiente.

A notificação feita ao Japão e a gradual redução das cotas nos últimos cinco anos repercutiram imediatamente no mercado e o preço desses metais disparou. Em vista da reação internacional, Pequim desmentiu a redução das cotas, com pouco efeito para estabilizar o mercado, mas recentemente aumentou a taxação sobre o produto.

Estados Unidos e Europa denunciaram a China por prejudicar a produção de produtos sensíveis ocidentais. A atitude do governo chinês, caso mantida no futuro, poderá desencadear uma guerra comercial de grande repercussão dada a natureza estratégica desses metais. O controle sobre as terras raras pode dar à China no futuro uma forte vantagem tecnológica e aumentar sua capacitação militar em relação aos EUA.

O domínio chinês sobre produtos de que os países industrializados, em especial os EUA, dependem de maneira tão vital, sem fontes alternativas no curto prazo, fez com que o governo de Washington se movimentasse para esclarecer os objetivos da China. O Departamento de Defesa e o Congresso produziram documentos para identificar possíveis riscos para a segurança nacional norte-americana.

Os países da Europa, a Coreia e os EUA começaram a buscar fontes alternativas para diminuir a dependência da China. O Japão, o maior consumidor mundial, iniciou negociações com a Mongólia e o Casaquistão para iniciar a exploração de novas jazidas desses minérios.

O Brasil é um dos poucos países a possuir reservas confirmadas desses minérios. Recentemente anunciou-se a descoberta de jazidas de tálio. Ocupando a terceira posição depois de China e Índia, segundo o US Geological Survey, o Brasil deteria uma das maiores reservas do mundo.

A importância estratégica desses produtos torna urgente a definição de uma política de produção e de comercialização para atender ao interesse nacional.

Grupo de trabalho interministerial integrado pelos ministérios das Minas e Energia e da Ciência e Tecnologia está examinando o assunto e deverá propor uma política de fomento à produção e à capacitação tecnológica para tornar viável a exploração desses minérios.

Sinalizando políticas corretas e coerentes com o interesse do país, o relatório sugere a conveniência da negociação de acordos bilaterais comerciais e científico-tecnológicos. Empresas detentoras de *know--how* para a fabricação de produtos de alta tecnologia, à base de terras raras, poderiam associar-se, por meio de parcerias público-privadas para a implantação no Brasil de uma cadeia produtiva, competitiva e ambientalmente correta que poderia viabilizar, no longo prazo, a exploração das jazidas até aqui inexploradas, em função do pouco interesse demonstrado pela indústria nacional.

O alto custo da exploração, associado às complexidades técnicas, explica a reticência do setor privado em investir e as dificuldades da empresa Indústrias Nucleares do Brasil (INB), estatal responsável pela política de lavra e comercialização das terras raras.

O Ministério da Ciência e Tecnologia está procurando atrair a companhia Vale para explorar as terras raras e utilizar o minério em produtos de maior valor agregado. Estão sendo mantidos igualmente entendimentos com a Alemanha para desenvolver programa de cooperação nessa área.

O Brasil tem uma oportunidade excepcional de negócio e terá um posicionamento estratégico, se aproveitar essa janela de mercado.

Assim como ocorre com o urânio, os minerais raros radioativos são monopólio estatal, exercido pela INB. Uma política racional tanto dos minerais radioativos quanto dos raros deveria passar pela abertura, como ocorre com o petróleo, da exploração pelo setor privado, com todas as cautelas e controles que existem hoje na área petrolífera.

A demanda global para diversificar as fontes de suprimento das terras raras coloca o Brasil em posição privilegiada para não só atrair novas tecnologias, mas também para participar de um promissor mercado externo. O interesse externo sobre as reservas brasileiras é grande. Impõe-se a aprovação de regras claras de longo prazo que defendam o interesse nacional e possam atrair investimento para a exploração dessa riqueza.

Publicado em 14 jun. 2011

3 Vulnerabilidades do comércio exterior

O BRASIL FOI O PAÍS que mais aumentou as importações no mundo em 2010. Os produtos importados já representam quase 25% do consumo interno, substituindo produtos nacionais. As importações cresceram a taxas mais elevadas do que as exportações e o saldo na balança comercial foi bastante ajudado pelos preços recordes dos produtos agrícolas e minérios.

A crescente perda de competitividade dos produtos brasileiros, tanto pela apreciação do câmbio, quanto pelo crescente Custo Brasil, resultado, em especial, da alta da taxa de juros, dos encargos sociais, tributários e dos gargalos na infraestrutura, afetou a exportação dos produtos manufaturados e acelerou a reprimarização da pauta de exportação e a desindustrialização da indústria de transformação.

O novo governo anunciou medidas de apoio às exportações e de restrições às importações para compensar os fatores negativos que afetam a exportação brasileira, além de providências para tornar mais efetivos os mecanismos de defesa comercial. As recentes decisões de austeridade fiscal para tentar conter o crescimento da inflação, contudo, determinaram o adiamento dessas medidas compensatórias.

Além do impacto negativo do câmbio e do Custo Brasil, nos últimos anos, a China, principal parceiro comercial do Brasil, passou a ser um fator de preocupação do governo, do setor industrial e dos sindicatos. As exportações chinesas, concentradas em produtos industrializados, subiram a US$ 25,6 bilhões em 2010 (14,1% do total importado pelo Brasil) e as exportações para a China chegaram a US$ 30,8 bilhões (15,2% do valor total). O déficit na balança comercial industrial de US$ 23,5 bilhões (projetado para US$ 35 bilhões em 2011) está sendo agravado por práticas desleais de comércio, que nem sempre encontra respostas adequadas do governo brasileiro. Segundo país mais investigado por subsídios com mais de quarenta procedimentos abertos na OMC, a China é recordista em queixas por medidas antidumping (820).

As medidas de defesa comercial (antidumping) aplicadas até aqui pelo Brasil não conflitam com a visão do governo de que os entraves nas relações comerciais entre os dois países ainda são pequenos, diante das oportunidades que o mercado chinês representa para as empresas brasileiras, sobretudo quando o Congresso do Partido Comunista acaba de aprovar iniciativas voltadas para o aumento dos salários e a expansão do consumo doméstico.

Essa percepção, contudo, não deve impedir que – a exemplo da China, que tem uma política definida e sabe o que quer de sua relação com o Brasil – o governo brasileiro estabeleça novos contornos para a relação bilateral. O importante será a definição de uma política que deixe de lado a visão ingênua de uma parceria estratégica e procure buscar um equilíbrio entre as oportunidades comerciais e de investimentos, e os custos, representados pela desindustrialização do parque produtivo e pelo aumento do desemprego.

A visita da presidente Dilma a Pequim, a primeira fora da América Latina, oferece essa oportunidade. Cabe ao governo definir a nossa, junto com o setor privado e os trabalhadores, e discutir com os parceiros chineses o que queremos da relação econômica e comercial.

A ampliação das relações bilaterais com o aumento do investimento recíproco, a diversificação das exportações brasileiras e a formação de *joint ventures* (e não apenas a aceitação da crescente presença de empresas estatais chinesas no Brasil) para a exploração de terras, de minas e de petróleo deveriam ser enfatizadas.

Na busca estrita do interesse nacional, contudo, além de tirar da nossa pauta o reconhecimento da China como economia de mercado, equívoco cujo preço político estamos pagando até hoje, o governo brasileiro deveria subir o tom e aplicar salvaguardas transitórias e levar à OMC a discussão sobre a política cambial chinesa.

As salvaguardas transitórias, previstas no acordo de adesão da China à OMC, são medidas de defesa comercial que podem ser utilizadas quando as importações de produtos de origem chinesa estejam aumentando em quantidades ou condições tais que causem ou ameacem causar desorganização de mercado de produtos similares aos produtores domésticos. Essa regra multilateral, em vigência até 11 de dezembro de 2013, foi internalizada, por decreto, em 2005, e inexplicavelmente nunca foi aplicada pela Camex/Secex contra produtos que se enquadram nessa categoria.

Por sua vez, a política cambial chinesa, ao manter o yuan atrelado ao dólar, tem merecido críticas públicas do Brasil no âmbito do G-20, já que se trata do nosso problema mais sério em relação à China (o diferencial do câmbio se eleva a 40% pela desvalorização em relação ao dólar, em torno de 25%, e pela valorização do real, de 15% em relação ao dólar). Embora seja de difícil aprovação na OMC pela oposição de alguns países, como os EUA, que seguem a mesma política de depreciação competitiva, o governo brasileiro deveria levar o assunto, respaldado pelo artigo XV do GATT que, em seu parágrafo XV.4, estabelece que "as partes contratantes não deverão, por meio de ação sobre o câmbio, frustrar o propósito dos dispositivos do GATT nem, por ação de comércio, o propósito dos dispositivos dos artigos do Acordo do FMI".

A não aplicação pelo governo brasileiro dessas duas medidas pode ser explicada pelo fato de o comércio exterior ser o primo pobre da política econômica e não ter influência e peso próprios.

A ausência de uma política de comércio exterior bem definida tem acarretado graves prejuízos para a indústria brasileira. Para corrigir essa distorção, torna-se urgente o fortalecimento da Camex e a elevação do seu nível decisório, vinculando-a diretamente à Presidência da República, a exemplo do USTR nos EUA.

Publicado em 22 mar. 2011

4 A indústria e o comércio exterior

APESAR DO BOM desempenho das importações e exportações em 2010, a vulnerabilidade externa, nos últimos anos, tem sido uma das principais preocupações do setor industrial. A perda de competitividade no mercado internacional foi responsável, em grande parte, pela redução da participação de produtos manufaturados a apenas 40% do total exportado pelo Brasil, o mesmo nível de 1978.

A FIESP preparou documento com propostas concretas para corrigir as distorções geradas pela alta taxa de juros, pela apreciação do câmbio e pelo excessivo Custo Brasil.

A combinação desses três fatores tem contribuído para um amplo processo de reestruturação produtiva, alterando a forma de inserção do país no comércio externo.

Cabe mencionar algumas de suas consequências:
- tendência à redução do superávit comercial e ao aumento do déficit em transações correntes, colocando em risco a estabilização e a sustentabilidade do crescimento;
- maior concentração das exportações em produtos de baixo conteúdo tecnológico e intensivos em recursos naturais, incluindo *commodities* cujos mercados apresentam elevada volatilidade;
- presença crescente de importados no mercado interno (22% do consumo doméstico), agravando a tendência de desindustrialização da economia e de perda de postos de trabalho.

Ações para tornar o câmbio competitivo e mitigar seus impactos negativos sobre o comércio exterior são necessárias para preservar setores industriais relevantes da economia brasileira. A desoneração tributária das exportações, o combate à guerra fiscal e a melhoria na logística também podem atuar para perspectivas mais favoráveis do setor externo.

A despeito da importância no conjunto da economia e para a geração de emprego, o comércio exterior desempenha um papel secundário na política econômica e na estrutura do governo federal.

Encontro empresarial, com a participação da CNI, FIESP, AEB e Funcex, examinou essa questão em profundidade e apresentou propostas concretas, encaminhadas à equipe da presidente, para melhorar a eficácia dos principais órgãos intervenientes do comércio exterior.

A Câmara de Comércio Exterior (Camex) necessita ser fortalecida. A melhor coordenação entre os órgãos e ministérios, assim como um diálogo mais estreito entre o governo e o setor privado tornam urgente o estabelecimento de um comando único para as decisões de política de comércio exterior. O presidente da Camex teria a função de coordenar a política de comércio exterior em cooperação com os titulares do Itamaraty, MDIC e Fazenda, bem como com os representantes de outros órgãos competentes (cerca de quarenta). Com vistas a elevar o nível do processo decisório, está sendo sugerida a criação do cargo de presidente da Camex, com *status* de ministro coordenador das políticas de comércio exterior, vinculado diretamente à Presidência da República. Dentre suas principais funções, caberia a essa nova Camex, por exemplo, a prévia revisão e concordância na criação ou alteração das leis, regulamentos e normas que afetem o comércio exterior e a discussão e a aprovação da estratégia de negociação comercial externa, sem que seja alterada a competência dos referidos órgãos.

A Coordenação-Geral de Administração Aduaneira (Coana) da Receita Federal e a Secretaria de Comércio Exterior (Secex) do MDIC deveriam ser reforçadas. As deficiências na estrutura dos órgãos responsáveis pelo combate às práticas ilícitas na fiscalização aduaneira, na Coana, e de defesa comercial, na Secex, têm efeito direto sobre o desempenho comercial do país. A precariedade dos recursos existentes é responsável, por exemplo, pela ausência de vistoria documental ou física de cerca de 85% das mercadorias que entram no país e pela dificuldade de levar adiante em tempo hábil as reclamações de *dumping* feitas por empresas nacionais, sobretudo contra a China. A Coana e a Secex deveriam contar com melhores sistemas, equipamentos e pessoal, para assegurar o cumprimento de suas funções. Nesse contexto, deveria ser considerada a gradual separação da Coana da Receita Federal.

A simplificação e a desburocratização do comércio exterior impõem-se pelo cipoal de leis, decretos e atos executivos (cerca de 3 mil leis) dos órgãos da administração pública que regulam as operações de comércio exterior. A complexidade na interpretação e na aplicação dessas regras inibe a competitividade do setor exportador e estimula irregularidades nos procedimentos de importação. Segundo o relatório *Doing Business* do Banco Mundial, o Brasil é o centésimo país em termos de facilidade para o comércio exterior. A consolidação dessas normas deveria ter como foco a redução dos procedimentos e a facilitação das operações.

A Estratégia de Negociação Comercial deveria ser modificada. O Brasil continua tendo uma participação muito pequena em acordos internacionais de comércio. Enquanto países como o Chile e o México negociaram acordos de livre comércio com 45 e 42 países, respectivamente, o Brasil assinou apenas dois, de reduzida importância comercial (Israel e Egito), entre 2002 e 2010. O crescente número de acordos comerciais concluídos por nossos principais parceiros começa a deslocar as exportações brasileiras em terceiros mercados. O Brasil deveria assumir uma posição agressiva para assegurar condições favoráveis de acesso a mercados para suas exportações, incluindo a conclusão de novos acordos com relevantes parceiros comerciais e a exigência da correta aplicação das regras de comércio existentes.'

Essa agenda da indústria para a reforma do comércio exterior deveria merecer cuidadoso exame e, por decisão política, ser implementada pelo governo de Dilma Rousseff.

Publicado em 23 nov. 2010

5 Primo pobre da política econômica

As MEDIDAS DE APOIO aos exportadores anunciadas pelo governo são positivas e estão no caminho certo. As decisões, limitadas e setoriais, visam, sobretudo, à facilitação de comércio, à isenção tributária e à devolução de crédito, todas com condicionantes significativas.

A criação do Eximbank, antiga aspiração do setor exportador, talvez seja a medida de maior impacto e, dependendo dos recursos disponíveis e de como for colocada em prática pelo BNDES (Banco Nacional de Desenvolvimento Econômico e Social), poderá vir a representar respaldo importante.

As providências, porém, não enfrentam as principais causas da perda da competitividade dos produtos brasileiros. O Custo Brasil, resultado da alta carga tributária, das despesas com logística (infraestrutura), juros, burocracia, energia, investimentos e insumos básicos, representa 36% do preço de produção, de acordo com estudo recente da Abimaq. Se acrescentarmos os efeitos da apreciação do câmbio, temos o quadro real das dificuldades dos exportadores.

O aumento expressivo do comércio exterior até 2008 escondeu a vulnerabilidade do setor. As reformas necessárias para reduzir o Custo Brasil foram deixadas de lado. Assim, a queda das exportações em 2009 não pode ser atribuída apenas à recessão e à desaceleração do consumo de produtos brasileiros no mercado internacional.

No plano doméstico, transpareceram as dificuldades de coordenação e a necessidade de um comando claramente identificado no setor.

Não consta que as medidas agora anunciadas tenham sido examinadas pela Camex, o colegiado competente para discuti-las e aprová-las.

A rentabilidade das exportações, tanto de manufaturados quanto de produtos agrícolas, foi em 2009 a menor da história. A crise propiciou a mudança no perfil das exportações brasileiras. Pela primeira vez, desde 1978, a exportação de *commodities* supera a de produtos manufaturados.

Com a perda da competitividade dos produtos manufaturados, nossas exportações, em 2009, caíram 22,7%, e as importações, 26,4%. As perspectivas para 2010 não são diferentes, prevendo-se uma significativa queda do superávit na balança comercial.

As metas fixadas pelo governo não estão sendo alcançadas, e o Brasil está perdendo mercado no contexto global do comércio exterior, voltando a ser responsável por apenas 1,1% do total das trocas internacionais.

O comércio exterior brasileiro está demandando uma ampla reforma, a partir do fortalecimento da Camex e da coordenação interna, em parceria com o setor privado, com vistas a reduzir o Custo Brasil.

Política industrial, com ênfase na inovação, e nova estratégia de negociação externa poderiam abrir mercados para produtos de alto valor agregado, por meio de acordos de livre comércio, paralisados nos últimos oito anos, por considerações políticas.

Publicado em 6 maio 2010

6 Parceria transpacífico

Os EUA e a China entraram em período de crescentes atritos econômicos, políticos e diplomáticos, antecipando uma rivalidade que, mais para frente, poderá trazer de volta a bipolaridade nas relações internacionais. A relação com a China passou a ser um dos maiores desafios da política externa norte-americana.

A tensão entre as duas maiores economias globais – a China vai ultrapassar o Japão – é resultado da percepção de que os dois países cada vez mais terão de tomar a dianteira no equacionamento das questões globais. Daí uma atitude mais crítica da China em relação aos EUA, e da parte destes, um visível endurecimento. A venda de armas a Taiwan, o encontro de Obama com o Dalai Lama, o apoio dado à Google contra a censura na internet, as medidas restritivas contra produtos chineses de exportação (aço, pneus) são exemplos recentes de atitudes norte-americanas. A China criticou duramente os EUA pela crise econômica e tem-se colocado contra as sanções ao Irã no Conselho de Segurança da ONU. Isso, além de ter suspenso a cooperação no campo militar e ter feito ameaças de retaliação contra empresas norte-americanas. Adicionalmente poderiam ser lembradas as divergências nas negociações comerciais da Rodada Doha e nas questões relacionadas com a cúpula de Copenhague, a ameaça de venda de títulos do Tesouro norte-americano e as pressões do Congresso norte-americano para a China ser classificada como país que manipula o câmbio, abrindo a porta para sanções comerciais por parte dos EUA.

A mudança de atitude norte-americana em relação à China pode estar relacionada com a frustração quanto aos rumos políticos na sociedade chinesa. O governo de Washington saudou a emergência da China como potência econômica global na expectativa, alimentada nos governos Clinton e Bush, de que o desenvolvimento econômico levaria necessariamente a uma abertura política. Para surpresa dos formuladores da política externa norte-americana, não é isso que está acontecendo. Ao contrário, o regime está hoje mais fechado e mais intolerante.

Até aqui tem prevalecido o interesse recíproco que permite à China ampliar anualmente suas exportações para o mercado americano, sem quaisquer restrições às violações de direitos humanos e ambientais praticadas por Pequim e, de seu lado, aos EUA colocar seus títulos do Tesouro nas reservas chinesas em níveis perigosamente elevados (pouco menos de US$ 1 trilhão).

Para a economia mundial, essa situação gera um desequilíbrio pouco saudável. Seria importante que os EUA poupassem mais, gastassem menos e reduzissem a dívida de longo prazo. A China, por seu lado, deveria fazer ajustes em um amplo elenco de políticas para reequilibrar sua economia e estimular a demanda doméstica.

De maneira pouco sutil, a China já fez saber que se as tensões persistirem poderão prejudicar o equilíbrio econômico entre os dois países. Os EUA ensaiam atitudes muito mais firmes, em especial na área comercial.

Não parece, no entanto, que a situação esteja fugindo do controle e desembocando em uma crise de graves proporções. Os atritos mais sérios, envolvendo questões políticas, econômicas e mesmo militares ficarão para as próximas décadas, quando diminuir ou desaparecer a distância que ainda separa hoje, sob qualquer aspecto, as duas principais potências globais.

Enquanto esse cenário de fricções se descortina, o governo norte-americano procura acompanhar as grandes mudanças econômicas que estão ocorrendo na Ásia. China e Japão alteraram suas respectivas políticas contrárias à negociação de acordos de livre comércio e já estão em processo de negociação de uma série de acordos com seus vizinhos asiáticos, que discriminarão contra as exportações via preferências tarifárias de empresas norte-americanas.

Como reconheceram o presidente Obama, e mais recentemente o USTR, Ron Kirk, a mudança do eixo dos temas econômicos e comerciais do Atlântico para o Pacífico é uma das transformações globais mais importantes nas relações comerciais e internacionais.

A China, que ultrapassou a Alemanha em 2009, se tornou o segundo país em termos de trocas comerciais. Na nova divisão de trabalho internacional, a China está se transformando no grande produtor mundial de bens industriais e no grande consumidor de produtos agrícolas, minerais e de metais.

Na celebração dos vinte anos da organização, durante a reunião da Cooperação Econômica Ásia-Pacífico (Apec), o governo norte-americano, apesar das diferenças político-diplomáticas, anunciou que iniciará negociações para o estabelecimento da Parceria Transpacífico (PTP). O presidente Obama, nessa oportunidade, deixou dito que os EUA são um poder do Pacífico e que ele é o primeiro presidente norte-americano do Pacífico.

O representante comercial dos EUA lançou negociações para um acordo de livre comércio que ampliaria os mecanismos já existentes entre a Nova Zelândia, Chile, Cingapura e Brunei (chamado P-5) para incluir os EUA, a Austrália, o Peru e o Vietnã. Esse acordo, modelado a partir do Nafta (acordo comercial mantido com Canadá e México), poderia ser gradualmente ampliado para incluir outros países asiáticos formando o PTP.

Levando em conta a tendência restritiva do Congresso norte-americano em relação ao livre comércio, não será fácil para o governo Obama conseguir a autorização para negociar um acordo que potencialmente poderia incluir países como Japão, China e Coreia.

A visão estratégica de médio e longo prazos dos formuladores da política comercial externa norte-americana transcende considerações políticas e diplomáticas conjunturais e é um bom exemplo da conveniência de despolitizar as decisões de natureza comercial na defesa do melhor interesse do país.

Publicado em 23 mar. 2010

7 Comércio exterior e o futuro governo

Os RESULTADOS DA BALANÇA do comércio exterior no primeiro semestre de 2010 contribuíram para aumentar a preocupação dos empresários com as dificuldades do governo para tomar medidas que fortaleçam a competitividade de nossas exportações para enfrentar a dura disputa pelo mercado internacional, sobretudo dos produtos manufaturados.

Embora tanto as importações como as exportações tenham crescido em relação a 2009, o comércio exterior retrocedeu para o nível de 2007. O crescimento em valores das exportações em 2010 é explicado pelo aumento das vendas de apenas três produtos: petróleo, soja e minério de ferro. O quantum das exportações não aumentou e o superávit da balança de comércio ficou mais de 50% inferior ao de 2009. As exportações industriais continuaram a regredir, gerando um déficit de US$ 19 bilhões, e as manufaturas tiveram seu pior desempenho desde 1997. Os produtos de alta tecnologia representam atualmente menos de 5% da pauta de exportações e a balança comercial do setor deve ser, em 2010, deficitária de US$ 59 bilhões.

Muitas são as razões da perda de competitividade do comércio exterior brasileiro. Não cabe aqui examinar o impacto da apreciação do câmbio que atingiu em 2010 o mesmo nível de sobrevalorização de 1998, às vésperas da maxidesvalorização do real, nem a agressividade da China na promoção de seus produtos industriais ou os gargalos da infraestrutura, expostos, por exemplo, no congestionamento crônico do porto de Santos pela falta de investimento. Tampouco, cabe especular sobre as perspectivas e incertezas da economia global e do crescimento do comércio internacional ou sobre a desaceleração da economia brasileira e seus efeitos sobre nossas exportações.

Como estamos a pouco mais de um mês das eleições e com a temporada de debates em plena efervescência, não seria demais pedir que os candidatos se manifestem sobre seus planos para fortalecer a área de comércio exterior. O crescimento do mercado doméstico, que está desempenhando o papel de motor da economia, a partir da crise econômica global, não poderá substituir de forma permanente o setor externo.

No debate econômico da campanha, chama atenção a ausência de propostas dos candidatos com vistas a reduzir ou eliminar as barreiras internas à expansão do comércio exterior, como o Custo Brasil, que representa mais de 35% do preço final dos produtos de exportação, segundo recente estudo da Abimaq. O Custo Brasil, que inclui impostos, encargos sociais e trabalhistas, custos com logística, juros, burocracia e energia, depende, em larga medida, de ações do governo para sanar os efeitos negativos sobre as exportações.

O próprio ministro da Indústria, Desenvolvimento e Comércio Exterior reconheceu que o governo brasileiro "é lento e tímido" no apoio aos exportadores. Exemplo disso foram as últimas medidas de estímulo ao comércio exterior, depois de mais de seis meses do seu anúncio. Além de ficar muito aquém das expectativas do setor exportador, uma das principais medidas, a criação do Eximbank brasileiro está perdida no meio de disputas burocráticas entre o Ministério da Fazenda, MIDC, Tesouro e BNDES, sem que o setor privado saiba o que está acontecendo e muito menos possa opinar sobre as implicações práticas do estabelecimento do banco. No tocante às negociações externas, uma nova estratégia terá de ser definida e executada, atribuindo prioridade para a negociação de acordos de livre comércio (ALC) com parceiros relevantes. Há cerca de 350 ALC registrados na OMC e mais de cem foram negociados na última década. O Brasil ficou à margem dessa tendência, e só recentemente concluiu um acordo com Israel e com o Egito, ainda não ratificado.

Falta ao setor de comércio exterior um grupo de pressão a seu favor, como ocorre com a Febraban no setor financeiro e o Ministério da Agricultura e diversas associações e instituições na área agrícola, que defendem os interesses das organizações financeiras e dos produtores no campo junto ao governo e ao Congresso. Dispersos e tendo que tratar com muitos interlocutores (Fazenda, MIDC, Banco Central, Receita Federal, Itamaraty, Ministério da Agricultura, BNDES, para citar os mais importantes), os empresários do setor de comércio exterior têm dificuldades para, com eficiência, defender os seus legítimos interesses.

A Câmara de Comércio Exterior (Camex), colegiado com a atribuição de coordenar os diferentes órgãos da administração federal responsáveis pela política de comércio exterior, não tem peso político para exercer esse papel em sua plenitude.

O Brasil necessita de uma nova estrutura institucional para o comércio exterior e para suas negociações externas. Sem criar novas burocracias, o objetivo seria reforçar um comando único favorecendo a coordenação no âmbito do governo e criar um mecanismo de apoio em tempo integral ao comércio exterior para atuar como ponto focal na defesa dos interesses do setor privado.

O Conselho Superior de Comércio Exterior da FIESP e a Confederação Nacional da Indústria estão propondo o fortalecimento da Camex, vinculada diretamente ao presidente da República. Paralelamente, está sendo também sugerida uma ampla reforma no sistema aduaneiro nacional e a consolidação dos milhares de atos legais e normativos para facilitar as atividades do setor privado.

Os candidatos à Presidência da República até agora não demonstram real interesse no tocante ao futuro do setor exportador, que tantos empregos e divisas gera para o país. Seria importante conhecer suas opiniões sobre a proposta de modificar o processo decisório com o reforço da Camex e sobre a convergência entre a agenda de negociações comerciais e as principais prioridades dos empresários.

Com a palavra, os candidatos.

Publicado em 24 ago. 2010

8 A necessária reforma do comércio exterior

NUNCA HOUVE NA HISTÓRIA deste país um momento em que a politização das decisões nas negociações comerciais externas tenha sido tão intensa, influenciada pelo Itamaraty e a reboque da política externa brasileira. A politização das decisões nas negociações comerciais, contudo, não é uma excentricidade brasileira.

Até o começo dos anos de 1960, por mais de uma década, o Departamento de Estado, o equivalente do Itamaraty nos EUA, foi responsável pela condução das negociações relacionadas com comércio exterior e investimentos, e pelo acompanhamento dos acordos comerciais.

Em 1962, por razões política externa, o presidente Kennedy pediu ao Congresso a redução das barreiras tarifárias no comércio com a Europa, em rápido processo de integração econômica. Como era de esperar, houve forte reação não só do setor produtivo e exportador, como também do Congresso, em vista da prevalência de considerações de natureza política e não do estrito interesse comercial.

Nos EUA, ao contrário de outros países, inclusive o Brasil, a competência para legislar sobre comércio exterior é do Congresso e não do Executivo. Esse fato deriva de circunstâncias históricas relacionadas com a criação do Estado norte-americano, em função de certos compromissos comuns, aceitos pelos treze estados independentes, inscritos na Constituição de Filadélfia em 1787.

Dessa forma, contra a vontade do Executivo, na época, presidido por John Kennedy, o Congresso aprovou o *Trade Expansion Act*, de 1962, determinando que o presidente nomeasse um representante especial que conduzisse as negociações comerciais, de modo não politizado e sem a influência do Departamento de Estado. O Departamento de Estado não foi afastado dos entendimentos, mas a legislação refletiu claramente o interesse do Congresso em obter um equilíbrio mais adequado entre interesses domésticos e internacionais na formulação e na execução da política de comércio exterior. Pela legislação então aprovada, o representante comercial deveria presidir um novo colegiado interministerial que se ocuparia de comércio exterior em tempo integral e faria recomendações no tocante às negociações comerciais.

Em 1963, esse representante comercial ganhou mais peso e acabou vinculado à Presidência da República, ganhando *status* ministerial, com a criação do USTR. A partir da Rodada Kennedy do GATT, a negociação comercial multilateral, regional e bilateral passou a ser conduzida pela Representação Comercial. Sucessivas modificações definiram a competência do órgão, que conta com cerca de duzentos funcionários e coordena dezessete ministérios e agências governamentais.

Legislação de 1984 atribuiu ao USTR responsabilidades adicionais para formular e coordenar a execução de políticas relacionadas com o comércio de serviços, a coordenação de políticas comerciais com outros ministérios e para atuar como o principal porta-voz para a política de comércio internacional. Além disso, o USTR é o responsável perante o presidente e o Congresso pela gestão dos acordos comerciais e para a formulação de propostas sobre barreiras não tarifárias e outras matérias relacionadas com acordos comerciais. Cabe a ele também presidir o conselho interministerial que propõe medidas ao presidente na formulação e na execução da política comercial. É ainda o principal assessor do presidente para a coordenação dos interesses de outras áreas do governo nas negociações internacionais de comércio e de investimentos.

O exemplo dos EUA, pelo pragmatismo das respostas dadas às distorções que existiam no processo decisório, é relevante quando se examina essa questão no Brasil.

A queda de mais de 20% no comércio exterior brasileiro em 2009 não pode ser atribuída apenas à recessão internacional e à desaceleração do consumo de produtos brasileiros nos mercados. A falta de uma política voltada para o comércio exterior talvez seja a causa principal.

Ao contrário de muitos países, no Brasil não há um ponto focal para a defesa dos interesses do setor exportador, que se ressente da falta de um comando unificado e de um processo de coordenação mais efetivo entre os diferentes ministérios.

A Camex, que seria o órgão competente para discutir e aprovar recomendação ao presidente para uma política que envolva todo o governo e seja executada de forma coordenada, não tem força política para propor, muito menos para administrar ações concretas de apoio ao setor. Não se trata de falta de competência ou de capacitação do órgão para a tarefa, mas sim de ausência de vontade política do Executivo para reformar o processo decisório, como foi feito nos EUA.

As metas fixadas pelo governo não estão sendo alcançadas, e o Brasil está perdendo mercado no contexto global do comércio exterior, voltando a ser responsável apenas por 1% do total das trocas internacionais. Por considerações políticas, as negociações de acordos comerciais ficaram paralisadas a partir de 2002.

Será importante que o setor de comércio exterior se manifeste publicamente a favor de mudanças profundas no processo decisório, para fortalecer a Camex. A existência de um comando unificado com efetivo poder de coordenação pela criação da presidência da Camex, em nível ministerial, separada do MDIC e subordinada diretamente à Presidência da República, poderia ser uma alternativa.

A campanha presidencial oferece uma ampla possibilidade para o engajamento direto dos candidatos em relação a essa questão. Tendo em vista os interesses burocráticos envolvidos, somente a participação direta e a vontade política do presidente eleito poderão, em início de mandato, ter a força e a liderança necessária para uma reforma dessa natureza.

Publicado em 9 fev. 2012

9 De novo o contencioso comercial com os EUA

No FINAL DO GOVERNO FHC em 2002, o governo brasileiro decidiu questionar na Organização Mundial de Comércio (OMC) o regime de subsídios norte-americano ao algodão, instituído pela Lei Agrícola (Farm Bill). Em setembro de 2004 e março de 2005, o Brasil obteve decisões favoráveis, condenando os EUA a modificar seu sistema de subsídios e apoio de crédito à exportação.

Medidas protelatórias por parte de Washington adiaram uma solução definitiva do contencioso. Em agosto de 2008, o Brasil pediu à OMC para ser definido o valor e a forma de retaliação contra os EUA pelo não cumprimento da decisão do órgão de apelação. Em agosto de 2009, a OMC definiu que a retaliação a que o Brasil teria direito era de US$ 830 milhões, dos quais US$ 530 milhões em bens e o restante em retaliação cruzada, ou seja, em outras áreas, como a de propriedade intelectual. Em março de 2010, Brasília divulgou lista de bens (102) que poderiam ser afetados e foram realizadas consultas públicas sobre as perspectivas de retaliação cruzada, que poderiam atingir US$ 238 milhões.

Naquele momento, as relações bilaterais com os EUA estavam seriamente afetadas pelas posições cada vez mais ostensivas de apoio ao governo do Irã, ao presidente Ahmadinejad e ao programa nuclear daquele país. Em vista disso, por considerações políticas, sobretudo para não abrir mais um contencioso sério com os EUA, agora na área comercial, o governo brasileiro decidiu negociar uma forma de compromisso que evitasse a retaliação. Às vésperas da eleição presidencial norte-americana, o governo de Washington estava praticamente paralisado. Coube ao setor privado, tendo a FIESP papel de relevo, articular uma forma que, aprovada pelo USTR, adiou o problema.

O governo dos EUA concordou, em 2010, em dar compensações temporárias ao Brasil, como o pagamento anual, por meio do Instituto Brasileiro do Algodão, de US$ 147 milhões, até fins de 2012, a um fundo de apoio aos produtores nacionais, na expectativa de que o sistema de subsídios seja corrigido definitivamente na Lei Agrícola, que deveria ser votada até setembro de 2012. O acordo foi cumprido parcialmente. Um dos compromissos – a eliminação de barreiras sanitárias para a exportação de carne bovina de treze estados brasileiros – nunca foi implementado. O compromisso de aumentar o prêmio do seguro de crédito à exportação sempre que a demanda aumenta e os montantes solicitados acionem o apoio governamental, no entanto, foi cumprido. O ajuste periódico do prêmio do seguro, ao final do atual acordo bilateral, não será suficiente para levá-lo ao patamar que o Brasil considera necessário para Washington cumprir as determinações da OMC e eliminar subsídios proibidos de crédito à exportação.

O Congresso norte-americano não dá sinais de que vai corrigir essa ilegalidade, frente à OMC, na Lei Agrícola, sobretudo em um ano de eleições presidenciais. Ao contrário, Câmara e Senado deverão manter o suporte de preços mínimos, criar programas mais distorcivos e não fizeram alterações diretas no programa de garantia de crédito de exportação, considerado ilegal pela OMC.

Levando em conta esse quadro, o governo brasileiro decidiu reativar o plano de retaliação de US$ 800 milhões contra os EUA. A Camex reconvocou um grupo interministerial que determinará as condições de aplicação de sanções, se as negociações bilaterais fracassarem. Poderão assim ser impostas sobretaxas em mais de cem produtos norte-americanos, além de retaliações cruzadas, na área de patentes farmacêuticas e direitos autorais. Em junho de 2010, o Senado aprovou a Lei de Conversão n. 6 que regulamentou a aplicação de medidas de suspensão de concessões relativas a direitos de propriedade intelectual e outros, em casos de descumprimento de obrigações do Acordo da OMC. O texto legal prevê medidas de retaliação sobre diversos direitos de propriedade intelectual, como, entre outros, a suspensão de direitos, subtração de prazos, licenciamento sem remuneração, bloqueio de remessas de *royalties*.

Realizou-se em julho de 2012, em Brasília, reunião entre o Brasil e os EUA para examinar o contencioso, em especial a nova Lei Agrícola, o destino do pagamento de US$ 147 milhões e o montante da retaliação autorizada pela OMC, quando a Lei for aprovada em setembro de 2012, ou, mais provavelmente, no início de 2013.

Segundo se informou, o encontro foi inconclusivo, ficando as decisões em suspenso. O acordo vigente até aqui deixará de vigorar quando os EUA promulgarem a nova Lei Agrícola. O pagamento de US$ 147 milhões continuará a ser feito conforme previsto. Levando em conta as mudanças feitas no programa de crédito à exportação e as variações nos fluxos de comércio bilateral, os EUA defendem que deve ser substancialmente reduzida a quantia que o Brasil teria direito à retaliação cruzada. A redução desse montante, as consequências da aprovação da Lei Agrícola, que continuará descumprindo a determinação da OMC por ser ainda mais distorciva, e a questão da retaliação cruzada deverão ser examinadas após as eleições norte-americanas. Depois de aprovada a Lei Agrícola, o Brasil poderá considerar-se satisfeito com as mudanças e encerrar o caso, retomar a possibilidade de aplicar a retaliação ou realizar um novo acordo com os EUA.

Ganhará quem apostar em um compromisso, sem retaliação cruzada. Embora afinidades ideológicas tenham prevalecido no caso da suspensão do Paraguai e da decisão de ingresso da Venezuela no Mercosul, é pouco provável que o governo Dilma – mais pragmático em relação aos EUA – queira enfrentar uma séria crise comercial com Washington, caso as negociações bilaterais, contrárias à decisão da OMC, não levem a uma solução mutuamente satisfatória em virtude das distorções da Lei Agrícola.

Publicado em 11 set. 2012

PARTE 3

POLÍTICA EXTERNA

1 Parceria para o século XXI

A RECENTE VISITA da presidente Dilma Rousseff a Washington foi mais um passo (discreto) na difícil construção de uma agenda positiva que conecte os interesses do Brasil e dos EUA e faça ampliar nossa cooperação bilateral.

Na visita de Obama a Brasília, em março de 2011, foram lançadas as bases de um trabalho conjunto para os próximos anos, o que implicará a gradual diferenciação do Brasil pelos EUA no contexto latino-americano.

Dando seguimento a esse processo, o governo brasileiro levou para o encontro de Washington uma agenda clara, embora pouco ambiciosa, para o presente momento das relações com os EUA. A principal prioridade foi a busca de parcerias na área de inovação, responsável, em grande parte, pela recuperação da economia norte-americana. Nos encontros oficiais e empresariais, foi dada grande ênfase à busca de diferentes formas de cooperação nas áreas de educação e ciência e tecnologia.

Nesse contexto, o lado brasileiro ressaltou o interesse em contar com o apoio de universidades norte-americanas para o programa Ciência Sem Fronteiras, tal como discutido nos encontros em Boston, com a direção do MIT e da Universidade de Harvard, em Boston.

Nas reuniões empresariais foram examinadas essas e outras áreas (energia fóssil/renovável, espaço) em que os investimentos de empresas dos EUA no Brasil poderiam ser ampliados. Em vários momentos, entretanto, a política de conteúdo nacional, importante para fortalecer a indústria nacional em setores críticos para o Brasil, foi questionada como empecilho para a ampliação dos investimentos.

Embora na área de aviação continuem pendentes licitações para a compra, pelo Pentágono, de aviões da Embraer e, pelo governo brasileiro, dos caças, formalizou-se acordo de cooperação na área de negócios que deverá beneficiar a Embraer e a Boeing.

O que seria difícil imaginar alguns anos atrás, o diálogo de defesa foi expandido e haverá reunião no Brasil com a presença do secretário da Defesa, Leon Panetta. No encontro entre Dilma e Obama, segundo transpirou das conversas na Casa Branca, ao examinar a evolução da crise da economia global, foram reiteradas as preocupações brasileiras com relação às políticas monetárias expansionistas adotadas nos EUA e na Europa, acarretando a depreciação do yuan e do dólar, e seu efeito negativo sobre o crescimento dos países em desenvolvimento. A resposta pública de Washington veio por meio de declaração da diretora gerente do FMI, Christine Lagarde, contestando a afirmação de Dilma. Quanto à política externa, foram reiteradas as posições em relação à Síria (apoio às propostas de Kofi Anan para o cessar-fogo e respeito aos direitos humanos), ao Irã (preocupação com a escalada retórica e a necessidade de se encontrar uma solução pacífica para a questão do programa nuclear iraniano), a Cuba (fim do embargo) e quanto à reforma do Conselho de Segurança da ONU (pretensão do Brasil por assento permanente).

A posição cautelosa das autoridades de Washington não chega a surpreender pela inibição derivada das dificuldades econômicas e pelo foco na política interna com a aproximação das eleições presidenciais. "Foi como falar para uma parede", ouvi de alto funcionário brasileiro. É possível prever, contudo, que, caso vença a eleição e consiga maioria nas duas Casas do Congresso – o que hoje parece pouco provável –, Obama adote no segundo mandato uma atitude diferente naqueles temas.

Contrastando com a limitada cobertura na mídia local sobre a visita presidencial (comparada com as visitas dos chefes de governo da China, da Índia ou da Rússia), foi positiva a reação nos setores empresarial e acadêmico. Despertou interesse a visão proativa na busca de investimentos em inovação e no envio de cerca de 20 mil estudantes para os EUA, parte dos 100 mil previstos no programa Ciência Sem Fronteiras. E o encontro da presidente com intelectuais e formadores de opinião lançou sementes para o melhor entendimento a respeito do novo papel do Brasil no mundo.

Nesse particular, não poderia ter sido mais inadequado, ao final da visita, o anúncio, de decisão burocrática menor, relativo à classificação da cachaça no mercado norte-americano. Na superficial cobertura da visita presidencial pela imprensa internacional, a cachaça virou a notícia mais importante e, em alguns casos, a única. Para um país que pretende ocupar crescente papel no cenário internacional e ter sua voz ouvida, temos muito que aprender sobre comunicação e briefings, antes e depois das visitas presidenciais.

A presidente Dilma, de público, várias vezes sublinhou o interesse brasileiro em estreitar e aprofundar a "importante relação" com os EUA na base do respeito mútuo e do "diálogo entre iguais". E disse saber da relevância do desenvolvimento de uma parceria com os EUA no século XXI. Mais específico, o ministro Fernando Pimentel ressaltou ser a relação com a China apenas comercial, enquanto, com os EUA, era mais abrangente e diversificada. Hillary Clinton qualificou o Brasil como "responsável", fazendo clara distinção em relação a alguns vizinhos e a outros países em desenvolvimento.

A mudança de tom e de ênfases nas relações com os EUA parece, sem dúvida, a principal evolução na política externa brasileira se comparada com os oito anos anteriores. A atitude ideológica foi substituída pela visão pragmática que poderá trazer resultados positivos para o Brasil.

Resta saber se os dois países saberão conectar, oficial e empresarialmente, os interesses recíprocos para efetivamente desenvolver uma parceria para o século XXI, reconhecendo que os EUA não vão perder a posição de liderança no mundo e que eles dispõem de conhecimentos tecnológicos que poderão, por nós, ser absorvidos com vantagem.

Publicado em 24 abr. 2012

2 Desafios em um mundo em transformação

VINTE ANOS ATRÁS, o Brasil lutava para sobreviver às fortes crises internacionais e à grande instabilidade econômica interna. Ainda está na memória coletiva o impacto das crises mexicana, asiática, russa e argentina, do déficit fiscal, dos desmandos do estado empresário e dos efeitos nefastos da inflação para o trabalhador.

O cenário hoje, graças à continuidade da política econômica nos últimos quase vinte anos, é bastante diferente. Estamos preocupados com a inflação que chegou a 6,5% em 2011, mas poucos se lembram que na década de 1990 era de 3% ao dia. A estabilidade econômica e os programas sociais permitiram a expansão do mercado interno com a ascensão da classe média, que hoje representa 54% da população brasileira, quando o quadro era de empobrecimento e desemprego.

Respaldada pelo fortalecimento e crescimento da economia brasileira e pela estabilidade política e institucional, a percepção externa sobre o Brasil mudou gradualmente, ao mesmo tempo que aumentou a visibilidade e a atuação brasileira no cenário internacional, agora como a sexta economia global. A crescente projeção externa brasileira se reflete na presença internacional além dos limites do continente sul-americano, na internacionalização da empresa brasileira e na afirmação de nossos interesses no Brics e nos fóruns internacionais em temas globais, como meio ambiente, mudança de clima, comércio exterior, energia, agricultura, água e direitos humanos.

O cenário internacional experimentou mudanças de natureza tectônica, aceleradas pela crise financeira e econômica que abalaram os fundamentos da globalização e do mercado. A gradual mudança do eixo econômico e político do Atlântico para o Pacífico com a emergência da Ásia, sob a liderança da China, motor do reordenamento produtivo global. O novo cenário eliminou o unilateralismo bushiano e trouxe a multipolaridade dos centros de poder econômico e político, tendo como elemento principal o surgimento dos países emergentes como, em especial, a China, a Rússia, a Índia e o Brasil.

Dentro desse novo quadro, esboçado de maneira sumária, quais os grandes desafios que o Brasil passou a enfrentar? Essa discussão, que ainda não está posta de maneira clara para a sociedade brasileira, não poderá ser adiada por muito tempo, sob risco de colocar em perigo o crescimento da economia brasileira nos próximos anos e a eficácia da atuação do Brasil no cenário externo.

Quando combinados os dois aspectos mencionados (as transformações globais e a projeção externa), surgem pelo menos dois desafios para os formuladores de políticas econômica e externa: como ajustar a política econômica interna a essas mudanças e como adaptar a política externa ao novo papel que o Brasil passou a desempenhar no concerto das nações. Políticas *ad hoc* e paliativas começam a mostrar rendimento decrescente e não demorará muito para a sociedade demandar fortemente que os problemas reais nas duas áreas sejam enfrentados com coragem e determinação.

De maneira bastante simplificada, os desafios da economia interna são a manutenção e a ampliação das taxas de crescimento, a manutenção do controle da inflação, a perda da competitividade, a desindustrialização e os problemas que cercam o comércio exterior. O Brasil, crescentemente integrado na economia global, está vulnerável à crise econômica europeia e à desaceleração da economia dos EUA, pela redução das exportações, dos fluxos e das linhas de crédito à exportação, pela avalanche de produtos chineses que competem, muitas vezes de forma ilegal, com a produção nacional, e pelo protecionismo, inclusive de nossos parceiros mais próximos.

Na política externa, ajustes começam a ser feitos, mas deverão ser incrementados em função do novo papel desempenhado pelo Brasil. Temos de enfrentar o desafio de ter de assumir a liderança em nossa região e repensar o processo de integração e o Mercosul. Ademais o Brasil terá de assumir novas responsabilidades perante a comunidade internacional nos temas globais e nas áreas de conflito onde manifestamos interesse em ter um papel mais preeminente, como na África e no Oriente Médio. Temos de enfrentar a contradição entre interesses e valores que também confronta países que já ocupam posição de visibilidade e influência no contexto das nações. Sem perder de vista nossos interesses políticos, econômicos ou comerciais, não podemos deixar de defender valores que respeitamos internamente, como democracia e direitos humanos. Para exercer efetiva liderança e passar a influir de forma concreta, o Brasil tem de ser propositivo, como ocorreu corretamente em dois exemplos recentes: a proposta de discutir-se não só a responsabilidade de intervir, mas também a responsabilidade ao intervir, tendo em mente o desastre ocorrido na Líbia, e a proposta feita ao secretário-geral das Nações Unidas para se examinar a legalidade, perante as normas internacionais, do direito de intervir preventivamente em terceiros estados, como ocorre agora nas ameaças ao Irã.

O Brasil já está sendo propositivo em relação à África, mas poderia ser mais explícito em relação aos EUA e ao Brics, novo e importante instrumento da política externa brasileira para projetar nossos interesses além dos limites territoriais sul-americanos. Os resultados da visita presidencial a Washington e do encontro dos Brics na Índia são exemplos recentes dessa atitude.

Em conclusão, o Brasil enfrenta hoje um grande desafio geopolítico e geoeconômico. Temos de sair de uma posição defensiva nas políticas econômica e externa e decidir que país queremos ser. A ausência de debate sobre essas questões mostra uma falta de visão estratégica de médio e longo prazos do governo, dos trabalhadores e do setor empresarial.

Publicado em 10 abr. 2012

3 Durban e Rio+20: agendas diferentes

A 17ª CONFERÊNCIA da convenção sobre mudança do clima, realizada em Durban, na África do Sul, teve como principal prioridade a busca de acordo para a extensão do Protocolo de Kyoto e a criação de um fundo para financiamento de ações climáticas urgentes nos países em desenvolvimento (Fundo Verde).

Embora seus resultados possam ser vistos como limitados e tendo deixado no ar muitas incertezas, o fato é que a Plataforma de Durban alcançou os objetivos políticos mais importantes: a extensão do Protocolo de Quioto para depois de 2012, a negociação até 2015 de um novo protocolo, que inclua todos os países com iguais obrigações, a entrar em vigor até 2020, e a criação do Fundo Verde.

Como em todas as negociações internacionais de difícil conclusão, o mérito foi deixar ambiguidades criativas no documento final e estender o prazo para sua negociação, o que tornou oneroso politicamente para EUA, China, Europa e Índia se manifestarem contra o consenso.

Na prática, todos os países, desenvolvidos e em desenvolvimento, passarão a ter compromissos obrigatórios de redução da emissão de gás de efeito estufa, visto que se omitiu referência ao princípio da obrigação comum, porém, diferenciada. O Brasil mudou de posição e aceitou a redução obrigatória de emissões.

O Fundo Verde, no valor de US$ 100 bilhões, também foi criado com ambiguidades semelhantes: os países desenvolvidos se comprometeram a contribuir anualmente com recursos até 2020, mas os aportes financeiros e os mecanismos de longo prazo ainda terão de ser negociados, na esperança de que a crise econômica na Europa e nos EUA se atenue ou desapareça.

O Protocolo de Quioto garante que cortes significativos de emissões de gases de efeito estufa por países desenvolvidos sejam compatíveis com as recomendações do Painel Intergovernamental sobre Mudança do Clima (IPCC) e com o objetivo de redução da temperatura em 2°C. A continuidade dos mecanismos de flexibilidade do Protocolo de Quioto, em particular do Mecanismo de Desenvolvimento Limpo (MDL), depende do estabelecimento de metas quantificadas de redução de emissões de Partes do Anexo I, no segundo período de cumprimento, para garantir que não haja descontinuidade entre o primeiro período e o segundo.

O Brasil atuou de forma construtiva para salvar a conferência e evitar um fracasso antecipado da reunião de chefes de Estado na Rio+20 em junho de 2012.

É importante ter presente, pragmaticamente, que a conferência de Durban ocorreu no meio de uma grave crise econômica e alguns dos aspectos em discussão, como a questão do financiamento para o desenvolvimento de projetos, assim como a questão da extensão do Protocolo de Quioto, enfrentaram sérias restrições de diferente natureza por parte dos principais países desenvolvidos e de alguns emergentes, sem compromissos firmes e quantificáveis de redução da emissão de gases de efeito estufa.

Dentro desse contexto, quais serão as perspectivas para a Rio+20?

Na visão do governo brasileiro, a Rio+20 deverá ser uma conferência sobre o desenvolvimento em suas dimensões econômicas, social e ambiental. O principal objetivo será a renovação do compromisso internacional com o desenvolvimento sustentável, por meio da avaliação do progresso e das lacunas na implementação das decisões adotadas anteriormente pelas principais cúpulas sobre o assunto e do tratamento de temas novos.

A conferência deverá estabelecer a nova agenda internacional para o desenvolvimento sustentável nos próximos anos.

A agenda da conferência – que não se confunde com a pauta discutida em Durban – terá dois temas principais: a economia verde, no contexto do desenvolvimento sustentável e da erradicação da pobreza, e a estrutura institucional para o desenvolvimento sustentável.

O tema da "economia verde", proposto pelos países desenvolvidos, encontrou resistência de diversos países em desenvolvimento, devido ao temor de que a "economia verde" substituísse o conceito de desenvolvimento sustentável, que preserva o equilíbrio entre os objetivos do desenvolvimento econômico, da proteção ambiental, e da promoção do bem-estar social. Por essa razão, a Assembleia-Geral da ONU ressaltou o "contexto do desenvolvimento sustentável e da erradicação da pobreza" para as discussões sobre o tema. Como país-sede tanto da Rio-92, que consagrou, no plano internacional, o conceito do desenvolvimento sustentável, quanto da Rio+20, que se pauta por esse legado, o Brasil procura ressaltar as oportunidades de complementaridade e de sinergia que podem ser exploradas nesse novo debate. A Fiesp tem manifestado a preocupação de que o conceito de economia verde seja distorcido e usado no comércio internacional como guarda-chuva de novas e sofisticadas barreiras não tarifárias.

O tema da "estrutura institucional para o desenvolvimento sustentável" deve ser entendido no quadro mais amplo da necessidade de adequação das estruturas multilaterais de governança às realidades e desafios contemporâneos: melhor coordenação entre o Programa das Nações Unidas para o Meio Ambiente (PNUMA), que foi criado pela Conferência de Estocolmo de 1972, e a Comissão de Desenvolvimento Sustentável (CDS), resultado da Rio-92, ou a criação de nova instituição.

Jeffrey Sachs, conhecido economista norte-americano, deixando de lado sutilezas, prevê que o encontro do Rio deve servir para admitir duas décadas de fracasso no campo ambiental e deve oferecer oportunidade para o mundo reconhecer que não tem resposta para a crise. A reunião de Durban serviu para adiar essa previsão para os próximos três ou quatro anos, quando ocorrerão negociações muito difíceis para dar corpo e substância aos limitados resultados agora alcançados.

Publicado em 27 dez. 2011

4 Visão estratégica da América do Sul

COM A PARALISIA das negociações para a ampliação do intercâmbio comercial no Mercosul e na América do Sul, a integração física torna-se uma prioridade para os interesses estratégicos do Brasil na região. Trata-se de setor-chave para a consolidação do projeto geopolítico de integração, que não deveria restringir-se apenas às políticas comerciais com vistas à eliminação de barreiras tarifárias e não tarifárias.

Desde o princípio do processo de integração regional, e mais recentemente com a criação da Unasul, a infraestrutura foi compreendida como elemento essencial ao desenvolvimento socioeconômico do espaço sul-americano.

A disponibilidade de uma rede de infraestrutura moderna propiciará aos países da região desenvolvimento socioeconômico e favorecerá o incremento do comércio intrarregional, gerando empregos e riqueza. Além do efeito multiplicador do comércio, a integração física permite a consolidação de nossa soberania – em virtude do maior acesso a áreas territoriais isoladas –, o controle mais eficaz das fronteiras e o combate aos crimes transnacionais.

O Brasil, que tem interesse estratégico não só em ampliar as comunicações e o transporte entre seus vizinhos, mas também abrir os portos do Pacífico para o escoamento de seus produtos para o mercado asiático, em especial para a China, nosso principal parceiro comercial, deve exercer uma liderança construtiva nessa área. Essa ação deve ser clara não apenas na esfera política orquestrando o diálogo entre os países sul-americanos, mas também no âmbito financeiro, de forma a oferecer financiamentos para obras nos setores de transporte, energia e saneamento nos países sul-americanos.

As linhas oficiais de crédito à exportação do BNDES e do Programa de Financiamento às Exportações (Proex) têm sido instrumentos relevantes para a viabilização de projetos nessas áreas. Desde 2003, o governo brasileiro aprovou garantia de crédito para mais de cem operações de financiamento através do Proex e do BNDES, aprovadas ou em fase de aprovação, destinadas a países da América do Sul, e também da América Central e do Caribe, por um total de quase US$ 16 bilhões. Nesse expressivo número estão compreendidos não apenas projetos da Iniciativa para a Integração da Infraestrutura Regional Sul-Americana (IIRSA), mas também iniciativas bilaterais e multilaterais, definidas segundo as prioridades dos vizinhos. Esses projetos correspondem, na prática, à promoção das exportações de empresas brasileiras de serviços e de bens de maior valor agregado e à geração de empregos e renda no Brasil, assim como nos países receptores dos investimentos.

No plano multilateral, a integração física regional tem sido tratada pelo Conselho Sul-Americano de Infraestrutura e Planejamento (Cosiplan). O Conselho, criado pela Unasul em agosto de 2009 com o objetivo de conferir suporte político de alto nível à discussão política e estratégica sobre a integração regional sul-americana, é composto pelos ministros responsáveis pela matéria em cada país.

Em reunião da Cosiplan, no dia 30 de novembro de 2011, em Brasília, ministros dos doze países-membros aprovaram uma carteira de trinta projetos de infraestrutura, com investimentos de mais de US$ 17 bilhões, e a implantação de um mega-anel de fibra óptica na América do Sul, além de focalizar a questão do financiamento dessas obras. Pelo menos dez projetos envolvem território brasileiro.

O Brasil exerce a presidência *pro tempore* (PPT) do Conselho em 2011. Uma das principais contribuições do Brasil ao PPT é a elaboração, em conjunto com todos os países-membros, do Plano de Ação Estratégico (PAE) para o horizonte 2012-2022 e da Agenda de Projetos Prioritários (APP).

O processo de definição da APP foi iniciado com a revisão dos Eixos de Integração e Desenvolvimento (EIDS) da IIRSA, agora incorporada ao Conselho como "Foro Técnico". Constarão na APP os projetos de infraestrutura que, na visão dos países contemplados, sejam emblemáticos para a integração no continente e tenham forte potencial de impulsionar o desenvolvimento econômico e social da região. A Agenda terá em conta, igualmente, a conservação histórico-cultural e ambiental das regiões, a proteção das populações indígenas e o equilíbrio dos ecossistemas por onde passarão as obras. Essa nova perspectiva – eixos de desenvolvimento global – altera a concepção, antes predominante na IIRSA, de constituir meros "corredores de exportação" dos produtos da América do Sul para outras regiões.

Um dos grandes desafios que os países da região enfrentam é como assegurar o financiamento para a execução dos projetos identificados e como oferecer efetivas garantias. Na IIRSA, o papel de agente financiador coube ao BID. Para a nova carteira, tratando-se de projetos de interesse de vários países, vai ser explorada a possibilidade de cofinanciamento dessas obras, por meio de estruturas que combinem financiamento oficial brasileiro com outras fontes, entidades multilaterais ou agências de financiamento estrangeiras, como o BID, o Convênio de Crédito Recíproco da Aladi e a Corporación Andina de Fomento, o Fonplata e mesmo instituições nacionais como o banco venezuelano Bandes, os argentinos Bice e La Nación e o BNDES.

O Brasil apoiou a inclusão de dois projetos na Agenda Prioritária: o Corredor Ferroviário Interoceânico, que liga o porto brasileiro de Paranaguá ao porto chileno de Antofagasta, passando pelo Paraguai e pela Argentina; e o projeto de construção de uma matriz rodoviária, portuária e energética, que una a Guiana e o Suriname ao restante da América do Sul e fortaleça a integração na parte norte do continente.

Caso essas decisões sejam executadas, a integração física regional ganhará nova dimensão política e econômica.

Publicado em 13 dez. 2011

5 O Brasil e o Brics: *policy paper*

O TRABALHO DA diplomacia é, em especial, o de identificar onde estão os interesses nacionais e buscar apressar sua ocorrência.

Uma das áreas em que esse exercício pode ser mais bem explicitado é justamente o esforço para plasmar o futuro da cooperação entre os países que fazem parte do Brics (Brasil, Rússia, Índia, China e África do Sul).

O mundo acadêmico tem se debruçado sobre esse novo agrupamento formado pelos governos dos países-membros a partir de uma ideia do mercado financeiro, que nasceu com o objetivo de atrair investimentos para as grandes economias emergentes.

Respondendo à provocação feita no sentido de que as contribuições deveriam buscar ampliar as análises a fim de gerar subsídios para a formulação da política externa brasileira, o *policy paper* evita especular academicamente e tenta focalizar as possíveis alternativas que poderiam estar disponíveis ao operador diplomático e político, procurando definir, no específico, ideias concretas sobre como o Brics poderia funcionar.

Do ponto de vista do Brasil, a inclusão do país ao lado da China, Índia e Rússia talvez tenha sido o fator individual de maior relevância para projetá-lo externamente. Nenhuma campanha de divulgação do Brasil conseguiria essa façanha de marketing em tão curto espaço de tempo. Sem pedir, nem gastar recursos do Tesouro, passamos a integrar o grupo dos países emergentes mais importantes em um movimento que normalmente levaria décadas para ocorrer.

O aparecimento dos Brics como uma organização, por outro lado, pode ser considerada como um dos exemplos das grandes transformações do cenário internacional nos últimos trinta anos. Ao formarem um grupo, os cinco países passaram a ter mais influência do que cada um deles individualmente pelo peso do seu conjunto.

A comunidade internacional e dos formadores de opinião, embora reconhecendo o forte peso econômico do grupo, sobretudo em função da China, e do potencial para maior coordenação entre os países-membros, atribui pouco peso político aos Brics e assinala dificuldades para a coordenação de políticas entre os cinco países. Isso é atribuído à inexistência de uma agenda comum, à falta de institucionalidade, à existência de conflitos e rivalidades históricas e de políticas divergentes, o que impede que eles operem de forma coerente. Aspectos positivos de cada um deles, como a força das respectivas economias, a projeção regional e internacional e os objetivos e interesses externos bem definidos, são vistos como questões que dificultam a coordenação de políticas entre os países do grupo.

A partir dessas percepções amplamente difundidas e muito repetidas pela comunidade internacional e pelos formadores de opinião sobre o Brics, o *policy paper* procura responder, de forma sucinta, a três questões:

- O que o Brasil quer do Brics?
- Quais os interesses do Brasil no grupo e qual sua agenda?
- É possível definir uma agenda própria do Brics?

O QUE O BRASIL QUER DO BRICS?

As grandes transformações que ocorrem no cenário internacional, no continente sul-americano e no Brasil dificultam a discussão interna com vistas a definir os reais e concretos interesses do Brasil. A crescente projeção externa do país, que exige novas formas de atuação na política externa e determinação de assumir responsabilidades, tornam a definição dos interesses brasileiros no mundo um exercício complexo e de grande sensibilidade interna e externa. Diante de uma situação inédita, o debate sobre a formulação de política externa tem merecido pouco exame e atenção. Dada a crescente influência de novos atores que interferem na área reservada, até recentemente, quase exclusivamente ao Itamaraty, é difícil a formação de consenso em torno dos principais tópicos da agenda externa brasileira. A mesma pergunta relacionada com o Brics pode ser feita no tocante aos EUA e à China. O que o Brasil quer da relação com esses países? Até aqui, não há resposta satisfatória.

Aceita a premissa de que o Brasil é o país que mais se beneficiou com a criação do acrônimo e o que tem mais a ganhar no futuro, dada a significativa companhia de que desfruta, os formuladores da política externa brasileira deveriam atuar observando:
- favorecer maior presença política do Brics no cenário internacional e procurar extrair maior ganho possível da existência do grupo;
- o papel do Brasil no Brics deveria ser definido a partir de análises realistas e não ufanistas sobre o que seria possível ser feito;
- o realismo não deveria ser um fator inibidor para limitar a ambição quanto à utilização do grupo para os objetivos do país.

Definição dos interesses do Brasil e de sua agenda no grupo

Deng Tsiao Ping recomendou que, na política externa, a China deveria sempre adotar uma atitude discreta (*low profile*) e nunca tomar a liderança. O Brasil encontra-se em situação histórica e política diferente e algumas das ações recentes de nossa política externa mostram que temos vocação para uma atitude distinta. Nesse sentido, os interesses brasileiros no âmbito do Brics serão mais bem defendidos se pudessem ser seguidas as seguintes linhas de atuação.

1. O Brics deveria ser utilizado para a ampliação da projeção externa do Brasil.

2. Há quatro ou cinco anos, poucos eram os contatos políticos e econômico-financeiros e comerciais entre as lideranças dos cinco países e entre suas burocracias. Hoje, um número crescente de encontros em nível técnico e político ocorre quase todos os meses. A maior intimidade entre os membros do Brics deve ser explorada para a ampliação das relações bilaterais com cada membro, em áreas de interesse brasileiro (petróleo, investimentos, por exemplo).

3. O Brics deve ser entendido como um meio de alcançar ou reforçar os objetivos da política externa do Brasil (como o fazem a China e em menor escala a Rússia ao pôr em prática o conselho de Deng Tsiao Ping: *low profile* e *never take the lead*).

4. É importante ter presente que o Brics é mais importante para o Brasil do que para os demais membros.

5. Não aumentar o número de seus membros pois isso diluiria o peso do grupo e o papel do Brasil.

6. Atuar firmemente no sentido de procurar reduzir, de maneira realista e gradual, as diferenças de atuação política entre os membros do grupo em áreas pontuais (CSNU, comércio, mudança de clima). Em muitos casos concretos, os países-membros competem entre si, concordam no geral, mas discordam no particular e têm pesos econômicos distintos. A redução das diferenças aos poucos daria maior visibilidade e peso político ao Brics.

7. Aproveitar ao máximo a convergência de interesses na preservação das respectivas soberanias e na perspectiva de ampliação das relações econômicas bilaterais. Nesse particular, poderiam ser trocadas experiências nas áreas de funcionamento dos bancos de desenvolvimento e programas de redução da pobreza.

8. Buscar ampliar a coordenação nos organismos internacionais em áreas em que haja convergência clara de interesses com o mesmo objetivo mencionado em *(6)* acima.

9. Assumir um papel mais central na formulação de políticas econômicas globais no âmbito do G-20 respondendo às expectativas que sua maior presença externa desperta.

10. Diferentemente da coordenação mencionada nos itens *(8)* e *(9)*, o Brasil deveria buscar coordenação de ações entre os países do grupo em situações pontuais de *toubled spots* no cenário internacional, como, por exemplo, no Oriente Médio.

11. Reconhecendo a diferença de agendas, o Brasil deveria igualmente explorar, no âmbito do grupo, convergências de forma separada entre o IBAS e a China e a Rússia.

12. A atuação deveria ser exercida e ser percebida como a de um *consensus builder* no grupo. Para tanto, deveria ser adotada uma ati-

tude proativa na busca das convergências em temas discutidos nos organismos internacionais e em situações concretas do cenário global.

Definição de uma agenda própria do Brics

O Brasil, que sugeriu a institucionalização do grupo, deveria atuar no sentido de gradualmente construir uma crescente agenda comum, tanto na área econômica, como na área política, que viesse a caracterizar a ação do Brics e fosse percebida pela comunidade internacional como uma vontade comum de fazer valer seu peso no cenário global.

Dadas as circunstâncias históricas, regionais, políticas e econômicas de cada um dos quatro países-membros não há, nem poderia haver, uma agenda comum desde o início, nem talvez possa haver no futuro. Os pontos de convergência deverão ser construídos, a partir de interesses concretos e de posições nos fóruns internacionais no tratamento dos temas globais (governança global, energia, meio ambiente, mudança de clima, comércio, terrorismo).

O Brasil deveria atuar no sentido de propor:

1. a apresentação de propostas pontuais comuns e passar a operar de forma conjunta, onde for possível, com vistas a aumentar sua influência;

2. na próxima reunião na Índia, uma série de propostas, realistas e pragmáticas, deveria ser apresentada, sem minimizar as dificuldades que uma ação ambiciosa possa despertar. Essas propostas poderiam ser de natureza econômica e política, que poderiam ser o embrião de uma agenda comum para o futuro;

3. coerente com a diretriz de ambição e de realismo, o Brasil poderia iniciar conversações visando à formação de agenda comum que possa ter impacto sobre as relações internacionais;

4. sugestões para a conformação de uma *agenda política* do Brics:
- o Brics poderia ressuscitar o plano da Arábia Saudita para o Oriente Médio. A Rússia sendo membro do "Quartet" poderia liderar esse movimento. Em 2002, o príncipe Abdulla da Arábia Saudita, apresentou proposta ao governo norte-americano sobre o conflito Israel-Palestina, que incluía a criação do Es-

tado palestino o reconhecimento de Israel por todos os países árabes. Por ser essa a posição de todos os membros do grupo, o apoio à reapresentação daquela proposta pelo Brics criaria um fato novo no impasse difícil de quebrar no Oriente Médio;
- cooperação em terceiros países – a exemplo do que começa a ser feito com os EUA na África, poderiam ser exploradas as possibilidades de trabalho conjunto no continente africano com a Índia e com a África do Sul em áreas definidas de comum acordo;
- coordenação de ações no cenário internacional em situações específicas possibilitando o grupo apresentar-se com uma única voz em temas pontuais;

5. sugestões para a conformação de uma *agenda econômica* e comercial do Brics, que, em duas décadas, terá quatro de seus países-membros entre as seis economias mais fortes do mundo, na companhia dos EUA e do Japão:
- levando em conta os diferentes pesos das respectivas economias e os interesses nem sempre coincidentes, a agenda econômica e comercial em muitos casos deverá assumir um caráter de geometria variável nos organismos econômico-financeiros (G-20) e comerciais (OMC);
- o Brics deveria ter uma posição conjunta no G-20, no tocante à reforma dos organismos financeiros internacionais e maior poder de voto para países emergentes;
- em casos específicos, como agora na questão da crise europeia, o grupo deveria definir que o apoio financeiro à Europa, por parte dos que a isso se dispusessem, só seria concretizado mediante condições definidas conjuntamente;
- a ideia de abertura de linhas de crédito recíprocas denominadas nas moedas locais proposta na reunião da China, em 2011, deveria ser estudada em profundidade para verificar a possibilidade de sua execução e suas implicações;
- o apoio de um amplo sistema internacional de moeda de reserva deveria ser estudado por economistas dos países-membros e de fora, para serem discutidas suas reais implicações.

Para o Brasil, a existência do Brics oferece uma singular oportunidade de aumentar sua influência e peso no cenário internacional em virtude do vácuo criado em decorrência da transição por que passa o cenário internacional e do surgimento de um mundo sinocêntrico.

Como está acontecendo, inicialmente, a maior presença do Brics no concerto das nações se reflete na discussão da nova ordem econômica global no âmbito do G-20.

Do ponto de vista dos interesses brasileiros, seria importante avançar em outras áreas em que o grupo aparecesse com seu peso e sua voz para que fique demonstrada sua efetividade.

Por fim, cabe chamar a atenção para dois elementos importantes. A participação plena do Brasil no grupo e o esforço para influir na definição de uma agenda trarão demandas e cobranças de posições públicas para as quais devemos estar preparados para reagir de forma ágil e rápida. Será importante saber distinguir, na definição de política no âmbito do grupo, os interesses e os valores defendidos internamente.

O maior engajamento do Brasil nos Brics poderá gerar reações no nosso entorno geográfico pelo gradual descolamento do Brasil da região. Essa atitude de nossos vizinhos deveria ser percebida como natural e não deveria influir na definição de nossos interesses no grupo, nem diminuir nossa disposição de atuar em outros níveis, além do regional, o que ajudará a projetar, ainda mais, o Brasil no cenário internacional.

Publicado em dez. 2011

6 Os desafios da Ásia para o Brasil

CONVIDADO PELO CENTRO de Pensamento Estratégico da Colômbia, importante fórum de debates entre governo, setor privado e universidade criado pelo Ministério das Relações Exteriores daquele país, participei, em Bogotá, de encontro promovido pela Cátedra Ásia-Pacífico para discutir as percepções e políticas do Brasil em relação a esse continente. Voltada para o Pacífico, a Colômbia, junto com Peru, Chile e México, está buscando ampliar a cooperação com os países asiáticos.

Em minha apresentação, ressaltei a prioridade que o governo brasileiro vem dando à Ásia nos últimos dez anos, no contexto da política Sul-Sul. Chamei também a atenção para as medidas que foram tomadas para ampliar a cooperação com a Asean (Associação das Nações do Sudeste Asiático) e para os efeitos da crescente influência, particularmente da China, sobre a economia e a política externa brasileiras.

Em uma década, a Ásia tornou-se a principal parceira do Brasil, superando a União Europeia e a América Latina. A China, desde 2009, passou a ser o mercado individual mais importante, ultrapassando os EUA. Em 2011, mais de 28% das exportações e 31% das importações do Brasil estão concentradas na Ásia. A decisão da presidente Dilma Rousseff de visitar a China em sua primeira missão oficial fora da América do Sul demonstra a relevância que tem esse país na política externa brasileira.

As transformações que ocorrerão no mundo sinocêntrico, em rápida formação, obrigarão países como o Brasil a tomar, no curto prazo, decisões estratégicas para corrigir distorções na economia e para modificar as ênfases no relacionamento com seu entorno geográfico.

As nossas dinâmicas relações com a China estão trazendo oportunidades e desafios que terão de ser respondidos, não com improvisações, mas a partir de uma visão estratégica de médio e longo prazos. As exportações de produtos agrícolas e de minérios deverão continuar a crescer. E a gradual substituição de produtos industriais brasileiros por produtos importados da China poderá acentuar a queda da participação da indústria no nosso PIB. A tendência da concentração das exportações em poucos produtos primários e a desindustrialização, se, no curto prazo, não forem enfrentadas com políticas efetivas, poderão reduzir o Brasil à categoria de simples produtor de *commodities* e nossa indústria, ao mercado doméstico. É isso que desejamos para nosso país? Como aumentar a competitividade da economia brasileira para evitar efeitos negativos sobre a indústria? Como executar uma política de atração de investimentos nas áreas de alta tecnologia? Qual o papel do Estado na busca da inovação para modernizar o parque industrial e diversificar nossas exportações?

Os efeitos negativos da reprimarização e o desaparecimento de setores industriais pela competição com produtos chineses começam a ser sentidos também nos demais países da região. Qual o efeito disso sobre o nosso relacionamento com os vizinhos e sobre o processo de integração regional? À luz dessas realidades, o Brasil precisa repensar a visão que temos da parceria com nosso entorno geográfico. A América do Sul está dividida, dificultando a busca de convergências políticas e comerciais. O crescimento do intercâmbio comercial, apesar da paralisia das negociações para aumentar as trocas entre os países sul-americanos, faz com que se acentue a percepção de que a integração regional não é mais necessária. Uma maior projeção brasileira no mundo tenderá a reduzir gradualmente o peso da América do Sul na política externa brasileira.

O crescimento da economia brasileira e a presença cada vez mais visível de empresas brasileiras nos países vizinhos despertam sentimentos contraditórios. Alguns deles veem o Brasil como uma ameaça à sua soberania e sua economia. Essa percepção vem propiciando movimentos centrípetos e a formação de coalisões como a assinatura de acordos de livre comércio com os EUA e a China, como a associação de bolsas de valores da Colômbia, Peru e Chile e o acordo do Pacífico entre a Colômbia, Chile, Peru e México. Essas iniciativas, como também as adotadas pela Argentina que visam a substituir, via medidas protecionistas ilegais, produtos brasileiros por chineses e de outros países, são claros contrapesos à crescente importância regional do Brasil.

Como o Brasil reagirá a essa visão desconfiada de nossos vizinhos? Em termos da integração econômico-comercial, a meu ver, o Brasil deveria aprofundar os acordos comerciais com todos os países da região, oferecendo a abertura completa de nosso mercado, com regras de origem claras e rígidas, e acelerar a execução de projetos de infraestrutura – rodovias, ferrovias e melhoria das facilidades portuárias – que facilitem o acesso de produtos brasileiros ao mercado asiático pelos portos do Pacífico.

As dificuldades que os países sul-americanos enfrentarão para exportar produtos não agrícolas ou minerais para os mercados europeu e norte-americano, em virtude da presença da China como produtora industrial global, tenderá a criar nos próximos quinze a vinte anos uma dependência crescente das economias da região em relação ao mercado brasileiro.

Por tudo isso, o mundo sinocêntrico deverá obrigar o Brasil a redefinir sua política na região, em especial no tocante ao processo de integração regional com ênfase na integração física, e a reduzir os custos internos (taxa de juro, energia, impostos, infraestrutura) para aumentar a competitividade da economia com vistas a recuperar o dinamismo, o crescimento e a modernização da indústria nacional.

O pensamento estratégico deve antecipar os acontecimentos e acelerar sua ocorrência. Chegou a hora de pensar mais no interesse nacional do que em parcerias estratégicas e políticas de generosidade.

Publicado em 22 nov. 2011

7 As perspectivas das relações Brasil-EUA nos próximos dez anos

As RELAÇÕES ENTRE o Brasil e os EUA nos últimos 165 anos não foram tão tranquilas como geralmente se supõe. Elas podem ser caracterizadas como um processo marcado por desconfianças e suspeitas recíprocas, na maior parte do tempo.

Não cabe fazer aqui um retrospecto da evolução do relacionamento entre os dois países. O presente ensaio examinará as perspectivas dessas relações nos próximos cinco a dez anos, levando em conta as transformações ocorridas nos últimos anos no cenário mundial.

Os fundamentos da política externa da maioria dos países estão se modificando pelos efeitos da globalização, pela importância dos países emergentes, entre os quais o Brasil, e pela transferência do eixo político e econômico-comercial do Atlântico para o Pacífico, em especial pela crescente influência da China.

A crise econômica global, iniciada nos EUA em 2008, acelerou esse processo de transformação e trouxe uma relativa perda de poder dos EUA. O mundo se tornou multipolar, com diversos centros de poder que contrabalançam a predominância dos EUA e da Europa. Os EUA preservam incontrastável seu poderio militar e estratégico, mas devem compartilhar as decisões nas áreas política, econômica e financeira com países emergentes como a China, a Rússia, a Índia e o Brasil e outros. As incertezas no panorama global aumentaram, não só pela instabilidade no Oriente Médio, pela persistência do conflito entre Palestina e Israel e pelo terrorismo, assim como mais recentemente pelos movimentos populares que estão ocorrendo no norte da África e no Oriente Médio. A instabilidade política dessas regiões repercute na volatilidade dos preços do petróleo, cujo aumento pode afetar a recuperação da economia dos países desenvolvidos. A mudança de clima pode vir a afetar a produção de alimentos, agravando ainda mais a disponibilidade e o preço das *commodities* agrícolas.

Os desafios que as relações entre os dois países deverão enfrentar sempre existiram e poderão aumentar, em decorrência das mudanças já mencionadas no cenário internacional e da crescente projeção externa do Brasil. As oportunidades também poderão crescer via transformações econômicas, políticas e sociais pelas quais passam o Brasil e os EUA.

Três desafios se colocam para o desenvolvimento das relações Brasil-EUA na próxima década: como conectar os interesses reais dos dois países; modificação das percepções sobre o Brasil nos EUA; e o que o Brasil vai querer das relações com os EUA.

O primeiro desafio será o de conectar os interesses dos dois lados.

A análise das relações entre o Brasil e os EUA indica que, com exceção de curtos períodos e por razões específicas, os interesses reais que podem promover uma efetiva aproximação bilateral não estão claramente identificados.

Embora os dois países defendam valores convergentes, como democracia e direitos humanos, na prática, em diversas situações, nem sempre eles são respeitados por se chocarem com os interesses de Washington e de Brasília.

Nos próximos anos, os entendimentos entre as burocracias governamentais deverão se concentrar em como aproximar os interesses concretos que possam atrair a atenção dos agentes econômicos.

No curto prazo, a tarefa de identificar esses interesses é ainda mais árdua pelo fato de o novo governo de Washington estar concentrado fortemente na estabilização e recuperação da economia, nas questões da guerra no Iraque e no Afeganistão, no conflito no Oriente Médio, no terrorismo e na crise dos movimentos populares no norte da África e no Oriente Médio.

Como resultado dessa situação, a América Latina não está na tela dos radares dos formuladores de política em Washington, uma vez que não representa qualquer ameaça à segurança nacional dos EUA e porque não oferece grandes oportunidades de negócios para as empresas norte-americanas. Com o fortalecimento das economias na América do Sul, no entanto, a situação dá sinais de se modificar e a região começa a despertar a atenção das empresas e de investidores norte-americanos.

Com mais de 55% do PIB da América do Sul, o papel que o Brasil deverá desempenhar será fundamental para o aprofundamento do processo de integração, para o desenvolvimento econômico dos países da região, para a melhora das condições sociais e para o aperfeiçoamento das instituições. O crescimento sustentado trará maiores oportunidades para os parceiros externos. Nos últimos dois anos, os EUA conseguiram crescentes superávits comerciais com o Brasil. Nos próximos cinco anos, mantidas as recentes taxas de crescimento, o Brasil ultrapassará a Itália, a França e a Inglaterra, e se projetará como a quinta economia mundial em termos de PIB, o que fará com que os interesses brasileiros se diversifiquem e sejam vistos como de maior relevância pelos parceiros externos.

A crescente presença da China no continente sul-americano, por sua vez, poderá representar um fator de convergência de interesses entre o Brasil e os EUA. Em uma perspectiva de médio e longo prazos, os dois países terão interesses comuns para assegurar o suprimento interno de recursos minerais estratégicos, alimentos e petróleo, cada vez mais atraentes para a economia chinesa.

As transformações ocorridas na América do Sul nos últimos dez anos em consequência da emergência dos movimentos sociais e o aumento da insegurança jurídica pelo não cumprimento dos contratos e dos acordos em vigência, reforçaram a percepção do Brasil como um importante fator moderador e de equilíbrio político e social para a estabilidade dos países sul-americanos.

Do lado do governo brasileiro, a administração Dilma Rousseff, nos seus primeiros meses, já deu alguns sinais de correção de rumos na política externa. Não deverá haver modificação no discurso sobre sua visão do mundo, nem sobre a prioridade aos países em desenvolvimento (Sul-Sul). A prioridade atribuída ao relacionamento com a América do Sul continuará sendo apresentada como uma política de Estado. Certas qualificações, contudo, diferentes dos oito anos anteriores podem ser notadas na questão dos direitos humanos, nas relações com o Irã e no tratamento dispensado aos EUA. Tudo indica que a política externa será mais pragmática, abandonando-se gradualmente os preconceitos ideológicos que guiaram a política do governo anterior. Caso isso venha de fato a ocorrer, a identificação de reais perspectivas de cooperação em áreas de interesse do Brasil e dos EUA vai se apresentar como uma prioridade.

O segundo desafio diz respeito à gradual mudança da percepção que os EUA têm até aqui sobre o Brasil.

O Brasil permanece, em larga medida, desconhecido dos norte-americanos em geral e dos centros de decisão de Washington. Exceto os que se ocupam diretamente dos assuntos regionais, há elevado grau de desinformação sobre a realidade, os objetivos e a importância do Brasil para os interesses dos EUA. A correção dessa deficiência é o primeiro requisito para a elevação do relacionamento bilateral a um patamar compatível com a relevância política e econômica de ambos os países.

A questão que surge, do lado dos EUA, é como administrar as relações com o Brasil em ascensão e com crescente projeção externa fora das Américas. As premissas que balizaram o relacionamento bilateral estão sendo rapidamente superadas e devem se transformar significativamente. O Brasil é visto em Washington como uma força moderadora e de estabilidade em uma região que atravessa um período de mudança com a emergência da Aliança Bolivariana para as Américas (Alba), crítica dos EUA. Apesar disso, os EUA terão de conviver com agendas diferentes e mesmo conflitivas, como ocorre hoje na América Latina, onde as políticas dos dois países não coincidem em relação a Cuba, Venezuela, Colômbia, Honduras e no tocante às novas instituições políticas, como a União de Nações Sul-Americanas (Unasul), o Conselho de Defesa Sul-Americano e a Comunidade dos Estados Latino-americanos e Caribenhos (Celac), que excluíram os EUA.

Com uma política econômica de sólidos fundamentos até aqui, podendo projetar um razoável e sustentável crescimento econômico para os próximos anos, o Brasil saiu mais forte da crise. Com o respaldo de uma economia estabilizada e uma ação externa mais ativa, o país vem se afirmando internacionalmente e aumentando sua presença internacional.

Reconhecido como uma potência regional e um país com peso econômico global e com importante papel em alguns dos principais temas da agenda internacional, como mudança de clima, meio ambiente, energia (renovável e petróleo), direitos humanos e reforma dos organismos internacionais, a percepção sobre o Brasil deverá modificar-se gradualmente.

Os pontos focais da relação dos EUA com o Brasil continuarão a ser comércio e investimentos, segundo os interesses tradicionais dos dois países, com crescentes convergências de interesses na região (estabilidade econômica e social, democracia e segurança regional).

Por todas essas razões, será de interesse de Washington atribuir um tratamento diferenciado ao Brasil no contexto latino-americano. Essa diferenciação poderá levar, no médio prazo, a uma nova atitude, mais realista e menos estereotipada. É possível antecipar que o descolamento do Brasil do resto da América Latina deverá acarretar a inclusão de nosso país em novas parcerias empresariais globais com os EUA e outros países dentro e fora da região.

O terceiro desafio é definir o que o Brasil quer de suas relações com os EUA.

O novo papel que o Brasil começa a desempenhar no cenário internacional fará com que venha a se encontrar com os EUA mais seguidamente fora do ambiente regional com posições que, mais do que separá-los, deverão aproximar os dois países.

Não acredito em rótulos batidos, como relações especiais ou alianças estratégicas para definir o que vai ocorrer no futuro.

A crescente afirmação do Brasil no mundo vai gradualmente tornar mais claro como melhor atender e defender o interesse nacional, a exemplo do que ocorre com os EUA. Isso fará com que sejam abandonadas grandes ideias e projetos políticos (como a Alca e o último deles: Pathways for growth in the Americas) para que os esforços dos dois governos sejam concentrados em interesses reais comuns.

Do ponto de vista da política externa brasileira, o grande desafio do momento é o de identificar e definir o nosso interesse no contexto da globalização e da crise internacional. O Brasil terá de assumir suas responsabilidades ao mesmo tempo como potência econômica emergente e como potência regional. Isso não quer dizer que o Brasil deva adotar uma atitude de acomodação passiva ou reativa às transformações em curso, mas sim a de antecipar-se a elas, tendo sempre presente o interesse nacional.

Nesse contexto, o Brasil terá necessariamente de redefinir suas relações tanto com os EUA como com a China, nosso principal parceiro comercial e potência com crescentes investimentos e interesse no país. É sintomático que a China tenha sido o primeiro país visitado pela presidente Dilma Rousseff fora da América do Sul.

A definição pelo Brasil de uma política de médio e longo prazos com os EUA deverá ocorrer pelos crescentes interesses econômicos e comerciais e também porque a projeção externa e a diversificação de interesses mútuos em outras regiões como a África, o Oriente Médio e a Ásia farão aumentar as possibilidades de diferenças e de colaboração.

O eventual fornecimento de petróleo do pré-sal aos EUA, nos próximos cinco a dez anos, poderá ter profundo impacto estratégico, político e comercial nas relações entre os dois países. A identificação de interesses concretos, pelo governo e pelo setor privado, tornará o Brasil mais relevante para a política externa dos EUA.

Defesa do interesse nacional e respeito mútuo deverão balizar nossa parceria em novas bases de modo que o potencial a ser explorado possa ser adequadamente identificado. Washington não deve ver no Brasil, contudo, um aliado pronto a alinhar-se automaticamente nos tópicos de seu interesse. Nem o Brasil deverá perseverar no equívoco dos últimos anos de colocar-se como uma opção aos EUA, buscando a lealdade dos vizinhos em detrimento do apoio que esses países oferecem aos EUA.

Os instrumentos para dar corpo a essa parceria em novas bases já estão criados pelos dois países e foram agora ampliados. Desde 2003, houve a decisão de institucionalizar uma cooperação mais desenvolvida e sofisticada. Durante a visita do presidente Lula a Washington foi criado um conjunto de mecanismos (encontros presidenciais com seus ministros, grupos de trabalho em grande número de áreas, cooperação hemisférica e em temas globais de interesse mútuo) que poderão ser ativados e ampliados, de acordo com o que foi anunciado durante a visita do presidente Obama ao Brasil, com a criação de grupo na área da defesa e dos diálogos estratégicos na área econômica e política. No âmbito do setor privado, foi criado o Fórum de Presidentes de empresas para a discussão de uma agenda positiva a ser recomendada aos dois governos. E a negociação de acordos de bitributação e de investimentos está com alta prioridade nessa agenda.

Uma vez reconhecidos os desafios existentes e, de alguma forma, examinadas e encaminhadas respostas para superá-los, as *oportunidades* não só aparecerão como poderão ser mais bem aproveitadas.

Na área da política externa, os encontros do Brasil com os EUA em outros continentes, fora da América do Sul, vão permitir, na maioria dos casos, maior cooperação em países em que o Brasil disponha de vantagens comparativas, como na África, onde é possível prever um aumento da cooperação triangular em setores como educação, saúde e governança. Nos organismos internacionais, embora nem sempre os interesses sejam convergentes, é possível prever maior cooperação nas questões de paz e segurança, de meio ambiente e mudança de clima, de energia, no G-20 e nas questões de assistência e cooperação técnica.

Caso o cenário de cooperação bilateral se concretize, e o Brasil assuma as responsabilidades derivadas de sua projeção externa, certamente deverão diminuir as reservas contra o Brasil para ser admitido como membro permanente do Conselho de Segurança, quando a comunidade internacional, liderada pelos EUA, decidir reformar o órgão mais importante das Nações Unidas. Se isso vier a ocorrer, estará afastada uma das questões políticas mais difíceis no relacionamento bilateral.

É interessante notar que as principais prioridades do governo norte-americano, anunciadas no State of the Union Address, em janeiro de 2011, no tocante à inovação, educação e infraestrutura, são as mesmas do Brasil, o que propicia que projetos concretos sejam desenvolvidos entre empresas dos dois países.

A decisão de Washington no sentido de revolucionar a matriz energética interna para, em 2035, concentrar 85% do consumo doméstico em energia renovável e diversificar as fontes de suprimento de combustível fóssil abrirá amplas possibilidades para o Brasil se tornar um fornecedor no longo prazo de etanol e de petróleo para a economia norte-americana. O mesmo pode ocorrer com as enormes reservas de gás natural encontradas *off shore* nas camadas de pré-sal.

Atraídas pelo crescente mercado brasileiro, empresas norte-americanas poderão associar-se a companhias brasileiras em áreas de ponta, nas quais a inovação e a transferência de tecnologia poderão tornar os produtos brasileiros mais competitivos (tecnologia da informação, telecomunicações, biotecnologia, nanotecnologia). Na área de energia (biomassa, gás e petróleo (pré-sal), usinas hidrelétricas), haverá imensas oportunidades de investimento para as empresas norte-americanas no Brasil e de brasileiras nos EUA. A realização no Brasil da Copa do Mundo e dos Jogos Olímpicos abre oportunidades na área de infraestrutura, segurança e transportes.

No comércio exterior, o potencial de ampliação das exportações dos EUA deverá aumentar, como evidenciado nos últimos dois anos, quando a balança bilateral mostrou crescentes saldos positivos para os EUA. Corrigidas as distorções domésticas que geram a perda da competitividade dos produtos brasileiros no mercado internacional, os manufaturados e os bens de capital poderão voltar a ter, nos EUA, um mercado significativo.

As diferenças relacionadas às restrições protecionistas em ambos os países, como vem ocorrendo no mercado dos EUA em relação ao algodão, suco de laranja, etanol, aço e camarão, deverão continuar e mesmo aumentar, mas serão sempre canalizadas para a Organização Mundial do Comércio (OMC), fórum apropriado para tratar das controvérsias e da defesa comercial. Com as decisões contrárias da OMC, no caso dos três primeiros contenciosos, e com as transformações no cenário internacional, no médio e longo prazos, é possível prever a liberalização no comércio desses produtos para atender aos interesses dos consumidores domésticos nos EUA e a eliminação de irritantes nas relações bilaterais.

Outros setores poderão representar importantes áreas de convergência e de cooperação no médio e longo prazos: meio ambiente, minerais estratégicos (terras raras, urânio) e pesquisa e exploração de minérios no fundo do mar, espaço, não proliferação, usinas nucleares e defesa.

No tocante ao meio ambiente e à mudança de clima, o Brasil vai sediar em maio e junho de 2012 a Rio+20, evento de grande significação para o avanço de propostas que limitem as emissões de gás carbono de efeito estufa, que agravam os impactos da mudança de clima. Depois de vinte anos da primeira reunião do Rio de Janeiro, as metas de redução de emissões ainda não foram cumpridas. Há poucos meses, chegou-se a uma declaração que reconhece a necessidade de ampliar as áreas de proteção e a soberania de cada país sobre as espécies da biodiversidade em seu território, bem como a necessidade de compartilhar resultados em caso de exploração – mas ainda faltam regras práticas para esse compartilhamento. O desmatamento no mundo caiu para cerca de 7 milhões de hectares anuais, mas ainda continua alto. Brasil e EUA poderão, sem preconceitos, estabelecer uma ampla colaboração para obter avanços concretos nessas áreas durante a cúpula Rio+20, em 2012.

Nas outras áreas mencionadas (minérios estratégicos, espaço, não proliferação), nos últimos dez anos, o Brasil passou a ter uma política não defensiva, abrindo amplas possibilidades para a colaboração com os EUA em organismos internacionais, e para a ampliação de negócios entre as empresas dos dois países. Seguindo o exemplo do que estão fazendo outros países, como a Índia e a China, o Brasil estará aberto a apoiar projetos nessas áreas com duas condicionalidades: transferência de tecnologia e parceria entre empresas dos dois países para produção local.

Essa política deverá ser aplicada para eventuais investimentos e parcerias na exploração de terras raras e urânio, prospecção no fundo do mar e defesa. No tocante a oportunidades de negócios nas áreas de espaço, política nuclear, construção de usinas nucleares e não proliferação, a cooperação poderia ser ampliada seguindo o modelo desenvolvido pelos EUA com a Índia. A reconstrução da base de Alcântara para viabilizar lançamentos de satélites comerciais, de interesse de empresas norte-americanas, a preços competitivos, poderia estimular a cooperação com indústrias dos EUA, depois de superadas as dificuldades para a assinatura de um acordo de salvaguarda tecnológica entre os dois países.

A visita do presidente Obama ao Brasil em março passado, embora em contexto de incertezas e instabilidades globais, pode ser considerada como um marco nas relações Brasil-EUA pelas perspectivas que prometeu abrir no médio e longo prazos.

Os governos de Brasília e Washington, depois de um período de tensões que durou a maior parte do governo Lula, gerado por motivações ideológicas antiamericanas e por desencontros na política externa e comercial, decidiram inaugurar uma nova etapa nas parcerias bilaterais, deixando aparentemente para trás as dificuldades dos últimos anos.

O comunicado conjunto, firmado pelos dois mandatários e divulgado ao final da visita, apresenta um roteiro para uma nova parceria global e bilateral. E não, como foi reconhecido de maneira pragmática, a reafirmação de uma aliança estratégica, que inexiste e pressupõe uma lenta construção entre iguais.

Cabe ressaltar que durante a visita do mandatário norte-americano os presidentes tomaram a decisão de elevar a nível presidencial o diálogo em algumas áreas prioritárias, como parceria global, econômico-financeira e energética. Dez acordos foram assinados com a intenção de explorar novas possibilidades de cooperação nas áreas de comércio, educação, inovação, infraestrutura, transporte aéreo, espacial, grandes eventos esportivos, biocombustível para aviação, cooperação em terceiros países, sobretudo da África.

Desses acordos, quatro merecem ser ressaltados:
- o Acordo-Quadro Bilateral para a Cooperação dos usos pacíficos do Espaço Exterior e o anúncio do início de negociações para um acordo para proteger tecnologia de operação de lançamento;
- o Trade and Economic Cooperation Agreement (Teca – Acordo de Cooperação Econômica e Comercial), cujo objetivo principal é facilitar o acesso de produtos dos EUA e do Brasil aos mercados

dos dois países, cria mecanismos para examinar dificuldades nas questões comerciais e de investimento, avaliar barreiras fitossanitárias, simplificar processos alfandegários e para a harmonização de normas técnicas;
- o acordo de cooperação em terceiros países nas áreas de educação, segurança alimentar, agricultura, nutrição, saúde e fortalecimento institucional;
- o acordo para produção de biocombustível para a aviação.

O desafio de conectar os reais interesses dos dois países, aludido anteriormente, começou a ser respondido. O governo norte-americano está interessado em tornar-se um cliente importante do petróleo produzido no pré-sal, e o governo brasileiro poderá levar adiante o seu programa espacial, reconstruindo a Base de Alcântara, com a colaboração de empresas dos EUA. Grandes projetos de infraestrutura deverão atrair investimentos e empresas norte-americanas e poderão ajudar o Brasil a cumprir os prazos rígidos para as obras da Copa do Mundo e dos Jogos Olímpicos. O Pentágono, o maior comprador de querosene de aviação do mundo, busca segurança energética com a produção de biocombustível de aviação, o que poderá abrir grandes oportunidades para o setor privado dos dois países.

Nos encontros Dilma-Obama foram lançadas as bases em que as relações deverão evoluir nos próximos anos, abrindo a possibilidade de avanços concretos que venham a beneficiar os governos e o setor privado dos dois países, aproveitando as grandes transformações que ocorrem no mundo. No melhor interesse dos dois países, foram mencionadas parcerias em áreas que, se de fato vierem a ocorrer, poderão propiciar uma mudança na qualidade do relacionamento bilateral, com ganhos concretos para ambos os lados.

Segundo estudos do National Intelligence Council, de Washington, em 2025, o Brasil será uma potência econômica global, na qualidade de uma das cinco maiores economias em termos de PIB. O Brasil é visto como um Estado modelo, por sua democracia vibrante, economia diversificada e instituições econômicas sólidas. O sucesso ou o fracasso do Brasil em conciliar medidas a favor do crescimento econômico, com uma ambiciosa agenda social que reduza a pobreza e a desigualdade de renda, terá um profundo impacto no desempenho econômico e na governança da América do Sul nos próximos quinze anos.

Nesse cenário, a posição do Brasil na região tenderá a tornar-se cada vez mais ativa e importante. A emergência do Brasil como uma potência econômica global até 2025 colocará novos desafios para sua política externa e para a política comercial externa do Brasil e dos EUA, contribuindo para a construção de uma profícua parceria.

Cabe aos formuladores das decisões nos dois países identificar interesses concretos adicionais para expandir e diversificar ainda mais as relações bilaterais em um mundo que promete ser cada vez mais complexo e diferente daquele que vivemos hoje.

Publicado em 1º jul. 2011

8 O mundo não mudou com o 11 de setembro

EM 11 DE SETEMBRO DE 2001, o mundo se surpreendeu com os ataques às Torres Gêmeas, ao Pentágono e, se um deles não tivesse sido abortado, possivelmente o Congresso ou a Casa Branca teriam sido atingidos.

Como embaixador em Washington, acompanhei de perto a perplexidade da sociedade norte-americana ao ver aviões, sequestrados por membros da organização terrorista Al Qaeda, serem usados como verdadeiros mísseis contra os símbolos do poder dos EUA em New York e em Washington.

A reação do governo norte-americano, no entanto, não tardou. A decisão do presidente George W. Bush de declarar combate total ao terrorismo e de proclamar, talvez de forma excessiva, os EUA uma nação em guerra, recebeu apoio de todos os norte-americanos.

Formou-se um consenso de que o mundo a partir daquele instante seria outro. "O mundo mudou", era o que diziam os analistas e o que se lia na mídia internacional.

Passados dez anos, já com alguma perspectiva histórica, cabe examinar quais as reais consequências daqueles atos terroristas.

Ao contrário do que se afirmou na época e ainda hoje se repete, o mundo não mudou. O que de fato mudou foram os EUA – para pior – e a agenda internacional, na qual segurança e terrorismo passaram a ter prioridade absoluta, por influência de Washington.

Os EUA, logo após os atentados, e durante o primeiro mandato Bush, reagiram com mão pesada e ampliaram suas ações globais de forma unilateral.

Embora o ataque ao Afeganistão tenha sido aceito pela comunidade internacional em virtude do objetivo declarado de capturar Bin Laden – responsável pelos atos terroristas –, a invasão do Iraque, baseada em evidências falsas, despertou condenação generalizada dentro e fora do país. A Estratégia de Segurança Nacional, de 2002, reforçou o poder dos EUA ao afirmar a nova doutrina de ação preventiva e de mudança de regime, para assegurar a defesa dos interesses do Estado norte-americano.

O mundo naquele momento era unipolar, como já acontecia desde a queda do muro de Berlim e a primeira guerra do golfo em 1991. O multilateralismo estava em declínio e as Nações Unidas se viam marginalizadas.

No âmbito doméstico, foram aprovadas legislações radicais que afetaram o modo de vida dos que vivem no território norte-americano e que arranharam a Constituição, no capítulo das liberdades civis. O Patriot Act, verdadeiro Ato Institucional n. 5, suspendeu o *habeas corpus*, restringiu a livre movimentação de pessoas, invadiu sua privacidade e, através de ordens executivas presidenciais posteriores, permitiu o uso da violência física para obter informações, como comprovado pelas notícias de tortura em Guantanamo, Abu Ghraib, no Iraque, e em alguns outros países ocidentais e do Oriente Médio, cooptados pelo governo dos EUA. Esses instrumentos de repressão a suspeitos de ações terroristas ainda estão em vigor.

Algumas percepções – tomadas como verdades absolutas depois dos ataques – mostraram-se equivocadas.

• Os EUA manteriam um papel central no mundo e sua liderança global seria incontestável.

Já no segundo mandato de Bush, a situação começou a mudar, mas a preocupação com o terrorismo se manteve alta. O poder unilateral dos EUA foi perdendo força, mas a doutrina da "guerra global contra o terror" não desapareceu, como se viu na invasão do espaço aéreo do Paquistão para capturar e matar Bin Laden e nos ataques com veículos não tripulados à liderança da Al Qaeda no Afeganistão.

• A segurança do Ocidente ficaria refém da luta contra os terroristas islâmicos por longo tempo.

Na realidade, o choque de civilização não aconteceu, e a ideia de que no século XXI seria criado um califado islâmico global provou ser uma fantasia dos conservadores bushistas.
 • O Oriente Médio se transformaria por influência da democracia liberal ocidental.
Rejeitando interferências externas, os movimentos populares que ocorrem no Oriente Médio e no norte da África, não são resultado de pressão liderada pelos EUA.

Nos últimos dez anos o mundo virou de ponta-cabeça, alterando-se de forma radical a geopolítica e a economia global. O atual cenário internacional, contudo, pouco ou nada tem a ver diretamente com os atentados de 11 de setembro. A disputa entre Israel e Palestina, conflitos regionais e a crise econômica e financeira que começou em 2008, e novas formas de terrorismo, como o eletrônico, via internet, continuam ou surgiram com dinâmica própria.

O século XXI está sendo moldado por forças que pouca relação têm com o 11 de setembro. Não se ouve mais falar de guerra ao terror. Os EUA estão se retirando do Afeganistão e do Iraque. O custo das duas guerras e da indústria criada para combater o terrorismo, que sobe a mais de US$ 4 trilhões, agravou os gastos do governo, um dos motivos da deterioração da estabilidade da economia norte-americana.

O cenário internacional se transformou, mas as reais mudanças são consequência, sobretudo, dos desarranjos das economias dos países desenvolvidos e do aparecimento dos emergentes, como, em especial, China, Índia, Rússia e Brasil. Com isso, os EUA tiveram reduzido seu poder relativo na esfera política e econômica e o multilateralismo readquiriu força. Com o deslocamento do eixo dinâmico da economia global do Atlântico para o Pacífico, os novos polos de crescimento e de atração política são o maior desafio que os EUA enfrentam nos dias de hoje. Os problemas econômicos gerados pelo fracasso do sistema bancário ocidental e pela crise da dívida soberana, custaram à Europa a perda de qualquer pretensão de poder e, aos EUA, os AAA concedidos pelas agências de *rating*.

O 11 de setembro, que o mundo acaba de lembrar, não foi uma ruptura na história das relações internacionais, mas o ponto mais elevado de tensão antiocidental.

Publicado em 13 set. 2011

9 O Brasil e a América do Sul

EM MESA-REDONDA ORGANIZADA pelo Instituto FHC para discutir o papel do Brasil na América do Sul foram ressaltados, entre outros aspectos, a inexistência de uma estratégia mais clara e ambiciosa do Brasil e a perspectiva de que uma evolução inercial do relacionamento leve à redução gradual do peso da região na agenda de política externa.

Não se pode examinar a relação do Brasil com a América do Sul sem levar em conta a crescente presença econômica e comercial da China (principal parceiro comercial do Brasil e de diversos outros países) e seu impacto sobre as ações políticas e econômicas do Brasil na região. Em trabalho recente sobre as relações entre a América Latina e a China na primeira década do século XXI, o BID mostrou que os países latino-americanos tiveram uma visão romântica das vantagens do intercâmbio com o país asiático. Apenas soja, ligas e minério de ferro respondem por 57,8% de tudo o que é vendido à China. Em 2010, foram investidos mais de US$ 50 bilhões na compra de minas de minério de ferro, poços de petróleo, empresas e terras, sobretudo na América Latina e na África. Os investimentos e as exportações chinesas na região passaram a competir com empresas brasileiras e começam a ganhar mercado até aqui explorados pelo Brasil. O Brasil, dessa forma, não terá alternativa senão focalizar a China como competidora no mercado interno e no regional, deixando de lado a visão ingênua do começo da década, exemplificada pela concessão do *status* de economia de mercado à China.

Embora a América do Sul seja a principal prioridade da política externa e a integração regional nela ocupe um papel central, o Brasil não está aproveitando o bom momento por que passa a economia da região para ampliar sua presença econômica e comercial.

A estagnação do processo de integração, inclusive com as dificuldades institucionais do Mercosul e a instabilidade das regras em muitos países da região, além das oportunidades abertas pela crise econômica na Europa e nos EUA explicam, em grande parte, a relativa perda de interesse do Brasil nos últimos anos, apesar da retórica oficial em sentido contrário.

No complexo quadro de transição que a região atravessa, impõe-se, como interesse brasileiro, uma visão estratégica de médio e longo prazos que poderia incluir:

- negociar a ampliação dos acordos bilaterais com todos os países sul-americanos, garantindo aos nossos vizinhos ampla abertura do mercado brasileiro;
- negociar acordos de garantia de investimentos para proteger as empresas nacionais e de bitributação para facilitar nossa penetração nos mercados da região;
- manter a prioridade do processo de integração regional, com atenção especial para a infraestrutura, a energia e o intercâmbio comercial e retomar projetos de construção de rodovias e ferrovias, estratégicos para permitir que as exportações de produtos brasileiros para a Ásia saiam a partir de portos do Peru e do Chile;
- manter o apoio ao Mercosul, como um processo que a longo prazo levará a uma crescente integração comercial dos países do Cone Sul. Para benefício de todos os países-membros, a decisão que determina que os membros do Mercosul negociem acordos comerciais com uma única voz, deveria ser flexibilizada para permitir que cada país possa negociar individualmente sua lista de produtos. A equivocada entrada da Venezuela é uma questão de tempo e uma avaliação objetiva sobre seus efeitos é muito difícil de ser feita hoje.

O crescente peso econômico do Brasil na América do Sul (mais de 55% do PIB regional) e no contexto global, além da intensa participação nas discussões sobre temas globais e no grupo dos Bric exigirão do

Brasil definição clara de nosso interesse e respostas rápidas e transparentes aos desafios apresentados pelo novo quadro político na região.

Mesmo que a economia continue a crescer a altas taxas de maneira sustentável nos próximos anos, a expansão do Brasil para além da América do Sul não deveria reduzir o nosso interesse – em novas bases, é verdade – pelo mercado regional, que representa mais de 350 milhões de consumidores.

Publicado em 26 jul. 2011

10 Visita de Obama e visão de futuro

Ao contrário dos EUA, no Brasil, a mensagem ao Congresso Nacional, embora importante, é um ato de rotina, protocolar. O Executivo dá um tratamento burocrático ao seu conteúdo e o Congresso não se dá ao trabalho de discuti-la por sua pouca relevância.

Nos EUA, a fala do presidente à nação, chamada de "Estado da União", tão aguardada pela classe política e pela imprensa, tem um caráter mais profundo e solene. A mensagem ao Congresso faz um balanço da situação política, econômica, social e de política externa do país no ano que passou, traça as principais linhas estratégicas e apresenta propostas para o ano entrante.

A importância e os resultados da primeira visita do presidente Obama ao Brasil tem merecido pertinentes análises pelas novas possibilidades de cooperação e de entendimento, em áreas mantidas em segundo plano durante os últimos oito anos. Às vésperas da chegada do mandatário norte-americano, parece-me útil analisar a mensagem de Obama e nela destacar exemplos de políticas voltadas para o futuro e chamar a atenção para a semelhança da agenda norte-americana com a nossa.

Com grande dose de realismo, Obama deixou registrado que o mundo mudou e que, para enfrentar os desafios do crescimento da economia e da geração de emprego, os EUA precisam contar mais com seus próprios recursos e se reinventar em quatro áreas: inovação para aumentar a competitividade, energia e infraestrutura, educação e redução dos déficits públicos, inclusive pelo enxugamento da máquina governamental.

A gravidade da crise econômica interna e as rápidas transformações no cenário internacional impuseram uma nova pauta, com forte presença do Estado, com vistas à recuperação, no médio e no longo prazo, da influência dos EUA. Apropriadamente, Obama lembrou que o futuro não é uma dádiva, mas uma conquista.

O primeiro passo para ganhar o futuro seria o estímulo à inovação a partir de investimentos do setor privado e do governo em áreas estratégicas. O programa de pesquisa e desenvolvimento atualmente em execução não tem paralelo desde o desafio do lançamento do Sputnik, um satélite na órbita terrestre, pela URSS, em 1957. Os recursos financeiros solicitados ao Congresso, para investimentos em pesquisa biomédica, tecnologia da informação e especialmente em tecnologia de energia limpa, deverão tornar realidade a utilização de energia renovável e melhorar a produtividade das usinas nucleares. Com mais pesquisas, incentivos e com a eliminação dos subsídios para a indústria petrolífera, o objetivo é reduzir a forte dependência em relação ao petróleo e tornar os EUA o primeiro país a ter um milhão de veículos elétricos.

O segundo item é a melhoria na educação. Nos próximos dez anos, quase metade de todos os empregos nos EUA exigirão um nível de educação que irá além do diploma em escolas superiores. Incentivos serão aumentados para aprimorar a qualidade do estudo de matemática e ciência e para atrair mais e melhores professores.

A terceira prioridade nessa visão de futuro é a infraestrutura. O programa Reconstrução para o Século XXI, o PAC dos EUA, será ampliado para incluir a reparação de estradas e pontes, segundo critérios econômicos e não por manipulação política. Em 25 anos, o objetivo é fazer com que 80% dos norte-americanos tenham acesso a trens de alta velocidade. Na área de comunicações, em cinco anos, o setor privado poderá estender a próxima geração de banda larga sem fio para 98% dos americanos.

Para ajudar as empresas, o governo de Washington tem a clara percepção de que será necessário eliminar o "Custo USA", barreiras que reduzem a competitividade dos produtos de exportação. Para ampliar as vendas ao exterior e gerar empregos, foi fixada a meta de dobrar as exportações até 2014. Para reduzir as barreiras ao crescimento e ao investimento o governo de Washington está revendo a regulamentação e simplificando a burocracia interna. Regras que colocam ônus desnecessário no setor privado serão eliminadas e, na área de defesa comercial, salvaguardas serão criadas para proteger o emprego.

Um último e crítico aspecto nessa visão do futuro é a questão da dívida pública. O governo de Washington, nos próximos cinco anos, a partir de 2011, deverá cortar os gastos públicos para reduzir o déficit em mais de US$ 400 bilhões durante a próxima década. Os cortes afetarão muitos setores, como o salário dos servidores públicos federais, pelos próximos dois anos, e os gastos com defesa serão reduzidos em cerca de US$ 40 bilhões.

Como pano de fundo, o governo norte-americano está propondo uma mudança de paradigma industrial. As metas de redução do uso da energia fóssil (em 2035, 80% da eletricidade será gerada por fontes de energia limpa, eólica, solar, nuclear, carvão limpo ou gás natural) e a utilização do carro elétrico terão impacto sobre a demanda de petróleo e de etanol nas próximas décadas. Essas políticas afetarão profundamente a economia dos EUA e terá repercussões globais, inclusive no Brasil.

A visita do presidente Obama criará condições para o desenvolvimento de uma nova agenda positiva entre os dois países. A visão de futuro do governo dos EUA nas áreas de energia, em pesquisa e em desenvolvimento e educação, prioridades para os dois países, é coincidente com a nossa.

Seria importante, para os próximos quatro anos, que o exemplo de determinação e ousadia do governo Obama sirva de inspiração para que, também no Brasil, políticas e objetivos sejam claramente definidos e executados, tendo como único objetivo o interesse nacional. Caso não consigamos nos reinventar, o custo político será alto e o futuro do país estará comprometido.

Publicado em 8 mar. 2011

11 Um lugar na mesa principal

TALLEYRAND, NOTÁVEL POLÍTICO e diplomata, serviu todos os regimes na França de 1796 a 1830. Em um de seus momentos de ostracismo, convidado para um jantar na corte parisiense, dirigiu-se a um lugar obscuro no final da mesa. Ouviu de um dos convidados que seu lugar não era ali, mas na mesa principal, o que motivou a famosa resposta: o lugar mais importante à mesa é aquele onde me sento.

Ocorreu-me esse episódio enquanto participava de reunião de grupo composto por importantes formuladores e executores de política externa, capitaneados por Henri Kissinger, recentemente, em New York. No encontro, foram examinados os principais aspectos da conjuntura internacional, a mudança do eixo político e econômico do Atlântico para o Pacífico, a emergência da China, o conflito Israel-Palestina, o Irã e as consequências dos vazamentos do wikileaks. A mim foi proposto discutir se o Brasil poderia ou não no processo decisório mundial ocupar um lugar na mesa principal.

A simples pergunta implica o reconhecimento do peso político que o Brasil passou a gozar nos últimos anos, mas também indica que o país tem de justificar sua plena participação nos diretórios que vêm se formando para responder às novas realidades do cenário global.

Ao contrário de Talleyrand, o Brasil acredita que já deveria estar na mesa principal, mas sem que venham cobrar posições. O Brasil, a Índia, a África do Sul e alguns outros poucos países passaram a ter maior visibilidade e peso em suas regiões e, no tocante aos temas globais, começaram a ser vistos pela comunidade internacional como possíveis novos integrantes dos diretórios formais ou informais na área de paz e segurança, e outros de interesse geral.

Dentro de uma visão de médio e longo prazos, respondi positivamente à indagação que me foi colocada e procurei mostrar porque o Brasil hoje pode assumir essa posição de destaque. Alinhei também as credenciais de natureza política e econômica para estarmos presentes nos principais centros decisórios.

Dada sua índole pacífica, o Brasil não representa nenhuma ameaça para os países da região. Embora mantendo fronteira com dez vizinhos, as disputas territoriais foram negociadas e há 145 anos o país não se envolve em guerra regional. Ao contrário da China, Índia e Rússia, o Brasil não é uma potência nuclear. A crescente presença externa do Brasil ocorre, sobretudo, pela habilidade de obter êxitos pelos valores que defende, por sua cultura, pela ação moderada e moderadora, além da atitude positiva para construir consensos, em outras palavras pelo seu *"soft power"*.

O Brasil, interlocutor indispensável nos temas globais como comércio, meio ambiente/mudança de clima, direitos humanos, energia (renovável e, agora com o pré-sal, petróleo) e água. Membro fundador do GATT, das Nações Unidas e dos organismos criados em Bretton Woods depois da guerra (Banco Mundial e Fundo Monetário), desempenha um papel ativo e construtivo nesses organismos. Participa do G7/8, como convidado, e integra o G-20 financeiro com forte presença nas discussões sobre governança global. Candidato declarado a um assento permanente no Conselho de Segurança da ONU, integra o grupo dos quatro com a Índia, o Japão e a Alemanha com vistas a acelerar a reforma das Nações Unidas e de seu órgão mais importante de modo a que se tornem mais representativos do novo equilíbrio de forças no século XXI.

Com crescente participação em questões regionais fora da América Latina, o Brasil tem procurado se fazer ouvir no processo de paz para solucionar o conflito Israel-Palestina, na questão do programa nuclear do Irã e na ajuda aos países da África. Por iniciativa brasileira, foram criados fóruns para o diálogo entre a América do Sul e o Oriente Médio, e entre nossa região e a Ásia. A institucionalização do

Brics (Brasil, Rússia, Índia, China e África do Sul) e do Ibas (Índia, Brasil e África do Sul) tornou mais forte a voz do Brasil no contexto internacional.

A internacionalização da economia e das empresas brasileiras, sobretudo nos EUA, na Europa e na América Latina, é um reflexo do crescimento e da sofisticação do mercado brasileiro. O crescimento sustentado da economia, que já é a oitava do mundo em termos de produto nacional bruto pelo critério do FMI, e que, caso a tendência de baixo crescimento na Europa se mantiver nos próximos anos, será, em 2015, a quinta economia global, deixando para trás a França, a Inglaterra e a Itália. A importância do Brasil como fornecedor de produtos agrícolas para o mundo e gerador de tecnologia tropical nessa área coloca o país em posição privilegiada como potência agrícola mundial. A assistência técnica e financeira que o Brasil oferece aos países em desenvolvimento da América Latina e África coloca hoje o país entre os maiores doadores internacionais.

Dessa forma, tendo opiniões desde a guerra cambial até a questão da não proliferação nuclear, o Brasil espera ser reconhecido como um relevante ator global.

Na reunião em New York, houve reconhecimento da solidez das credenciais do Brasil. Pelas reações dos presentes, ficou claro que a comunidade internacional já está observando atentamente os movimentos do governo brasileiro. A caminhada vai ser longa ainda e o atual e os futuros governos terão um grande desafio: fazer com que o país assuma as responsabilidades impostas pela participação nos diretórios que tomam as decisões mais importantes e exerça uma liderança clara e propositiva tanto no contexto regional como nos temas globais. A exemplo da China, o Brasil, baseado no respeito mútuo e na cooperação, terá também de definir um relacionamento maduro com os EUA para ser chamado a sentar-se à mesa principal.

Publicado em 8 fev. 2011

12 Mais profissionalismo na política externa

Os PRONUNCIAMENTOS DA presidente Dilma Rousseff e do ministro Antonio Patriota reafirmaram que o Itamaraty deverá dar continuidade à política do governo anterior, mas prenunciam mudanças importantes de estilo e de ênfases.

O tom dos discursos de posse foi positivo e indica que as ações brasileiras no exterior serão mais pragmáticas e menos ideológicas, menos protagônicas e mais cautelosas.

Tanto a presidente Dilma quanto o ministro Patriota têm perfis mais técnicos. Patriota parece menos voluntarioso do que seu antecessor. Os compromissos externos continuarão a demandar tempo e esforço, mas a prioridade da política externa deverá ser menor diante da importância e da urgência da agenda interna social e econômica (combate à inflação, apreciação do câmbio, redução do Custo Brasil para aumentar a competitividade dos produtos brasileiros, entre muitos outros, como a reforma política e tributária prometidas pela presidente).

A defesa da soberania nacional e a crescente presença do Brasil no mundo continuam a estar na raiz da formulação e execução da política externa do novo governo.

As principais prioridades nos próximos quatro anos permanecem sendo:
- respaldo dos processos de integração sul-americana e latino-americana (Mercosul, Unasul e Celac);

- cooperação com os países do Sul (África, Oriente Médio e Ásia e acordos Ibas [Índia, Brasil e África do Sul] e Brics);
- solidariedade com os países pobres e em desenvolvimento;
- assento permanente no Conselho de Segurança da ONU.

O Brasil continuará defendendo a construção de um mundo multilateral e a democratização de organismos internacionais, como a ONU, o FMI e o Banco Mundial. Com o G-20, em coordenação com os Brics, será buscado um ambiente propício à sustentabilidade, à recuperação econômica e infenso a pressões protecionistas. A OMC não foi mencionada, em mudança significativa de ênfase, havendo apenas referência ao trabalho por resultados ambiciosos e equilibrados na Rodada Doha.

O novo chanceler, depois de ressaltar a preservação das conquistas dos últimos oito anos, fez referências expressas a quatro mudanças importantes na política externa.

GESTÃO INCLUSIVA E INTEGRADORA

A menção tem um duplo significado: para o público interno é a revalorização da experiência da geração anterior de diplomatas, desprezada pelo governo passado, explicitada pela escolha do embaixador Ruy Nogueira como secretário-geral; sinaliza, por sua vez, uma influência menor de considerações ideológicas ao enfatizar o compromisso com o Estado brasileiro e com os interesses nacionais e não com a plataforma de um partido político.

BUSCA DE ADAPTAÇÕES E RECONSIDERAÇÕES DE CERTAS ÊNFASES, EM FUNÇÃO DE DESDOBRAMENTOS INTERNOS E EXTERNOS

Certamente por inspiração da presidente Rousseff, o ministro reconhece que excessos retóricos e ativismo pirotécnico são página virada. Sem tornar explícitas as mudanças, tudo indica que não serão repetidos os equívocos em relação ao apoio ao governo teocrático do Irã e à sua política nuclear, e ao eloquente silêncio no tocante à defesa dos direitos humanos. Deverão ser reconsideradas as políticas em relação a Honduras e aos países desenvolvidos, em especial os EUA. A política externa, profissional, retorna a seu leito natural em busca de um consenso, quebrado nos últimos oito anos.

Desaceleração do ritmo de crescimento da abertura de embaixadas

Reconhecimento de que a crescente projeção externa brasileira não depende de gestos em busca de prestígio e de que os objetivos da política externa não serão perseguidos a qualquer custo.

Parcerias tradicionais serão preservadas e ampliadas

A prioridade continuará a ser o Sul (a expressão Sul-Sul não foi mencionada em nenhum pronunciamento, nuance que deve ser notada), mas os países desenvolvidos, sobretudo os EUA e a Europa, não serão tratados de maneira preconceituosa.

De forma pragmática, no discurso de Patriota foram mencionados apenas três países: a Argentina (pela parceria estratégica), a China e os EUA, sintomaticamente escolhidos para as primeiras viagens externas bilaterais da presidente Dilma Rousseff.

Em relação aos EUA, não mais escutaremos ataques gratuitos ao país e a seu presidente e a visita a Washington, nos próximos meses, deverá abrir uma nova fase de entendimentos baseados no respeito mútuo e na cooperação.

No tocante à China, dado o desequilíbrio nas relações bilaterais, espera-se que se abra um novo capítulo com a ampliação da cooperação, mas também com manifestações claras de descontentamento quanto à política cambial, à política de direitos humanos e às crescentes restrições comerciais.

Pela experiência profissional do novo ministro em organismos multilaterais, é possível antecipar uma ênfase maior na atuação do Itamaraty nos temas globais, como mudança de clima, direitos humanos, comércio exterior, meio ambiente e energia.

Tendo Marco Aurélio Garcia sido mantido, seria surpreendente se o fio condutor da política externa fosse alterado de forma pronunciada. Resta saber qual o grau de visibilidade e de influência na formulação e execução da política externa terá o assessor internacional da Presidência da República. Segundo se noticia, Marco Aurélio está ampliando o número de seus funcionários e suas áreas de atuação. A indicação do embaixador Samuel Pinheiro Guimarães como a alta autoridade do Mercosul, provavelmente, terá tido a inspiração e o apoio do assessor internacional.

O aceno ao diálogo aberto e honesto feito pelo ministro Patriota deve ser aceito pelos que criticaram a política anterior. Democraticamente, contudo, a sociedade e a oposição deverão cobrar a prometida adaptação e reconsideração dos excessos e equívocos cometidos pelo governo anterior.

Publicado em 11 jan. 2011

13 Que país queremos?

Um novo governo estará dando seus primeiros passos a partir de 1º de janeiro, com novos desafios e novas esperanças.

O Brasil transformou-se profundamente, nos últimos dezesseis anos. Se pudéssemos sintetizar em poucas palavras o ocorrido, o Brasil se modernizou com FHC e foi iniciado o processo de redução das desigualdades regionais e individuais com Lula.

O mundo igualmente passa por grandes mudanças. A Ásia emerge como o centro dinâmico das atividades econômicas e comerciais. O Pacífico substitui o Atlântico como polo dinâmico de crescimento e os países emergentes, nos próximos cinco anos, serão responsáveis por mais de 50% do PIB global.

Devido aos positivos indicadores econômicos, políticos e sociais, a presidente Dilma Rousseff assumirá o comando do país em situação relativamente confortável. Essa condição, contudo, esconde problemas sérios que vão requerer ações rápidas e enérgicas para serem corrigidos. A maior presença do Estado, base da visão nacional-desenvolvimentista, poderá facilitar a mudança de atitude, o fortalecimento das empresas e a expansão do emprego.

Em recente estudo, o National Intelligence Council, vinculado ao governo dos EUA, coloca o Brasil como uma das superpotências econômicas globais em 2025. A percepção externa é de que nosso país reúne as condições básicas de território, população e produção interna agrícola, industrial e de serviços (PIB) para desempenhar um papel de realce no concerto internacional. O Brasil, durante o próximo governo, deve ultrapassar Itália, Espanha, França e Inglaterra para assumir a posição de quinta economia mundial.

Apesar das consequências desses grandes avanços internos, com as exceções de praxe, nem os líderes políticos de todos os partidos, nem a burocracia estatal, nem os sindicatos, nem mesmo o setor privado se dão conta de que será necessária uma urgente e drástica mudança de atitude para enfrentar os desafios criados por essas transformações internas e externas.

O processo decisório governamental não está levando em conta que a agenda dos anos de 1990, que tornou possível o país que temos hoje, está esgotada e que devemos partir para responder aos desafios do futuro.

Qual é nossa visão do futuro? Vamos continuar como estamos ou vamos querer transformar o país para alcançar o lugar de destaque que o mundo espera que o Brasil ocupe?

Para atingir esse estágio de desenvolvimento e influência mundial, além de contar com condições externas positivas, o Brasil terá de fazer seu dever de casa para manter a estabilidade econômica, tornar o governo mais eficiente e crescer de maneira sustentável a taxas significativamente mais elevadas.

Com esse pano de fundo, chegou a hora de os partidos políticos, os sindicatos e o setor empresarial, sob a liderança da presidente Dilma Rousseff, somarem esforços, em uma parceria real, para pensar mais no Brasil e menos nos interesses pessoais e partidários.

Essa mudança de atitude passa pelo incentivo à inovação e pelo aumento da competitividade a fim de gerar mais de 150 milhões de empregos em 2030.

Conhecimento, inovação, educação, ciência e tecnologia, competitividade, rumos da globalização e inserção externa deveriam ser discutidos em profundidade, da mesma forma como se dá destaque a assuntos como violência, crime, MST, juros, câmbio e dança de cadeiras para o ministério. O Ministério do Desenvolvimento deveria ser tão importante quanto o da Fazenda nesse desenho de nosso futuro.

Devemos estar conscientes da necessidade de olhar para a frente e de estar atentos às tendências para os próximos anos, sobretudo com o aparecimento da China e da Índia como potências globais econômicas, comerciais e políticas que vão competir com o Brasil.

A dura realidade é que as mudanças, sendo tão rápidas e constantes, fazem com que o mundo avance célere e sem esperar que consigamos entender o que está acontecendo ou nos ajustemos aos novos tempos e às transformações em curso.

Sem ameaçar a estabilidade econômica e política, novas políticas terão de ser aprovadas, com o objetivo de criar incentivos para aumentar a poupança e o investimento, reverter a tendência da taxa de câmbio e de juros, promover a redução dos gastos públicos e reduzir a carga tributária. A geração de emprego dependerá do aumento da competitividade do setor produtivo com medidas concretas para reduzir ou eliminar o Custo Brasil, responsável por mais de 35% nos preços finais da produção nacional. O comércio exterior deveria ser colocado em um nível decisório mais elevado para que seja tratado com a prioridade que merece uma vez que é uma das variáveis mais importantes do crescimento econômico.

Estamos de acordo em transformar o Brasil em um país exportador de matérias-primas e produtos agrícolas? Com a perda de espaço dos manufaturados, mais de 50% de nossas exportações são de produtos primários, situação que poderá agravar-se com a entrada, nos próximos anos, da produção dos campos de petróleo do pré-sal.

Vamos deixar o setor industrial desaparecer, a exemplo do que ocorreu na Argentina? A indústria que já representou mais de 20% do PIB viu sua participação reduzir-se a 15%. O consumo doméstico, que era atendido pela produção nacional, hoje depende em mais de 20% das importações. As empresas brasileiras, sem capacidade de competir nem interna nem externamente, ou estão fechando suas portas, transformando-se em montadoras e importadoras, ou passaram a produzir no exterior. As importadoras representam o dobro das exportadoras. É isso que queremos?

Chegou a hora de focalizar os temas que possam colocar o Brasil em bases sólidas e não ilusórias entre os países de relevo na economia e na política mundiais.

Publicado em 28 dez. 2010

14 Notas sobre uma nova política externa

PARA DEFINIR os rumos de nosso país nos próximos quatro anos, novamente 135 milhões de brasileiros irão às urnas.

A política externa, pelas grandes controvérsias que despertou nos últimos oito anos, foi talvez o grande tema esquecido nos debates entre os candidatos.

A maior projeção externa do Brasil e alguns avanços importantes na política externa são indiscutíveis. É também inegável que, caso seja feita uma análise das principais prioridades do governo Lula, as políticas seguidas para assegurar um assento permanente no Conselho de Segurança das Nações Unidas, para conseguir o acordo comercial da Rodada Doha e para exercer a liderança na América do Sul e no Mercosul tiveram um custo mais alto do que seus resultados.

O futuro presidente deverá concentrar suas atenções sobre a herança recebida. A candidata Dilma Rousseff já declarou que vai dar continuidade e aprofundar a política externa do governo Lula e o candidato Serra mencionou que a política externa deverá ser atualizada, com menos partidarização e mais consenso.

A política externa tem um componente de continuidade e outro de renovação. Como na economia, ajustes terão de ser feitos. Relevante, porém, é recuperar a ideia de que o mais importante é a preservação e a defesa do interesse nacional. O Itamaraty deve executar uma política de Estado e não de um partido ou de um governo

Sem sobressaltos ou protagonismos, a política externa deveria voltar ao seu leito normal, com o Itamaraty concentrando-se exclusivamente na sua formulação e execução. A crescente projeção do Brasil no mundo exigirá uma atuação cada vez mais ativa do Itamaraty para enfrentar e superar os desafios que vêm surgindo no cenário internacional.

Os temas globais, como mudança de clima, energia, democracia, direitos humanos, comércio exterior, em cujas discussões o Brasil desempenha um papel relevante nos diferentes organismos internacionais, terão de ser revistos para refletir os valores e interesses que defendemos internamente.

A prioridade do relacionamento Sul-Sul deveria ser equiparada à atenção que caberia atribuir aos países mais desenvolvidos. Superada a crise financeira, eles voltarão a ser um mercado importante para nossos produtos, manufaturados em especial. Nesse particular, as relações econômicas, comerciais e políticas com a China e EUA deveriam ser revistas para, sem preconceitos ideológicos, atenderem aos reais interesses de um país que nos próximos cinco anos pode se transformar na quinta economia global. Deveriam ser buscadas formas de ampliar a atuação comum com os Bric e com o Ibas (Brasil, Índia e África do Sul).

O processo de integração regional, em especial o Mercosul, e o relacionamento bilateral com os países sul-americanos foram aspectos da política externa em que a retórica oficial foi mais efetiva do que os avanços concretos. A ação do Itamaraty deveria ser despolitizada com a redefinição de nossas estratégias. As mudanças políticas na região e as transformações no comércio internacional, que fez com que a China tenha se tornado o principal parceiro da maioria dos países sul-americanos, exigem uma atitude mais realista em relação à integração, diferente daquela seguida nos últimos cinquenta anos. As obras de infraestrutura deveriam ser aceleradas para abrir corredores de exportação para nossas exportações a partir dos portos do Peru e do Chile para o mercado asiático. O Mercosul deveria ser flexibilizado para facilitar as negociações comerciais.

Um dos aspectos mais salientes e mais negativos dos interesses comerciais do Brasil nos últimos anos foi a excessiva influência da política externa na escolha de nossos parceiros e de países com os quais entabulamos negociações comerciais. Acordos com Israel e Egito e as negociações com a Palestina, a Jordânia e o Marrocos são exemplos que comprovam a afirmação.

Estamos em uma situação semelhante àquela dos EUA no início da década de 1960. Em 1962, depois da Rodada Tóquio, o Departamento de Estado, então responsável pela negociação externa, ofereceu à Europa concessões tarifárias inaceitáveis para o setor privado e para o Congresso. Houve forte reação e o resultado foi a criação do USTR, o representante comercial dos EUA, independente do Ministério do Exterior norte-americano.

O futuro governo terá de enfrentar a questão do papel do Itamaraty na ação comercial externa. Talvez tenha chegado o momento de se promover uma profunda modificação do processo decisório na negociação comercial externa. Impõe-se o fortalecimento da Camex, colegiado integrado pelos principais ministérios, que tem influência no comércio exterior, com a criação do cargo de presidente diretamente subordinado ao presidente da República. Sem criar nenhuma nova estrutura, mas retirando o colegiado da atual posição burocrática inferior e colocando-o em nível político adequado, o setor ganharia a importância que merece no contexto da política econômica e facilitaria o contato empresarial com um único interlocutor no governo. A nova estratégia de negociação comercial deveria ser definida pela Camex. A promoção comercial, por sua vez, deveria ser concentrada no Itamaraty, eliminando-se assim a descoordenação e a competição burocrática existente hoje. O comando efetivo da política de comércio exterior e das negociações externas passaria a ser exercido pela Camex, sem prejuízo das competências de todos os ministérios e agências interessadas.

Nos próximos anos, o setor externo será cada vez mais relevante e o novo governo terá de assumir responsabilidades adicionais e um papel de liderança cada vez mais efetivo.

Publicado em 26 out. 2010

15 Assistência financeira ao exterior

UM DOS ASPECTOS da política externa que pouco tem merecido a atenção dos analistas e estudiosos é o da assistência técnica e financeira prestada pelo Brasil a dezenas de países, especialmente da África e da América Latina. Trata-se de um dos desdobramentos da política Sul-Sul desenvolvida nos últimos oito anos pelo governo brasileiro.

Sem chamar muito a atenção, e gradualmente aumentando seu *soft power*, o Brasil está se tornando um dos maiores doadores e prestadores de assistência técnica e financeira para os países de menor desenvolvimento relativo. Por meio de diversas formas de ajuda, o Brasil, somente em 2010, teria se comprometido com mais de US$ 4,5 bilhões.

Neste espaço, pretendo examinar as motivações dessa ação governamental no exterior, o volume e as fontes dos recursos transferidos aos países mais pobres.

Reforçar a solidariedade com gestos políticos do Brasil no mundo é a explicação oferecida pelo Itamaraty. Na realidade, algumas das motivações que explicam a diplomacia da generosidade na América Latina e na África são a busca de prestígio para o Brasil e para o presidente Lula, o esforço para obter apoio para nossa pretensão de um assento permanente no Conselho de Segurança da ONU e interesses comerciais de abertura de mercado para serviços de empresas brasileiras na competição com o governo e companhias, sobretudo da China.

Como ocorre com a China, o Brasil não impõe condições aos países que recebem a ajuda, mas também não leva em consideração valores que defendemos internamente, como democracia e direitos humanos, deixando prevalecer a ideia de que "negócios são negócios".

Segundo informações coligidas recentemente pelo *The Economist*, os recursos utilizados nessa ação externa sobem a US$ 1,2 bilhão, superando o Canadá e a Suécia, tradicionais doadores e prestadores de ajudas aos países em desenvolvimento. Os recursos são oriundos da Agência Brasileira de Cooperação do Itamaraty, com cerca de US$ 52 milhões. De outras instituições de cooperação técnica, como Embrapa, Conab, saem US$ 440 milhões; para ajuda humanitária a países afetados por desastres naturais, US$ 30 milhões; recursos para a UNDP das Nações Unidas, US$ 25 milhões; para o programa de alimentação da FAO, US$ 300 milhões; de ajuda para a faixa de Gaza, US$ 10 milhões, e para o Haiti, US$ 350 milhões. Implantamos escritório de pesquisas agrícolas em Gana; fazenda-modelo de algodão no Mali; fábrica de medicamentos antirretrovirais em Moçambique; e centros de formação profissional em cinco países africanos

Os empréstimos do BNDES e agora do Banco do Brasil para os países em desenvolvimento, de 2008 ao primeiro trimestre de 2010, subiram a mais de US$ 3,5 bilhões, em projetos na América do Sul, no Haiti, Guiné-Bissau, Cabo Verde, Palestina, Camboja, Burundi, Laos e Serra Leoa.

O Tesouro Nacional, por sua vez, aumentou sua exposição com o incremento da contribuição do Brasil na Corporação Andina de Fomento para US$ 300 milhões e no Fundo para a Convergência Estrutural do Mercosul, que sobe hoje a US$ 470 milhões, acrescido de US$ 100 milhões por ano, 70% representados por contribuições do Brasil.

E ainda, além de créditos de difícil recuperação concedidos a alguns países africanos, a Cuba e à Venezuela, o governo brasileiro, nos últimos anos, perdoou dívidas do Congo, de Angola, Moçambique, Bolívia, Equador, Paraguai, Surinã e agora Tanzânia.

Até dezembro, coincidindo com o final do atual governo, segundo se noticia, o governo brasileiro vai doar US$ 300 milhões em alimentos (milho, feijão, arroz, leite em pó) para, entre outros, Sudão, Somália, Níger e nações africanas de língua portuguesa. Serão igualmente beneficiados a faixa de Gaza, El Salvador, Haiti, Cuba. Segundo a

Coordenação Geral de Ações Internacionais de Combate à Fome do governo federal, também receberam ajuda brasileira África do Sul, Jamaica, Armênia, Mali, El Salvador, Quirguistão, Saara Ocidental, Mongólia, Iraque e Sri Lanka.

Pensando mais em considerações de política externa e menos nos interesses de alguns setores industriais afetados pela competição chinesa, pelo Custo Brasil e pelo câmbio apreciado, o Itamaraty, na área comercial, procura ajudar os países mais pobres pela iniciativa de abrir o mercado brasileiro para produtos desses países com tarifa zero e sem cota. O setor têxtil, por exemplo, seria seriamente atingido pelas importações de Bangladesh, que exporta para o mundo mais de US$ 70 bilhões. Na mesma linha de abertura de mercados para os países em desenvolvimento, o Itamaraty está negociando a ampliação e o aprofundamento do sistema geral de preferências comerciais (SGPC), que, menos radical que o programa unilateral anterior, oferece rebaixas tarifárias com cotas para os países mais pobres.

No tocante à assistência técnica e à abertura de créditos para obras públicas em países africanos e sul-americanos, a exemplo do que ocorre com os países desenvolvidos, as empresas brasileiras poderão vir a se beneficiar, ganhando concorrências para a prestação de serviços e exportando produtos brasileiros.

A generosidade externa é pelo menos controvertida. Enquanto a taxa de investimento interno é baixa, ao redor de 17%, o perdão dessas dívidas não está de acordo com a legislação brasileira. Sendo duvidosa a viabilidade de recuperação dos empréstimos do BNDES, não seriam esses recursos melhor aplicados em programas de infraestrutura, de habitação, de energia, de alimentos e de tantos outros setores carentes de recursos?

Publicado em 12 out. 2010

16 O Brasil em primeiro lugar

No dia 3 de outubro, 135 milhões de brasileiros decidirão o que a maioria deseja para o Brasil nos próximos quatro anos.

As eleições presidenciais de 2010 adquiriram relevância especial pelo fato de que o Brasil de hoje se modernizou e avançou substancialmente nos campos econômico, social e político, passando a ocupar um lugar de destaque no cenário internacional.

O futuro presidente se beneficiará de uma situação especial, pois vai começar seu governo com a economia estabilizada e em forte crescimento, com os principais indicadores macroeconômicos positivos, com a classe média fortalecida e a sociedade de bem com a vida. A crescente projeção externa do Brasil completa a herança positiva a ser recebida.

Em decorrência de seu sucesso, o Brasil enfrentará grandes desafios internos e externos, com demandas globais, regionais e nacionais.

No contexto doméstico, apesar das conquistas sociais e da solidez dos fundamentos da economia, obtidos nos últimos dezesseis anos, serão inevitáveis alguns ajustes, em especial nas contas externas. O novo governo enfrentará uma pesada agenda, politicamente custosa, de reformas estruturais, sobretudo a tributária, necessárias para que o Brasil possa continuar a se manter como uma economia emergente pujante e competitiva. O crescente papel do Estado vai influir no modelo de desenvolvimento e no tratamento a ser dado para o investimento externo no capitalismo brasileiro.

Essas mudanças poderão ocorrer ao mesmo tempo que grandes desafios com data marcada deverão ser enfrentados. A organização de Copa do Mundo em 2014, dos Jogos Olímpicos em 2016 e a exploração do pré-sal serão um teste de nossa competência gerencial e da capacidade de obter recursos. A melhora da infraestrutura, em especial dos aeroportos, portos e estradas reduzirão o Custo Brasil e oferecerão grandes oportunidades. Os interesses em jogo são grandes e muitos.

É positiva a expectativa externa em relação ao que poderá ser feito para elevar o país à quinta economia global. As ações do novo governo serão acompanhadas de perto, inclusive quanto ao fortalecimento das instituições e ao respeito aos marcos regulatórios, para que seja confirmada a segurança jurídica e política com vistas à manutenção do alto grau de confiança de que goza o país.

O Brasil terá de saber superar as incertezas de um frágil ambiente econômico global. A recuperação da economia norte-americana vai ser longa e os problemas fiscais europeus causarão um crescimento mais lento. A China, sozinha, não poderá ser a locomotiva do mundo e os países em desenvolvimento terão um crescimento menos acelerado.

A voz mais forte do Brasil nos assuntos internacionais obrigará o governo a assumir novas responsabilidades e a afirmar sua liderança, sobretudo nos assuntos de nossa região e nos temas globais de comércio, mudança de clima, energia, democracia e direitos humanos. No âmbito regional, a América do Sul está preparada para bem aproveitar a década 2010/2020. Como mostrou a revista *The Economist*, estamos tão perto, porém ainda longe desse objetivo. Com 52% do PIB da América do Sul, o papel que o Brasil deverá desempenhar será fundamental para o aprofundamento do processo de integração e para o desenvolvimento econômico dos países da região, a melhora das condições sociais e o aperfeiçoamento das instituições. O crescimento sustentado trará maiores oportunidades para o Brasil e exigirá uma ação positiva para concretizar a percepção de que desta vez seremos um continente vencedor.

Daí, os próximos quatro anos serem tão cruciais para o Brasil deixar de carregar o estigma de "país do futuro" e para afirmar-se como uma força econômica e política de fato no cenário global. O mundo estará observando atentamente o que ocorrer por aqui.

O trabalho de dois governos – FHC e Lula – em quase duas décadas de ajustes e reformas colocou nosso país no lugar de destaque que hoje ocupa no cenário internacional. O Brasil transformou-se em um país normal, como a maioria, e não mais um exemplo de heterodoxia e de radicalismo político, como uns poucos.

Em artigo que publiquei em dezembro de 2009, assinalei que talvez não fosse uma utopia, nem ingenuidade pensar em uma possível ação convergente entre o PSDB e o PT, durante os primeiros cem dias de governo, com vistas a aprovar uma agenda mínima que, por uma série de razões, vem sendo adiada há mais de quinze anos. Um entendimento desse tipo, no qual os dois partidos deverão fazer concessões, representaria uma vitória de todos e minimizaria o desgaste de medidas impopulares que terão, em algum momento, de ser enfrentadas pelo futuro governo. O PMDB, agora em posição de poder influir ainda mais, e os demais partidos poderiam acrescentar os votos necessários para uma maioria qualificada, sem o custo político e outros, que os governos FHC e Lula tiveram de incorrer. Não se trata de formar um governo de unidade nacional ou de adesão da oposição. Cada partido manteria sua independência no governo ou na oposição, mas poderia haver uma trégua com prazo definido com o compromisso de se chegar a um entendimento para aprovação de uma agenda efetivamente de interesse para o país.

Depois da dura campanha dos últimos meses, continuo convencido de que, ganhe quem ganhar, os interesses do Brasil devem ser colocados acima de divergências pessoais e partidárias e deveria ser tentado um esforço para avançar em uma agenda mínima comum.

O Brasil tem tudo para terminar a década como um país de referência global. Para isso, temos de evitar a complacência com o que já se conquistou até aqui, redescobrir o apetite para as reformas e, em nome do interesse nacional, tratar de construir uma convivência política civilizada.

Publicado em 28 set. 2010

17 Projeção externa do Brasil

Ao buscar convencer o Irã a assinar um acordo sobre o reprocessamento de urânio para afastar suspeitas sobre um programa nuclear militar, o Brasil chamou a atenção de sua disposição de influir para além dos limites da América do Sul.

Com o fim do unilateralismo, vêm surgindo novos polos de poder no mundo, que a crise econômica se encarregou de acelerar. O Brasil foi um dos países que mais se beneficiou dessa nova desordem internacional.

Como entender a crescente projeção externa do Brasil? E que fatores podem explicar o espaço que o país está conquistando no mundo?

Em primeiro lugar, há vários fatores internos. O mais importante foi a estabilidade política e econômica alcançada ao longo dos últimos dezesseis anos. Ao mesmo tempo que a democracia e as instituições foram fortalecidas, o Brasil cresceu a taxas mais elevadas, resultado da continuidade de políticas que mantiveram a inflação baixa e estável, a situação fiscal sob controle e o câmbio flutuante. Houve significativa redução da pobreza e 31 milhões de pessoas ingressaram na classe média, trazendo uma rápida expansão do mercado consumidor.

A liberalização comercial e a internacionalização das empresas brasileiras são exemplos de como a nossa economia se modernizou. A diversificação do setor industrial e de serviços acompanhou o grande crescimento do setor agrícola, altamente competitivo e com marcante presença no mercado internacional. Pela diversificação de seu comércio exterior, o Brasil se considera hoje um *global trader*.

A estabilidade somada a um atraente mercado doméstico em expansão contribuiu para que o Brasil fosse percebido de forma cada vez mais positiva. A redução do risco país e a concessão do grau de investimento pelo setor financeiro muito reforçaram as projeções favoráveis sobre a economia brasileira.

A reorganização produtiva global colocou a China e o Brasil como motores do crescimento da produção de bens industriais e agrícolas. Os dois países são, em grande parte, responsáveis pela, cada vez maior, presença dos mercados emergentes no cenário internacional.

Fernando Henrique Cardoso e Luiz Inácio Lula da Silva, nossos dois últimos presidentes, cada um a seu estilo e por seus contatos no exterior, histórias de vida e facilidade de interagir com os demais chefes de Estado, contribuíram para aumentar a visibilidade do Brasil no exterior.

A voz do Brasil não pode mais ser ignorada nos temas globais de interesse dos países desenvolvidos, como comércio exterior, mudança de clima e meio ambiente, energia (biocombustível e petróleo), segurança alimentar, água e direitos humanos. O Bric, que juntou Brasil, China, Rússia e Índia num só bloco, se tornou uma das grandes novidades no cenário internacional nos últimos anos.

O tradicional envolvimento da diplomacia brasileira em organismos multinacionais acentuou a imagem do país como formador de consensos e negociador isento. A harmonia étnica e religiosa e o papel de moderador que o Brasil exerce na conturbada América do Sul também passaram a chamar atenção no mundo.

O maior ativismo da política externa do governo Lula na América do Sul, na África e no Oriente Médio, em virtude da prioridade atribuída ao relacionamento com os países do Sul (relações Sul-Sul) resultou na crescente presença externa do Brasil como potência regional com capacidade de atuação regional e global.

Ao contrário dos outros membros do Bric, o Brasil não tem capacidade nuclear. Esse fato, associado às posições independentes na defesa de seus interesses, permitiu ao governo brasileiro margem de manobra nas suas incursões em disputas até aqui reservadas exclusivamente aos países desenvolvidos.

O Brasil também se engajou na reforma da governança global. No âmbito do G-20, mecanismo de consulta que gradualmente vem substituindo o G-8, o país tem sido uma voz estridente a favor da maior participação dos países emergentes no Banco Mundial e no FMI. O Brasil vem há vários anos defendendo uma ampla reforma dos mecanismos econômicos e políticos da ONU e sugerindo a ampliação do número de membros permanentes e não permanentes do Conselho de Segurança, de modo que haja maior peso e representatividade no diretório que zela pela paz e segurança internacional.

Por esses motivos, internos e externos, o Brasil de hoje, confiante e afirmativo, procura ampliar sua atuação externa. Nesse contexto, o Mercosul, sob o aspecto comercial, e a América Latina, do ponto de vista político, estão ficando pequenos para os interesses globais do Brasil.

O Brasil depende apenas de vontade política para fazer as reformas estruturais (tributária, política, da previdência social e trabalhista) e completar o seu processo de modernização. Essas reformas são necessárias para permitir o nosso grande salto para a frente, que poderá nos elevar, nos próximos quinze anos, à categoria de superpotência econômica global, segundo previsão de alguns governos e instituições, como o National Intelligence Council, do Departamento de Defesa dos EUA.

O apressado desejo de protagonismo internacional para fins de política interna eleitoral coloca em xeque alguns dos pressupostos mencionados. São equívocos de nossa política externa que podem vir a prejudicar um caminho de afirmação madura no mundo, que uma bem-sucedida realização da Copa do Mundo e dos Jogos Olímpicos poderiam estimular ainda mais.

A correção desses desvios será necessária para que a voz do Brasil seja ouvida de forma crescente e com seriedade no palco mundial.

Publicado em 22 jun. 2010

18 Erro de cálculo

A MAIOR PRESENÇA EXTERNA do Brasil começou a ser notada no final dos anos de 1990, mas foi ao longo dos últimos oito anos que ganhou visibilidade. Por uma série de razões internas e externas, a projeção de nosso país no cenário internacional continuará a crescer em consequência do peso de sua economia e do nosso envolvimento nos principais temas da agenda global, como comércio, meio ambiente, clima e energia.

O ativismo da atual política externa procura um espaço de influência para bem além do contexto sul-americano, exigindo um esforço adicional da diplomacia brasileira para identificar o que de fato seja interesse nacional.

A busca de protagonismo para projetar o Brasil como um agente político global, como disse o presidente Lula, tentando ajudar a resolver conflitos por meio da negociação, pressupõe uma capacidade de avaliação e de coleta de informações, que o serviço externo brasileiro está plenamente habilitado a desenvolver.

A intervenção do Brasil na crise entre os EUA e o Irã, relacionada com a suspeita de que o regime teocrático de Teerã estaria desenvolvendo um programa nuclear para fins militares e não apenas para uso civil, foi positiva na medida em que propunha a negociação diplomática para superar as dificuldades e desconfianças existentes. A forma como se deu, entretanto, serviu para provar que temos um longo caminho de aprendizado ainda a percorrer, antes de empunhar, de forma madura e com credibilidade, a bandeira de salvadores da paz mundial.

Poderíamos ter ensaiado nossos bons ofícios nos conflitos entre nossos vizinhos, tentando ajudar, por exemplo, a Argentina e o Uruguai a resolver suas diferenças no caso da instalação da fábrica de celulose na fronteira; ou as disputas entre Colômbia e Venezuela que quase levaram os dois países a um conflito armado. Em ambas as questões, o Brasil optou por se omitir, preferindo iniciar sua ação pacificadora no conflito entre palestinos e israelenses no Oriente Médio e na disputa entre EUA e Irã.

Essas decisões colocam em causa o julgamento dos formuladores da política externa quanto à identificação do que deveria ser de fato nosso interesse, e à capacidade de avaliação objetiva das informações coligidas pela eficiente rede do Itamaraty.

Sem entrar no mérito da discussão da crise em si mesma, e seja qual for seu desdobramento nas próximas semanas, ficou evidente a série de erros de avaliação por parte do governo brasileiro quando tomou a decisão de negociar o acordo com o Irã, que Teerã ameaça romper caso as sanções sejam aprovadas.

Superestimou-se a disposição da China e da Rússia, apesar dos seus interesses estratégicos e comerciais no Irã, de enfrentar os EUA para apoiar os esforços do Brasil. A percepção quanto ao estímulo indireto de Obama a Lula para negociar com o Teerã e à determinação norte-americana de levar adiante o projeto de resolução com sanções no Conselho de Segurança também foi mal dimensionada. Nossa diplomacia ignorou as pressões internas e externas sobre o governo Obama que forçaram o abandono das negociações com o Irã e a previsível reação de Washington contra a intromissão de novos atores em assuntos que, de forma monopolística, consideram de sua exclusiva responsabilidade. O presidente Lula apropriadamente perguntou onde isso estava escrito, mas as duras palavras da Secretaria de Estado, no dia seguinte ao acordo de Teerã, sinalizaram onde estava o poder.

Por sua vez, não houve uma adequada avaliação dos prejuízos que o apoio ao Irã poderia trazer para o Brasil. Ao tentar evitar as sanções e se inserir numa questão tão sensível e que envolve a própria segurança nacional dos Estados Unidos, atrás de ganhos incertos, o Brasil parece ter feito pouco caso das suas perdas. Foi minimizado o risco de que as relações com os EUA pudessem ficar afetadas pela iniciativa brasileira, prevalecendo a percepção do PT de que os EUA estão em decadência e que outros centros de poder estão emergindo e transformando o mundo em multipolar.

Embora isso seja verdade para as decisões na área econômica e política, onde não há mais possibilidade de imposições dos países desenvolvidos sobre os países emergentes, a avaliação foi equivocada ao se julgar que o mesmo valeria também para as questões estratégicas e de defesa, nas quais os EUA continuam como a única superpotência, sem declínio ou perda de poder.

Mais grave foi o presidente Lula afirmar que sabia ser esse passo uma aposta grande e que não tinha nada a ganhar. Segundo se noticiou, um alto funcionário teria também declarado que os entendimentos com o Irã poderiam comprometer as intenções do Brasil em conquistar um lugar permanente no Conselho de segurança da ONU e que poderiam ser explorados pela oposição como aventura ou fracasso. Mesmo assim, valeria a pena.

À luz dessas declarações, não fica claro quais os critérios do atual governo para a identificação do interesse nacional. O ingresso do Brasil como membro permanente do Conselho de Segurança é uma das maiores prioridades da atual política externa. Se nada tínhamos a ganhar, por que ameaçar a chance de sentar de forma permanente no diretório que zela pela paz e pela segurança internacionais? Vale a pena despertar suspeitas até sobre a natureza de nosso programa nuclear, como já começa a acontecer?

O Brasil, nos próximos anos, por sua crescente projeção externa e pela importância de sua voz, certamente poderá vir a exercer o papel de negociador no encaminhamento de temas globais.

É árduo o caminho para assumir esse patamar. O aprendizado, que pressupõe erros e acertos, dependerá sempre de avaliações objetivas, fundadas na clareza da definição de nossos interesses permanentes e não de prioridades partidárias dos governos da vez.

Publicado em 25 maio 2010

19 Um novo ator internacional

A HISTÓRIA NÃO PASSARÁ um julgamento favorável sobre a política externa dos oito anos do governo Lula. Poucas terão sido as iniciativas novas a merecer referência como tendo tido impacto positivo sobre os interesses do Brasil. A proposta brasileira de dar vida a uma sigla, Bric, criada por um economista de uma instituição financeira, será uma das que haverão de ser lembradas.

Do ponto de vista do Brasil, nossa inclusão ao lado de China, Índia e Rússia talvez tenha sido o fator individual de maior relevância para projetar externamente o país. Nenhuma campanha de divulgação do Brasil conseguiria essa façanha de marketing em tão curto espaço de tempo. Sem solicitarmos, nem gastar recursos do Tesouro, passamos a integrar automaticamente o grupo dos países emergentes mais importantes. Normalmente essa transição, se viesse a ocorrer, levaria décadas.

O aparecimento dos Bric como um ator internacional pode ser considerado uma das grandes transformações do cenário global nos últimos trinta anos. Ao formarem um grupo, os quatro países passaram a ter muito mais influência do que cada um deles tomados individualmente, pelo peso econômico do conjunto.

O PIB dos Bric deve superar o do G-7 ao redor de 2030 e, em termos de paridade de poder de compra, já supera hoje o dos EUA ou da União Europeia. O grupo representa 16% do PIB global, 42% da população e 26% do território do mundo. Um de seus membros, a China, passou a ser a segunda economia (o Japão acaba de perder esse lugar) e é o primeiro exportador do mundo. Essas são algumas das credenciais macroeconômicas que o grupo apresenta.

Muitos desqualificam a importância do grupo e apontam para as limitações políticas, assimetrias econômicas e divergências entre os quatro países no tocante à política cambial, modelo econômico e comércio. Outros assinalam os excessos retóricos e a falta de conteúdo dos documentos produzidos nos encontros oficiais. Foram ressaltadas as diferenças de política no tocante às sanções contra o Irã e à ampliação do Conselho de Segurança das Nações Unidas. Aspectos ingênuos como a intensificação da cooperação e do treinamento entre os partidos brasileiros e o partido comunista da China receberam observações jocosas, mas pertinentes.

Apesar de todos os comentários críticos sobre a falta de coesão, a ausência de uma agenda política comum e a existência de interesses conflitantes, é importante observar que estão surgindo áreas de possível complementariedade que resultarão em ganhos concretos para todos no médio e longo prazos.

Há quatro ou cinco anos, poucos eram os contatos políticos, econômico-financeiros e comerciais entre as lideranças dos quatro países e entre suas burocracias. Hoje um número crescente de encontros em nível técnico e político ocorrem quase todos os meses.

Dadas as circunstâncias históricas, regionais, políticas e econômicas de cada um dos quatro países-membros, não há, nem poderia haver, de início, uma agenda comum. Os pontos de convergência deverão ser construídos, a partir de interesses concretos e da aproximação de posições nos fóruns internacionais em relação aos temas globais, como governança, energia, meio ambiente, mudança de clima, comércio e terrorismo.

O comunicado conjunto da II Cúpula de Chefes de Estado e de Governo do Bric, recém-realizada no Brasil, menos retórico e mais específico do que o da I Reunião realizada na Rússia, em 2009, registra:
- uma visão comum formulada é verdade em termos gerais, sobre itens como a governança global, questões econômicas e financeiras, comércio internacional, desenvolvimento, agricultura, energia, mudança de clima e terrorismo, que será uma força crescente em fóruns como o G-20, por exemplo;

- uma série de iniciativas setoriais visando ao fortalecimento da cooperação por meio de encontros de ministros da Agricultura e Desenvolvimento Agrário, da Fazenda e de presidentes de bancos centrais, de responsáveis de questões de segurança, de magistrados e juízes, de bancos de desenvolvimento, de instituições nacionais de estatística, de competitividade, de cooperativas, no âmbito de fórum empresarial e dos *think tanks*. Com base na experiência do Mercosul, começou a ser examinada a possibilidade de todas as trocas comerciais serem pagas em moedas locais, o que exigirá maior abertura e uma modernização do sistema de câmbio de todos os países;
- os primeiros passos para a cooperação nas áreas de ciência, cultura e esporte.

O Brasil passa a beneficiar-se de uma marca reconhecida internacionalmente para projetar seus interesses além da América do Sul. O mesmo ocorre com os outros três países que utilizam o Bric para promover suas agendas. Para evitar a diluição do impacto causado pelo aparecimento do grupo, não interessa ao Brasil aceitar sua ampliação com a inclusão de países como a Indonésia, a África do Sul ou o México.

O Bric não busca liderança, nem vai ser uma força decisiva para transformações radicais na ordem política e econômica global. Fosse o Bric irrelevante e sem poder de influência, a revista *The Economist* não teria publicado três páginas para comentar a evolução do grupo e a reunião de Brasília, nem catorze páginas sobre as perspectivas da inovação nos mercados dos países emergentes.

Qual será nos próximos anos o papel do Brasil nesse grupo? Definição de seus interesses, realismo na análise das possibilidades que oferece e ambição quanto à sua utilização deveriam nortear o enfoque do governo brasileiro.

O Bric veio para ficar no cenário internacional e o próximo governo terá a responsabilidade de dar continuidade ao trabalho desenvolvido até aqui e aumentar o peso relativo do Brasil no âmbito do grupo.

Publicado em 11 maio 2010

20 A cúpula sobre segurança nuclear

PARA A CÚPULA DE Segurança Nuclear (Nuclear Security Summit), realizada em Washington, estiveram reunidos 46 chefes de governo, inclusive o presidente Lula.

O encontro, convocado pelo presidente Obama, tinha como objetivo coordenar ações para fortalecer a segurança internacional, em particular no que diz respeito ao combate ao terrorismo nuclear, uma das preocupações centrais da política doméstica norte-americana desde os ataques de 11 de setembro de 2001.

A crescente ameaça das redes terroristas internacionais e a dificuldade para identificar e controlar o comércio de materiais ou de armas nucleares levaram os EUA a mobilizar a comunidade internacional para enfrentar esse desafio.

Logo depois de sua eleição, em abril de 2009, para enfrentar a ameaça nuclear do terrorismo internacional, o presidente Obama definiu uma estratégia com propostas visando a (1) adotar medidas para reduzir e eventualmente eliminar os arsenais nucleares existentes; (2) fortalecer o TNP e dificultar a proliferação de armas nucleares; e (3) impedir que grupos terroristas possam ter acesso a armas ou materiais nucleares.

A agenda da Cúpula, refletindo os objetivos do governo dos EUA, concentrou-se no exame de medidas de prevenção do terrorismo nuclear e sobre o acesso de agentes não estatais a materiais físseis, que poderiam ser utilizados na produção de explosivos atômicos.

Os presidentes concentraram sua atenção nos seguintes tópicos:

- a Ameaça do Terrorismo Nuclear;
- Ações Nacionais para Prevenção do Terrorismo Nuclear e Proteção de Materiais Físseis;
- o Papel da Agência Internacional de Energia Atômica (AIEA) na Segurança Nuclear; e
- Ações Internacionais para Prevenção do Terrorismo Nuclear e Proteção de Materiais Físseis.

A Cúpula aprovou um Comunicado Conjunto e um Programa de Ação, cujos elementos, trabalhados em reuniões preparatórias (Washington, novembro de 2009; Tóquio, dezembro de 2009; e Haia, fevereiro de 2010), apontam para medidas visando alcançar um maior grau de segurança nuclear no desenvolvimento e na expansão do uso da energia nuclear para fins pacíficos.

O Brasil manifestou-se favorável à adoção de medidas acautelatórias, mas ressaltou que a questão da segurança nuclear é mais ampla e complexa. O presidente Lula apoiou a iniciativa do presidente Obama e se associou ao consenso para a adoção do documento final do encontro.

A discussão sobre segurança nuclear faz-se igualmente relevante diante da necessidade da operação das instalações nucleares e do manejo do material nuclear serem realizados de forma segura. Sua abrangência, no entanto, deveria ter sido tratada de maneira mais ampla.

Segurança nuclear, segundo definição da Agência Internacional de Energia Atômica (AIEA), envolve "a prevenção e a detecção de roubo, sabotagem, acesso não autorizado, transferência ilegal ou outros atos maliciosos envolvendo material nuclear, outras substâncias radioativas ou as instalações a ela associadas, bem como a resposta a esses eventos".

Nesse contexto, a segurança está vinculada diretamente à proteção física do material nuclear, não apenas para a prevenção do terrorismo, mas, principalmente, para a criação de um ambiente nacional, regional e global seguro que facilite e fortaleça a promoção dos usos pacíficos da energia nuclear.

Além de tentar controlar o terrorismo nuclear, preocupação central do encontro, a reunião de cúpula foi uma oportunidade para preparar alguns temas da conferência de revisão do Tratado de Não Proliferação (TNP), que ocorrerá em maio de 2010, e para se examinar, nos bastidores, a questão das sanções da ONU ao Irã.

No encontro de maio, o futuro do Tratado será discutido e serão examinados assuntos sensíveis, como a questão do desarmamento nuclear e a da não proliferação. Esses temas interessam diretamente a países como o Brasil, que tem avanços significativos no domínio do ciclo do combustível nuclear.

A questão do desarmamento nuclear tem ocupado uma posição secundária na agenda política internacional em virtude de preocupações mais urgentes, como o conflito no Oriente Médio, as guerras do Afeganistão e do Iraque, as diferenças com a China, além de preocupações regionais mais prementes, como os desastres no Haiti e no Chile e o terrorismo no Paquistão e na Índia.

Há mais de dez anos, as negociações relativas ao TNP estão paralisadas pela dificuldade de conciliar interesses divergentes entre os países nucleares e não nucleares. Nesse período, contra o espírito e a letra do TNP, Índia e Paquistão passaram a integrar o restrito número de países nuclearizados em termos militares, sem oposição das potências nucleares. Israel, que decidiu não participar da Cúpula de Washington, embora não o admita, também dispõe de armas nucleares.

Com o objetivo de dar impulso a essas negociações, os EUA anunciaram nas últimas semanas duas importantes iniciativas: o acordo com a Rússia para redução em 30% dos estoques de armas nucleares nos dois países e a revisão da política nuclear. A revisão inclui a promessa de reduzir o papel das armas nucleares na estratégia de segurança dos EUA e a proibição, como previsto no Tratado, do emprego de armas nucleares contra Estados não nucleares membros do TNP, desde que sejam cumpridas as obrigações de não proliferação (condição que passou a fazer parte das ameaças ao Irã).

No dia 16 de maio, o Irã promoverá conferência alternativa sobre o uso pacífico da energia nuclear. O Brasil deverá adotar uma posição discreta e, com prudente cautela, não enviará delegação de nível alto, por conta do sinal político controverso que isso sugere.

Publicado em 13 abr. 2010

21 O Brasil e a Conferência de Copenhague

ESPERAVA-SE QUE A Conferência de Copenhague (COP-15), de dezembro de 2009, definisse as regras para o segundo período do compromisso do Protocolo de Kyoto, a partir de 2012.

A agenda da COP-15 incluiu, como tópicos principais, a definição de novas metas de redução (entre 25 e 40%) de emissões dos países desenvolvidos a partir de 2012 e a negociação de ações cooperativas (metas) por parte dos países em desenvolvimento nas áreas de mitigação (redução das emissões), por meio de políticas nacionais, no contexto de políticas de desenvolvimento. Relacionados com esses temas, estavam também em discussão a assistência aos países em desenvolvimento com financiamento proveniente de governos ou do mercado de crédito de carbono e transferência de tecnologia. Em outras palavras, o que se tentava examinar era como dar continuidade ao que já se conseguira nas diversas negociações anteriores no tocante às reduções de emissões de gás carbono na atmosfera e as formas de fortalecer as metas e as ações cooperativas.

Deve ser feita, assim, uma distinção entre a agenda de Copenhague e os anseios da comunidade internacional para uma economia menos dependente das emissões de gases de efeito estufa, e da sociedade brasileira por uma política mais afirmativa na defesa do meio ambiente por parte do governo brasileiro.

Houve uma grande contradição não explicitada entre as discussões ocorridas durante a conferência e a maneira como o encontro foi reportado pela mídia internacional. Enquanto muitos governos e, sobretudo, as organizações não governamentais centraram atitudes e aspirações relacionadas com a mudança do clima, as grandes potências poluidoras (países desenvolvidos e emergentes) se puseram a discutir problemas econômicos e financeiros.

As negociações de Copenhague acabaram sendo, na realidade, de natureza muito mais econômica e política do que de meio ambiente.

O que crucialmente está em jogo na atual fase dos entendimentos são decisões que irão afetar as economias de todos os países, a competitividade das empresas, a forma de financiamento da preservação do meio ambiente e a transferência de tecnologia para os países em desenvolvimento, a fim de se ajustarem às novas regras.

Outros exemplos concretos do viés econômico da discussão são o plano de transição ao baixo carbono do Reino Unido, a taxa sobre emissões adotada pela França e a legislação proposta pelo governo Obama ao Congresso norte-americano sobre Energia Limpa e Segurança. Essas três iniciativas terão grande impacto nos avanços tecnológicos na área de meio ambiente e de mudança de clima nos próximos anos. No caso dos EUA, com vistas a alcançar a meta de redução das emissões, foi proposta uma série de medidas que vão causar o aumento no custo da energia, com efeito negativo sobre a competitividade das empresas norte-americanas. Para evitar isso, estão previstas medidas de restrição comercial às empresas que não se adaptarem aos padrões que passarão a vigorar nos EUA. Cogita-se a imposição de medidas protecionistas que dificultarão o acesso de produtos de outros países ao mercado norte-americano, com claras conotações econômicas e comerciais. É importante levar em conta que a adoção de mecanismos de redução das emissões para proteção do meio ambiente, como impostos ou *cap and trade*, não se chocam necessariamente com as disposições da Organização Mundial de Comércio, como apontado em recentes relatórios.

Os minguados avanços para a fixação de compromissos de redução das emissões não chegaram a surpreender diante das posições de EUA, Europa e China. Sem conseguir aprovar a legislação sobre mudança de clima no Congresso, os EUA não poderiam se comprometer com metas precisas de redução das emissões a partir de 2012. Já a

Europa propôs o término do Protocolo de Kyoto e a negociação de um novo acordo com obrigações para os países desenvolvidos e em desenvolvimento em um único documento.

Ficou evidente, a exemplo do que ocorreu na negociação comercial de Doha, que se não houver modificação no processo decisório as instituições internacionais, assumindo o caráter global, com participação de mais de 190 países, não conseguirão tomar decisões ao final de suas reuniões.

O que importa é que estamos à beira de uma corrida tecnológica sustentada por pesados investimentos para o aumento de produtividade de carbono e para a substituição dos combustíveis fósseis. Segundo se informa, na última década, os EUA patentearam mais de 50% das tecnologias de baixo carbono e a China, nesse mesmo período, foi o país que registrou a maior taxa de crescimento dessas patentes, traduzidas em projetos inovadores em energias eólica, solar e de destruição de metano.

Apesar da insatisfação generalizada com os resultados, houve alguns avanços que afetarão de forma relevante nos próximos passos do processo negociador. A China e os EUA, dois dos maiores poluidores globais, passaram a ser atores importantes na negociação, o que não acontecia até agora. O Protocolo de Kyoto foi preservado e seguirá sendo um elemento-chave nos entendimentos para se conseguir o compromisso de reduções com números definidos e verificáveis até 2012. Avançou-se também na constituição de um fundo para ajudar os países em desenvolvimento a se equiparem para enfrentar o desafio da mudança de clima.

Será importante que o Brasil, por meio de ações do governo, em especial a partir de 2011, e, desde já, do setor privado no tocante a investimentos, não fique para trás na corrida tecnológica em curso. Corremos o risco de, mais uma vez, perder o bonde da história. O pré-sal é relevante, mas o mundo está mesmo concentrado é na fase pós-energia fóssil.

Publicado em 26 jan. 2010

22 Ser ou não ser

A ARGENTINA VIVE UMA crise existencial pela dificuldade de encontrar uma saída para os problemas políticos e econômicos domésticos e para encontrar uma atitude adequada nas relações com o Brasil, vizinho e principal parceiro. Isso é agravado pela percepção de perda de espaço, resultado da estabilidade da economia e da projeção externa brasileiras.

Um dado sintetiza bem o drama psicológico vivido pelo governo e pela sociedade argentina. Até a década de 1960, o PIB da Argentina era maior que o do Brasil. Em 2009, o PIB de São Paulo é uma vez e meia o daquele país. Só o investimento da Petrobras para o período 2009-2013 representa mais de 55% do PIB argentino.

Pesquisas de opinião na Argentina registram a preocupação com o caráter que as relações bilaterais estão adquirindo e mostram que não há consenso entre as diferentes visões sobre o futuro do país. As lideranças políticas e econômicas estão obcecadas pela percepção de que a Argentina tem de se defender do Brasil pelas assimetrias do tamanho, da participação no mercado, de padrões de especialização e regulatórias. As explicações para o crescimento diferenciado entre as duas economias criam bodes expiatórios como o BNDES (não existe banco de fomento na Argentina), que gera um déficit estrutural, e o dinamismo do comércio exterior brasileiro que gera desequilíbrio da balança comercial. Essas desculpas escondem convenientemente as mazelas políticas, os desencontros na política econômica e a falta de uma visão de futuro das elites políticas e empresariais argentinas.

Fui convidado a participar em Buenos Aires de encontro para discutir, de maneira franca, as preocupações com o futuro do país e sobre como a Argentina deveria posicionar-se face às novas realidades bilaterais e também no contexto da integração regional. Hesitei em participar porque, depois de tantos anos acompanhando as relações bilaterais, formei minhas próprias convicções, nem sempre positivas, sobre as possibilidades existentes para a Argentina com o avanço econômico do Brasil e seu papel mais relevante no cenário internacional.

Há hoje no Brasil percepções distintas entre governo e setor privado em relação à Argentina e minhas observações procuraram refletir as visões prevalecentes no meio empresarial.

As condições políticas, econômico-financeiras e comerciais do relacionamento mudaram pelos avanços registrados no Brasil e pelo retrocesso ocorrido na Argentina. Embora o Brasil tenha continuado a ser um sócio muito importante, a agenda argentina tornou-se essencialmente defensiva. Aí talvez resida hoje o principal problema do ponto de vista psicológico e das percepções.

Interessa ao Brasil uma Argentina próspera e bem-sucedida e, por isso, encontrando um ponto de equilíbrio em sua política interna, ela deveria aproveitar ao máximo o crescimento econômico brasileiro. No entanto, o problema psicológico argentino, agravado pela dificuldade de escolher o caminho que o país deveria seguir, impede a adoção de uma atitude mais ofensiva para aproveitar as oportunidades que se abrem pela nova inserção global do Brasil.

O governo e o setor privado argentinos deveriam deixar de se preocupar com o sucesso do Brasil e começar a aproveitar o crescimento do mercado vizinho, como alguns já estão fazendo. Para tanto, a atual posição defensiva na área comercial, que tantas restrições e abusos tem criado aos produtos brasileiros, não parece ser a forma mais adequada para a defesa dos interesses do setor produtivo argentino. Mais abertura e menos protecionismo, seria o nome do jogo. Um dos obstáculos para alcançar esse objetivo é a extrema dependência por parte do empresariado em relação ao governo de Buenos Aires, o que, visto do ponto de vista do setor privado brasileiro, dificulta uma parceria direta para desenvolver uma agenda positiva entre os empresários dos dois países.

Em atenção às indagações argentinas, não deixei de tecer alguns comentários procurando identificar as perspectivas no relacionamento bilateral para os próximos anos.

A prioridade para o Brasil das relações com a Argentina deve continuar, pois se trata de uma política de Estado e não de governo. No caso de vitória nas urnas da candidata da situação, a atual política possivelmente seria mantida e talvez aprofundada. No caso de vitória da oposição, arrisquei a opinião de que poderá haver mudanças de ênfases e de estilo. A diplomacia da generosidade do atual governo, refletindo uma atitude de paciência estratégica, poderá sofrer modificações. As restrições comerciais que hoje já afetam quase 20% do intercâmbio comercial dificilmente seriam toleradas, como está ocorrendo agora. Observei que o governo argentino deveria tentar obter todas as vantagens possíveis ainda durante o atual governo brasileiro, porque dificilmente qualquer outro governo em Brasília manteria um ambiente tão generoso e concessivo aos interesses argentinos. Em termos de integração regional, o Mercosul continuará a existir, mas o Brasil não aceitaria ficar subordinado aos humores internos argentinos e a união aduaneira possivelmente se transformaria, na prática, em uma área de livre comércio, como começa a ocorrer hoje.

Em vez de inventar desculpas – assimetrias, déficit estrutural, desequilíbrio comercial – para justificar o crescente distanciamento entre os dois países, ressaltei, de forma cândida, as vantagens para a Argentina de uma relação política e comercial aberta, sem ressentimentos nem restrições, com o Brasil. Referindo-me à recente declaração da presidente Cristina Kirchner de que a Argentina quer ser sócia, mesmo menor, do Brasil, concluí, para perplexidade geral, que a Argentina apenas teria de resolver o que prefere ser em relação ao Brasil: se um México ou um Canadá.

Publicado em 22 dez. 2009

23 O Brasil e a (não) proliferação nuclear

A REVELAÇÃO RECENTE DA existência de uma unidade secreta de enriquecimento de urânio no Irã e a aprovação, quase concomitante, pelo Conselho de Segurança da ONU de resolução limitando mais rigidamente os arsenais e a proliferação de armas nucleares renovam a grande prioridade dessas questões na agenda internacional.

O Brasil já detém a sexta maior reserva de urânio do mundo, embora apenas 30% do território nacional tenha sido pesquisado. A pesquisa, a lavra, a produção, o enriquecimento e a comercialização de urânio são monopólio da União. A modificação de legislação para permitir a participação da iniciativa privada na prospecção e na exploração tornou-se urgente para aumentar rapidamente não só as reservas, como também a produção do minério no Brasil.

Quais as implicações desse fato, do ponto de vista do interesse brasileiro?

Em primeiro lugar, há o interesse estratégico de dispor da matéria-prima para atender a uma crescente demanda interna. O aumento do consumo ocorrerá pela expansão da capacidade do país de produzir energia nuclear pela construção de novas usinas, pela ampliação da pesquisa e do uso da energia nuclear para fins pacíficos, e, no campo da defesa, pela construção de submarino a propulsão nuclear.

Em segundo lugar, o mercado internacional para o urânio enriquecido deverá crescer, com expressiva tendência de alta. Enquanto em 2004, o preço do produto era US$ 12,00, em outubro de 2009 subiu para US$ 42,50 por libra peso. Somente no mercado da América Latina, mais de sete usinas nucleares estão sendo programadas.

Em terceiro lugar, o programa de ampliação do nosso parque nuclear, que prevê a construção de oito centrais nos próximos anos, terá assegurado o combustível para seu funcionamento sem depender do beneficiamento externo. Até aqui, o Brasil, para beneficiar o urânio utilizado por suas duas centrais nucleares e em pesquisa para fins pacíficos, utiliza as facilidades de gaseificação no Canadá e de enriquecimento da Europa. Além de economizar mais de US$ 25 milhões, o Brasil terá receita crescente com a exportação do minério enriquecido e passará a competir com os EUA, a Europa e a Rússia para o seu fornecimento no mercado internacional.

Vale ressaltar que restrições constitucionais impedem ações visando à construção de artefatos nucleares. Em 1991, Brasil e Argentina colocaram suas facilidades e laboratórios sob a supervisão da Agência Internacional de Energia Nuclear (AIEA) e se comprometeram a desenvolver o uso da energia para fins pacíficos. O Brasil se tornou signatário do Tratado de Não Proliferação (TNP) em 1997, em decisão controvertida, especialmente depois de a Índia se tornar potência nuclear. Não há dúvida, portanto, sobre as motivações e os resultados do que se fez até aqui e sobre as finalidades dos ambiciosos programas projetados para os próximos anos, tanto na área civil, quanto na área de defesa.

Em meados de 2008, com a entrada em funcionamento, em Rezende, de planta para o enriquecimento do urânio brasileiro a 4%, o que nos tornará autossuficiente, o Brasil passou a deter o conhecimento do ciclo completo do combustível nuclear. Em dezembro de 2008, na nova Estratégia de Defesa Nacional, o governo brasileiro anunciou ter decidido não negociar Protocolo Adicional ao TNP, que daria à AIEA autorização para inspeções ampliadas das instalações nucleares brasileiras.

O projeto de construção de um super-reator nuclear de pesquisa, a um custo de US$ 500 milhões, tornará o Brasil independente na produção de isótopos radioativos para medicina e será parte do programa nuclear brasileiro.

Os acordos de cooperação com a China, com a Rússia, com a França e com a Ucrânia, para lançamento de satélites comerciais, a retomada dos entendimentos na área nuclear com a Alemanha, com a Índia, não só para o processamento de tório, mas também para o fornecimento de urânio enriquecido e o projeto binacional com a Argentina para enriquecimento de urânio, são alguns dos fatos recentes que indicam a alta prioridade que o governo brasileiro atribui a essa questão.

A entrada do país no rentável mercado de urânio enriquecido e os avanços no programa nuclear brasileiro poderão, na Conferência de Revisão do TNP em abril de 2010, colocar o Brasil no centro das discussões. As potências nucleares deixaram o desarmamento, um dos pilares do Tratado, em segundo plano, e permitiram que quatro países, Israel, Índia, Paquistão e Coreia do Norte, contrariamente ao disposto no TNP, avançassem em seus respectivos programas nucleares e se tornassem potências nucleares. Agora elas querem fechar as portas.

A ação do governo está explicitada na Estratégia de Defesa Nacional. É de nosso interesse, para a construção de um país com crescente projeção e responsabilidades externas, avançar, em todas as áreas, com programas que fortaleçam o poder nacional, a competitividade industrial e o domínio do conhecimento e da tecnologia, inclusive de uso dual, que possa levar à fabricação de artefato nuclear. O Brasil não pode abdicar dos meios para desenvolver os instrumentos necessários à garantia de sua segurança e soberania.

Cuidados adicionais deveriam ser tomados, em especial, no tocante à aproximação com o Irã, cujo programa nuclear está sob cerrado ataque, apesar do controle pela AIEA. Declarações recentes comparando positivamente o programa nuclear iraniano ao do Brasil ou de apoio à construção da bomba atômica não ajudam a garantir a confiança que nosso país soube construir.

Resta saber se a desenvoltura do Brasil nessa área vai favorecer ou dificultar a pretensão do atual governo de buscar um assento permanente no Conselho de Segurança das Nações Unidas.

Publicado em 13 out. 2009

24 (Não) proliferação nuclear

O TEMA DA NÃO PROLIFERAÇÃO NUCLEAR, por ser muito técnico e árido, talvez não seja o mais adequado para ser examinado neste espaço. Decidi, contudo, tratá-lo da maneira mais direta possível, dada sua atualidade pela inclusão como um dos itens principais na agenda do Conselho de Segurança das Nações Unidas, que começa nesta semana em Nova York.

O que está por trás dessa discussão e quais os interesses em jogo?

O surgimento de um mercado negro internacional de produtos nucleares, o interesse de grupos terroristas na compra de armas de destruição em massa e o crescente número de Estados dispostos a adquirir tecnologia para produzir material físsil, que permitiria a produção de artefato nuclear, ressaltam a importância do tema.

O desenvolvimento dos programas nucleares do Irã e da Coreia do Norte e a ameaça de ataque ao Irã por parte de Israel tornam o exame dessa matéria ainda mais relevante. O reconhecimento de outros países nucleares, como Israel, Índia e Paquistão, contra o que dispõe o Tratado de Não Proliferação (TNP), com o beneplácito dos EUA e das outras potências nucleares, introduz um elemento novo nos debates, às vésperas da Conferência que promovera sua revisão, prevista para 2010.

O TNP é o instrumento internacional que regula o regime internacional de desarmamento e de armas nucleares, cujo controle é feito pela Agência Internacional de Energia Atômica (AIEA). A AIEA, contudo, não dispõe de autoridade legal para realizar inspeções mais detalhadas nos países, nem de meios financeiros para exercer plenamente suas funções.

Os EUA, depois dos ataques de 11 de setembro e no auge do unilateralismo da era Bush, adotaram, em 2004, a doutrina da "contra-proliferação", cujo objetivo principal é dar às forças armadas norte-americanas e suas agências civis a capacidade de conter a ameaça do uso de armas de destruição em massa contra os EUA ou seus aliados. De acordo com ela, os EUA podem impedir o livre trânsito de materiais, tecnologia e capacitação técnica relacionados com a produção de armas de destruição em massa por Estados hostis (como está acontecendo com a Coreia do Norte) e por organizações terroristas e podem responder ao emprego de armas de destruição em massa utilizando qualquer opção militar. Os EUA, de forma preventiva ou em resposta a ataque com armas biológicas ou químicas e mesmo com armamentos convencionais, podem reagir com armas nucleares.

Esse endurecimento na política norte-americana tem impacto sobre as chamadas garantias negativas, previstas no TNP. Por essas garantias, os EUA não poderiam utilizar artefatos nucleares contra países não nuclearmente armados, nem utilizar bombas nucleares de baixa potência para destruir esconderijos e depósitos de armas subterrâneos, nem armas nucleares miniaturizadas de uso tático.

As dificuldades e desafios da implementação do TNP derivam do desequilíbrio na observância, pelos países nucleares, das obrigações nos três pilares que são a sua essência: desarmamento, não proliferação e usos pacíficos da energia nuclear.

No contexto dos esforços para conter a proliferação de armas nucleares, a entrada em vigor do Tratado de Proibição Abrangente de Testes Nucleares, o início das negociações de acordo proibindo a produção de material físsil de uso em armamentos e a busca do fortalecimento da AIEA são medidas encorajadoras.

É relevante também observar, com a eleição de Barak Obama, a aparente mudança de posição dos EUA. Em discurso em Praga, em abril de 2009, Obama, dando renovada prioridade ao desarmamento, sinalizou sua visão de um mundo livre de armas nucleares, e relançou as relações dos EUA com a Rússia visando reduzir rapidamente os arsenais nucleares nos dois países. Esses passos positivos deveriam ser seguidos de medidas concretas visando à criação de zonas livres de armas nucleares e ao fornecimento, pelos países que detêm armamento nuclear, de garantias negativas de segurança aos Estados não nuclearmente armados.

As discussões sobre não proliferação não devem implicar a revisão ou relativização do compromisso central do Tratado, isto é, a renúncia à posse de armas nucleares pelos países não nucleares, ao mesmo tempo que se lhes garante o acesso à tecnologia nuclear para fins pacíficos.

Em anos recentes, fortaleceram-se as discussões sobre as chamadas "abordagens multilaterais ao ciclo do combustível", cujo objetivo declarado é promover o uso da energia nuclear para fins pacíficos, procurando evitar os riscos associados à proliferação dessa tecnologia e a aplicação a usos não pacíficos. Os Estados que aderirem a esses esquemas devem aceitar a renúncia ao direito de desenvolver capacidades nucleares autônomas. A criação de um banco de urânio com baixo teor de enriquecimento para garantir o suprimento de combustível nuclear para reatores empregados na geração de energia e a eventual negociação de acordo, segundo o qual todas as novas atividades de enriquecimento e reprocessamento sejam colocadas sob controle multilateral, são algumas das ideias em discussão.

Por deter uma das maiores reservas de urânio do mundo, dominar o ciclo do combustível nuclear, planejar ampliar significativamente sua capacidade de produção de energia, via usinas nucleares, e, no campo da defesa, projetar a construção de submarino nuclear, e, não menos importante, por ter, segundo se noticia, conhecimento teórico e tecnologia para produzir um artefato nuclear, o Brasil tem interesse direto nessa questão.

Publicado em 22 set. 2009

25 Sentimento do mundo

Nos últimos cinquenta anos, os EUA foram vistos como a "nação líder do mundo livre", por muitos que aceitavam essa liderança, ou como "imperialista" – impondo sua vontade, escorada no poderio econômico, financeiro ou militar –, segundo os que contestavam a hegemonia de Washington.

O arrogante unilateralismo norte-americano, respaldado pela mais poderosa máquina de guerra jamais construída e pelas vantagens da globalização financeira, econômica e comercial, fez com que os EUA perdessem a credibilidade e o respeito no concerto das nações, ao longo dos últimos dez anos.

Isolados, os EUA passaram a concentrar críticas quase universais e tiveram de absorver os custos de uma guerra impopular no Iraque, além do desgaste, sobretudo graças às posturas ideológicas de extrema direita, adotadas por um dos piores governos da história política dos EUA. Ao mesmo tempo, a situação econômica interna continuou a se deteriorar e os múltiplos déficits na economia a aumentar. A crise que hoje tanto afeta os mercados no mundo inteiro surgiu nos EUA, que, abalados econômica, financeira e politicamente, lutam para controlar a recessão e diminuir o desemprego e as perdas da classe média.

O esforço para recuperar a economia colocou em segundo plano as preocupações do país com sua política externa, tornando difícil que os EUA possam exercer, nos dias de hoje, uma liderança efetiva para a solução de alguns dos principais conflitos globais. Os grandes problemas ou se agravam, como no Paquistão, no Irã e no conflito

Israel-Palestina, ou se paralisam, como nas reformas das instituições político-financeiras, heranças do pós-guerra, como a das Nações Unidas, do FMI e do Banco Mundial.

Apesar de tudo os EUA continuaram no centro dos acontecimentos globais.

É curioso notar o teste por que passa a teoria, comum nos meios políticos e acadêmicos norte-americanos, segundo a qual o mundo, para manter-se estável e avançar economicamente, necessitaria sempre da liderança do país mais importante e poderoso da época, como foi a Inglaterra, e agora, os EUA. Contestada pela recusa de muitos em aceitar a hegemonia de Washington, a comunidade internacional enfrenta o desafio de demonstrar que a teoria é equivocada e que grandes decisões podem e devem ser tomadas como resultado de um esforço coletivo e não da vontade da mais poderosa das nações.

A ironia em tudo o que estamos vendo acontecer é que nunca, nos últimos cinquenta anos, a potência dominante viu-se tão vulnerável e enfraquecida, enquanto a maioria dos países tanto dela depende para o fortalecimento da economia e para a busca de soluções negociadas para os principais problemas políticos, econômicos e financeiros globais.

Estamos em um período de transição e de paralisia no cenário internacional – um mundo sem liderança – em que países desenvolvidos e em desenvolvimento ficam à espera da recuperação da economia norte-americana para evitar uma recessão mais forte e da restauração da credibilidade de sua política externa. Temo que esse impasse ainda perdure pelos próximos dois ou três anos.

Nenhum país está equipado para assumir o papel de liderança desempenhado até aqui pelos EUA. Nem a China, a União Europeia, ou os países emergentes.

Apesar de tudo e de todas as restrições políticas em relação aos EUA, muitos governos estão ajudando os EUA a buscar soluções para a crise de sua economia. Os recursos estimados em US$ 2 trilhões, necessários para financiar o déficit orçamentário norte-americano de 2009, estão sendo fornecidos, entre outros, por países como a China e o Brasil, não exatamente seguidores incondicionais de Washington.

Pode parecer uma afirmação difícil de aceitar por muitos, mas o fato é que, em certo sentido, jamais tivemos um mundo mais unipolar de que agora.

O mundo esperou ansioso pelos primeiros discursos de Barack Obama para entender os rumos da política externa dos EUA no tocante ao Oriente Médio, às relações com a Europa, com a América Latina, com a África, com a China e com a Coreia do Norte. Como será a atitude em relação aos extremismos (a palavra terrorismo não foi utilizada no pronunciamento do Cairo sobre a relação com o islã) e a não proliferação de armas nucleares?

A volta do crescimento econômico, a restauração do crédito internacional, a revitalização do comércio global, a questão do nacionalismo econômico e o protecionismo comercial na área econômica, a reestruturação do processo decisório global, político e econômico, financeiro e comercial, a forma de evitar novos conflitos externos e o equacionamento dos atuais, tudo depende da ação dos EUA. Seja ela positiva ou negativa.

Os países terão de encarar o papel dos EUA no mundo a partir de como ele terá emergido da crise que está afetando a todos e da reação de Washington às novas realidades políticas e econômicas. Como "o resto do mundo" vai reagir quando os EUA ressurgirem da crise relativamente ainda mais forte?

Sabendo como os EUA colocam o interesse nacional acima de tudo, no momento em que a situação econômica se normalizar, a probabilidade é que o poderio de Washington volte a ser exercido, com estilo e tom diferentemente. Os sinais, até aqui, são positivos, como indicam as reações de Washington em relação ao Iraque, Irã e agora, Honduras. As propostas do USTR para a retomada das negociações de Doha e alguns aspectos da nova política sobre mudança de clima são mais negativas.

Tendo só duas mãos e o sentimento do mundo, esperemos que, diferentemente de Drummond, ao amanhecer de uma nova era pós--crise, "esse amanhecer não seja mais noite que a noite".

Publicado em 14 jul. 2009

26 Bric: *Allegro ma non tropo*

O MUNDO ATRAVESSA um momento de grandes transformações e ajustes. O cenário internacional passa por uma fase de transição, a começar nos EUA, com a eleição de Obama. Uma nova ordem política e econômica está em gestação. Como ocorreu outras vezes, nesses momentos, costuma surgir um vácuo de liderança, abrindo espaço político para novas composições e alianças internacionais.

É nesse contexto que se realizou na Rússia a primeira reunião de cúpula do Bric e se iniciou o processo oficial de aproximação das maiores economias emergentes.

O Brasil, que mais se beneficiou do ponto de vista da projeção externa desse exercício, aproveitou a oportunidade e propôs, em 2008, uma primeira reunião do quarteto em nível de ministros do Exterior. A inclusão do Brasil ao lado de China, Rússia e Índia significou um salto qualitativo na percepção sobre o país, que passou a ser visto e reconhecido como um mercado emergente com capacidade de influir na economia global, antes de ter o peso da China e da Índia.

O Brasil é o único país que tem uma relação político-diplomático e econômico-comercial fluida com todos os membros do Bric. Razões históricas ainda tornam cautelosa a aproximação entre a Rússia, a China e a Índia. A construção de um clima de confiança entre eles é um processo demorado, que será testado de tempos em tempos. A participação em um mesmo grupo pode ajudar a alterar gradualmente essa situação. As reuniões do Bric passam a fazer parte das matérias relevantes na agenda externa do país, mas está longe ainda de desempenhar nela um papel central.

Cada país-membro do quarteto tem uma percepção própria bastante diferenciada do significado do Bric hoje e qual o futuro do grupo. Talvez isso pouco importe, pois o que conta é a realização da reunião e a imagem coletiva dos quatro presidentes que representam 15% do PIB global, 15% do comércio internacional, 40% da população e 25% do território habitado do planeta.

O governo russo, de seu lado, estava mais interessado em dar realce, no mesmo dia, à reunião da Organização de Cooperação de Shanghai (OCS), que inclui, desde 2001, a China, a Rússia e quatro países da Ásia Central (Cazaquistão, Uzbequistão, Tadjiquistão e Kirziquistão), alem do Irã, na qualidade de observador. Ao contrário do Bric, o foco da OCS é político e o encontro serviu para relembrar os EUA de que "a Ásia Central [onde há bases norte-americanas] não é um quintal de Washington e que os EUA serão bem-vindos, desde que a Rússia e a China estejam de acordo", no dizer de influente analista russo.

O que une os países do Bric é a importância de suas economias no contexto global e suas aspirações com vistas a aumentar seu peso nos principais fóruns de decisão internacionais. Poucos, contudo, são os interesses comuns em virtude dos diferentes contextos geopolíticos e geoeconômicos. As diferenças entre os quatro países podem ser identificadas tanto nos temas globais (utilização da energia, mudanças de clima, meio ambiente, democracia), como na área comercial (protecionismo e tensões comerciais regionais, como a existente entre a China e a Índia). Mas, sobretudo, na área política: Índia, China e Rússia são potências nucleares e têm projeção diplomática e militar que vai além de seus âmbitos regionais, enquanto, nos dois casos, o Brasil está longe de alcançar esse *status*.

O Bric, que está em estágio muito inicial de evolução e deve ser visto como um novo personagem na cena internacional, levará tempo para encontrar o tom exato de seus pronunciamentos e a forma de se inserir no mundo. Embora nessa fase o Bric tenha mais um valor simbólico do que um poder real para influir no curso dos acontecimentos, sua voz começa a ser ouvida, como ficou evidenciado pela cobertura da mídia internacional.

Não parece adequado considerar ainda o Bric um ponto focal da política externa brasileira, nem decretar a morte do G-7/8, que continuará atuante por algum tempo.

Em conclusão, o que se pode dizer com objetividade e isenção é que o quarteto não é um ator de primeira linha, mas não há dúvida de que veio para ficar e gradualmente deverá afirmar-se, encontrando um objetivo – talvez de coordenação na área econômica – que não tem. A médio e a longo prazos, deixará de ter um valor simbólico e de ser visto mais como uma abstração para passar a ser levado a sério, na medida em que os maiores países emergentes fizerem sentir seu peso e influência na economia global. A participação do Brasil no quarteto fará com que a política externa seja mais realista e propositiva, na defesa de nossos interesses, como fazem a China, a Índia e a Rússia. Mais pragmatismo e menos ideologia é o que se espera, como demonstrado pelo presidente Lula, que conseguiu trazer para o Brasil a próxima cúpula do Bric, encerrando, em grande estilo, seu governo em 2010.

Publicado em 23 jun. 2009

27 Proteção de investimentos no exterior

PESQUISAS RECENTES DA Sociedade Brasileira de Estudos de Empresas Transnacionais (Sobeet), da Fundação João Cabral e da KPMG sobre as multinacionais brasileiras mostram a grande expansão do setor ocorrida nos últimos dez anos. O Brasil ocupa, hoje, o 14º lugar no ranking dos países com maior estoque de investimento direto no exterior, cerca de US$ 220 bilhões, em 2006.

Os investimentos dessas empresas oscilaram de US$ 28,6 bilhões em 2006, US$ 18 bilhões em 2007 para US$ 20,5 bilhões em 2008. O processo de internacionalização, contudo, começa a dar sinais de arrefecimento. A recessão nas economias desenvolvidas, o desaparecimento das facilidades de crédito externo e a retração do consumo, consequências da crise econômica internacional, são responsáveis por essa atitude mais cautelosa por parte das empresas brasileiras, a exemplo do que ocorre com empresas de outros países.

Há, no entanto, dois outros fatores dificultando a expansão das empresas brasileiras no exterior.

Na pesquisa da Sobeet, a dupla taxação do lucro, no Brasil e no exterior, é apontada como uma das principais causas da perda da competitividade das companhias nacionais.

Ao contrário de outros países, como a Espanha e o Japão, o Brasil não oferece nenhum incentivo tributário à internacionalização de suas companhias. Por isso, elas procuram compensar esse desequilíbrio, conciliando fatores como qualidade, produtividade, eficiência e baixos custos. Para as empresas brasileiras que decidem expandir seus negócios para além fronteiras, não é fácil enfrentar a concorrência, assinala a pesquisa da Sobeet.

O Brasil dispõe hoje de 27 acordos para evitar a bitributação. Com aplicação complexa, a lista não inclui parceiros importantes, como os EUA e o Reino Unido.

Quando embaixador no Reino Unido, recebi pedido formal de todas as empresas brasileiras sediadas em Londres para que o governo brasileiro abrisse negociações para assinar esse acordo que iria beneficiar os executivos das empresas e a própria empresa. O mesmo ocorreu quando estive em Washington. Passados quinze anos, a situação permanece inalterada e o Brasil continua sem negociar esses acordos.

Acontecimentos recentes envolvendo empresas públicas e privadas brasileiras, na Bolívia e no Equador, chamam a atenção de outro potencial obstáculo para a expansão das empresas brasileiras no exterior: a ausência de tratado de proteção e garantia do investimento.

O Brasil assinou treze acordos de garantia de investimentos para proteger investimentos estrangeiros em nosso país. Outros dezesseis acordos já haviam sido assinados, mas o atual governo retirou esses acordos do Congresso, onde estavam em processo de ratificação, em função da não aceitação da submissão das disputas sobre investimentos às cortes internacionais de arbitragem, do mecanismo de solução de controvérsias e das regras de indenização por expropriação. A inexistência de casos de nacionalização sem compensação e o fluxo regular e crescente de investimento externo direto, mesmo sem os acordos de garantia de investimento, também contribuem para retirar a urgência em negociar esses acordos.

A internacionalização das empresas brasileiras, sobretudo na América Latina, na África e na Ásia, demanda que se examine esse assunto sob outra perspectiva. O Brasil passou a assumir um papel de investidor e não apenas receptor de investimento. Agora, as empresas brasileiras é que devem receber, por parte do governo, apoio jurídico para evitar arbitrariedades de governos populistas que buscam inimigos externos para se fortalecer internamente.

No que se refere aos acordos de proteção e garantia de investimentos, a posição do governo até recentemente poderia ser explicada pelo reduzido número de empresas e a consequente ausência de investimentos brasileiros significativos no exterior. A situação, nos últimos anos, mudou radicalmente com pesados investimentos brasileiros no exterior e com a repetição de problemas de cumprimento de contratos e de acordos. Em vista disso, o governo brasileiro deveria repensar sua análise e posicionamento no tocante à inclusão desse tipo de acordo nas negociações prioritárias, especialmente com países da América Latina e África.

O Conselho Estratégico da FIESP examinou a delicada questão, tendo a presidência da instituição transmitido ao governo, em Brasília, a urgente necessidade da abertura de entendimentos sobre esse tipo de acordo.

O Brasil não dispõe de nenhum acordo de proteção e garantia de investimento com os países da América do Sul, onde os riscos para as empresas multinacionais brasileiras estão aumentando rapidamente. Quando Evo Morales, *manu militari*, ocupou duas refinarias da Petrobras, o governo brasileiro não recorreu ao acordo de garantia de investimentos entre a Holanda e a Bolívia, recurso cabível já que a compra foi feita por subsidiária da Petrobras, sediada nos Países Baixos.

Estando em jogo o interesse das empresas brasileiras no exterior, não propor a negociação de acordos que protejam os investimentos em nossos vizinhos da região, ou nos países onde a atuação delas seja mais intensa, só pode ser explicado por considerações ideológicas, que permeiam muitas das decisões de política externa.

A crescente projeção externa do Brasil tem aspectos muito positivos, como maior visibilidade e crescente responsabilidade externa, mas também tem aspectos negativos, como a percepção de que o país começa a atuar como uma "força imperialista" ou de dominação.

O Brasil tem de começar a se acostumar com o ônus da maior visibilidade e presença externa e as empresas nacionais têm de passar a contar, cada vez mais, com políticas públicas que apoiem sua continuada expansão no exterior.

Publicado em 24 fev. 2009

28 Grupo do Bric

A POSTURA ASSUMIDA PELO governo brasileiro em relação à institucionalização do grupo formado por Brasil, Rússia, Índia e China, é mais um exemplo do descompasso entre a retórica e a realidade na área da política externa. O Itamaraty considera que, com a recente reunião de Yekaterinbourg, entre os ministros do Exterior dos quatro países, "foi dado início ao processo pelo qual está sendo mudada a maneira como o mundo é organizado". A partir de agora, será difícil o G-7 – que congrega as principais economias industrializadas do mundo – tomar decisões sem ouvir os Brics, decretou a Chancelaria.

Excessos retóricos itamaratianos à parte, dentro da perspectiva da crescente projeção externa do Brasil, cabe analisar o real significado do encontro e seus possíveis desdobramentos nos próximos anos.

O comunicado conjunto emitido pelos quatro ministros dá algumas indicações sobre os limites e as perspectivas do embrionário grupo.

No atual estágio, o que ficou acordado foi apenas a abertura de diálogo, baseado na confiança e respeito mútuos, em cima de interesses comuns e na coincidência ou similaridade de visões em relação aos problemas de desenvolvimento global. Nada mais do que isso, o que seria de se esperar, pelo fato de ser a primeira reunião formal e porque as agendas de cada um dos países são necessariamente distintas.

Houve concordância em desenvolver um trabalho conjunto e com outros estados, a fim de fortalecer a segurança e a estabilidade internacional e assegurar oportunidades iguais para o desenvolvimento de todos os países.

Uma das prioridades declaradas do grupo é o reforço ao multilateralismo e ao papel das Nações Unidas para a paz e a segurança internacional, sendo enfatizada a necessidade de uma ampla reforma da ONU a fim de torná-la mais eficiente para enfrentar os atuais desafios globais.

Nesse contexto, "os ministros da Rússia e da China apoiaram as aspirações do Brasil e da Índia em desempenhar um papel mais importante nas Nações Unidas". Não houve, assim, um endosso explícito às candidaturas de Brasil e Índia para que tenham um assento permanente no Conselho de Segurança, talvez pelas reservas da China. É possível interpretar, no entanto, como se apressou a fazer o Itamaraty, que, na prática, a redação do comunicado aponta nessa direção.

Em vista das diferenças existentes, foi possível apenas identificar de maneira bastante geral uma agenda não controversa em torno da qual foram registradas as concordâncias entre os quatro países. Foram mencionados, entre outros, o fortalecimento da diplomacia multilateral, combate ao terrorismo, mudança de clima, energia renováveis e preço das *commodities*, em especial dos alimentos e do petróleo.

Os Brics se encontrarão na Índia, em 2009, antes disso, em New York, paralelamente à Assembleia Geral da ONU, em setembro, e no Brasil, na primeira reunião de ministros da Economia/Fazenda para discutir economia global e questões financeiras.

Clovis Rossi, sempre atento às sutilezas da cena política interna e externa, foi o primeiro analista a manifestar-se sobre o encontro ministerial e o fez de forma cética, afirmando que nada indica que esses países passem a ter interesses comuns a ponto de criar um bloco. Não haveria outra cola entre eles que não sejam territórios e populações gigantescas (fatores preexistentes à sigla Bric), comentou.

Nem tanto otimismo, nem tanto pessimismo. A reunião ter acontecido já é em si, um fato importante. As construções diplomáticas começam – como na grande marcha – com um primeiro passo.

Dificilmente esse diálogo evoluirá, no curto e no médio prazo, para um fórum de coordenação de políticas, como é o G-7. Na área política, porque apenas Rússia e China são membros permanentes do Conselho de Segurança das Nações Unidas e porque só eles, junto com a Índia, são potências nucleares. Na área econômica, financeira e comercial, porque a China já assumiu hoje um papel de muito maior relevância e preponderância no mundo globalizado e seus interesses não são necessariamente coincidentes com os dos outros três países.

Se no futuro o grupo buscar distinguir-se do G-7, poderá assumir posições de confrontação que destoam da tradição diplomática brasileira de conformar agendas positivas e cooperativas com todos os seus parceiros tradicionais. Rússia e China têm motivos próprios, de ordem estratégica e talvez até militar, para contraporem-se às democracias industriais, mas não o Brasil. O esforço para aumentar a presença internacional do país não deve incluir a adesão automática a agendas que não se conformam necessariamente aos nossos interesses (como acontece em alguns itens da agenda com nossos vizinhos regionais).

O potencial político do grupo Bric é grande. A eficácia da atuação geopolítica conjunta a médio e longo prazos, no entanto, ainda não pode ser assegurada. A influência dos Brics como um grupo vai depender do grau de coesão e de sua participação ativa nos temas políticos e econômicos mundiais na defesa dos interesses de uma parte substancial da população do globo.

Uma indicação das dificuldades para avançar no caminho comum que os quatro países enfrentam reside no fato de a reunião ter se realizado a nível ministerial e não no de chefes de governo, o que representaria um endosso político muito mais forte. A médio prazo, esse objetivo maior talvez possa ser alcançado.

O grupo está na fase inicial e exploratória, mais ajustada a declarações vagas e não ufanistas. Mais realista – e modesto – o ministro russo afirmou que os quatro países apoiam a reforma da arquitetura econômica mundial, a garantia das regras internacionais e discutem a situação global.

Publicado em 27 maio 2008

29 Política externa e internacionalização da empresa brasileira

PELA PRIMEIRA EM NOSSA história econômica, os registros nacionais e internacionais assinalaram que o Brasil, tradicional importador de capitais, passou a ser um investidor líquido no exterior.

De acordo com dados da UNCTAD, o Brasil recebeu, em 2006, US$ 18,7 bilhões e investiu US$ 28,2 bilhões. O fluxo de investimentos diretos brasileiros no exterior foi 1.020% acima dos US$ 2,5 bilhões em 2005. O Brasil passou, assim, a ocupar a liderança dos países latino-americanos que mais investiram no exterior e o segundo lugar, depois da China, entre os países emergentes.

Os dados de 2006 estão distorcidos, afetados pela compra da mineradora canadense INCO pela CVRD em uma operação que somou US$ 17 bilhões e configurou a maior aquisição realizada por um país emergente em um país desenvolvido.

Há razões macro e microeconômicas que explicam essa rápida mudança de atitude das companhias brasileiras. A valorização do real, as baixas taxas de crescimento da economia nos últimos anos, os altos custos internos e o reconhecimento de que, no mundo globalizado, o mercado interno não é suficiente para aumentar a competitividade das empresas, são alguns dos fatores que explicam a expansão dos investimentos de empresas brasileiras no exterior.

As companhias brasileiras de grande e médio porte começaram, nos últimos dez anos, a abrir espaço para sua atuação em todos os continentes. Petrobras, Marco Polo, Votorantim, Embraer, CVRD, CSN, Gerdau, Embraco, Natura, WEG, Odebrecht, Camargo Corrêa, Andrade Gutierres, Coteminas, Cutrale, Random, Tigre, Sadia, Banco Itaú são algumas das empresas que se tornaram as primeiras multinacionais brasileiras nos quatro cantos do mundo, em especial nos EUA e na América do Sul.

Essa nova tendência – que não deixa de ser um reflexo da integração cada vez maior do Brasil na economia globalizada, a partir da estabilização da economia doméstica – coloca desafios para políticas públicas do governo federal e para a atuação diplomática do Itamaraty.

O Brasil, nos últimos anos, viu crescer sua projeção externa, quer política quanto economicamente. A diplomacia presidencial tem sido um instrumento ativo para a promoção de uma agenda política (hoje, na busca de apoio para a obtenção de um assento permanente no Conselho de Segurança da ONU) e econômico-comercial (abertura de mercados para bens e serviços brasileiros).

O Brasil passou a utilizar ações de governo para projetar seus interesses econômico-comerciais no exterior.

A última visita presidencial à África (Burkina Fasso, Congo, África do Sul e Angola) foi significativa porque, pela primeira vez, foram anunciadas medidas inovadoras, como a criação de um fundo de investimento soberano, com o objetivo de aproveitar o grande volume de reservas, a exemplo da China e da Rússia, e a transformação de um débito de cerca de US$ 400 milhões em linhas de financiamento de projetos no Congo, ambas para apoiar empresas nacionais.

A afirmação presidencial de que não pode colocar condicionantes políticos, como arranhões à democracia, desrespeito aos direitos humanos e corrupção, para negociar com parceiros de interesse do país também foi inovadora. O raciocínio é o mesmo de países desenvolvidos que não se pejam de transacionar com países autoritários (inclusive com o Brasil, no período militar, no que toca a democracia e direitos humanos, e, em todo o tempo, no que se refere à corrupção...).

Pragmatismo e valores éticos/princípios em política externa não é coisa fácil de conciliar, como vimos recentemente no caso da visita a Burkina Fasso e no voto contrário a sanções a Mianmar na ONU. O equilíbrio passa por não transigir na defesa pública da democracia e do respeito aos direitos humanos, condenando com firmeza os casos concretos de sua violação, em qualquer parte do mundo, mas, sobretudo, na América do Sul.

Sendo um novo e recente membro do restrito grupo de países com crescente presença no exterior, o Brasil – sem estar adequadamente preparado – terá de enfrentar e responder rapidamente desafios políticos e econômicos para ajudar as empresas nacionais a enfrentar a dura concorrência internacional.

Os gestos simbólicos de oferecimento de apoio feitos na recente visita presidencial devem ser concretizados por meio de medidas efetivas no âmbito do governo para não cair no vazio, como tem ocorrido até aqui, frustrando os objetivos políticos dessas viagens. Os atos do governo devem ser mais rápidos e eficientes e devem incluir ações proativas do MRE, do MDIC e do BNDES, por meio de políticas públicas que respaldem o esforço do setor privado.

Uma política de incentivos com apoio do setor financeiro (apoio creditício e reforço do mercado de ações para o financiamento da expansão internacional, como faz a Espanha) e o engajamento do setor público para a negociação de acordos de garantia de investimentos e para evitar a bitributação são decisões urgentes. Uma vigorosa política industrial com o apoio do BNDES e medidas como a dedução fiscal dos investimentos realizados no exterior seriam complementos importantes.

A expansão externa dessas empresas demanda igualmente uma atitude mais firme por parte do governo brasileiro, para exigir o cumprimento dos acordos internacionais e dos contratos negociados, na defesa de interesses nacionais concretos que passam a ser ameaçados por medidas discriminatórias ou restritivas, como foi o caso da Petrobras na Bolívia e, até certo ponto, na Venezuela, no Equador e no Paraguai.

Como ocorre em outros países, impõe-se uma forte parceria entre governo e setor privado para realmente ampliar o processo de internacionalização das empresas brasileiras. Governo, área econômica e Itamaraty, devem melhor preparar-se para responder ao desafio.

Publicado em 23 out. 2007

30 Visão de longo prazo

A POLÍTICA EXTERNA BRASILEIRA passou a fazer parte dos assuntos que merecem a atenção da opinião pública nacional. O cenário internacional no qual nossa política externa tem de ser executada, porém, é pouco analisado. A compreensão do que ocorre hoje e o que deverá acontecer nos próximos dez ou vinte anos é essencial para julgar se a política hoje praticada pelo governo brasileiro está adequada aos tempos que correm.

O mundo surgido em 1991 com a queda do muro de Berlim e o término da Guerra Fria já não é mais reconhecível. A nova ordem internacional terminou com a bipolaridade e deixou os EUA como a única superpotência. Esse mundo unipolar, afirmado na primeira guerra do Golfo e com a invasão do Iraque depois dos ataques terroristas de 11 de setembro, está sendo superado. Com o desgaste e a perda de poder real e influência dos EUA, uma nova era – de maior incerteza para toda a comunidade internacional – começa a ganhar contornos mais definidos. Trata-se de um novo momento histórico em que nem o incontrastável poderio militar norte-americano, nem as velhas instituições multilaterais continuarão a prevalecer nos moldes até agora vigentes.

Estamos entrando em um período "não polar", ou de multipolaridade política e econômica, com a emergência de novos centros de poder como contraponto a essa única superpotência. Para tentar resolver os conflitos, sejam eles políticos ou econômico-comerciais, pela negociação ou pela força, coalisões específicas de geometria variável se formam ao redor desses polos: o EUA, Europa (em declínio) e China. Rússia, Japão, Índia, por diferentes razões, não parecem fadados a alcançar o *status* de superpotências com capacidade de emular Washington e Pequim. Os países produtores de energia e as redes formadas pelas ONGs são partes da nova equação de poder.

A crescente difusão de poder torna o novo cenário internacional propício a uma proliferação de soluções que só podem ser alcançadas se negociadas. Apesar dessa tendência à multipolaridade, o multilateralismo – a aplicação de tratados e a utilização de instituições, como a ONU, para alcançar resultados concretos – está desgastado e cada vez mais difícil de ser utilizado para obter a redução dos riscos de conflito nuclear, das ameaças do terrorismo, dos choques étnicos, dos desastres ambientais, do combate à pobreza e da promoção de maior justiça social.

O lado positivo do momento atual é o forte crescimento da economia global e suas consequências positivas para os países que estão sabendo entender a globalização e aproveitar uma fase que já dura mais de quinze anos. Os últimos cinco anos só encontram paralelo em termos de prosperidade da economia mundial no início da década de 1970.

Nesse quadro de crescente dificuldade para "administrar" o mundo, quais os fatores que poderão influenciar o cenário internacional nas próximas duas décadas?

Analistas concordam que a evolução das relações internacionais vai depender, em larga medida: do poder da China e como ele será usado; do islamismo radical e como ele se desenvolverá; do poder dos EUA e como ele será usado; das consequências políticas e sociais das grandes transformações que começam a ocorrer em virtude das mudanças de clima e dos problemas demográficos.

Em relação à China, continuará ela a ter uma evolução interna pacífica? O crescente poderio chinês colocará o país em conflito com os EUA e o Japão? Como ficará a ameaça de uso da força para impedir a independência de Taiwan? O Partido Comunista e os militares continuarão a prevalecer?

No tocante ao islamismo, como ficará o relacionamento com o Ocidente? Como o eventual controle de armas nucleares por países de maioria islâmica pode afetar o equilíbrio global?

Os EUA terão de lidar com o mundo como ele é, e não como Washington gostaria que fosse. As questões do Iraque, do Irã e de Israel e Palestina estão fazendo com que a política externa norte-americana comece a se ajustar às crescentes complexidades do novo cenário internacional. Qual o impacto que as transformações de clima ou de doenças pandêmicas poderão acarretar, afetando, sobretudo, os países mais pobres? Se esses elementos convergirem positivamente, nas próximas décadas, o mundo será provavelmente o resultado de uma combinação da globalização, com uma forte presença asiática e uma continuada influência militar e estratégica norte-americana.

A realidade, contudo, nem sempre se forma como nós queremos. Acontecimentos não previstos poderão alterar essa situação deixando saudades de uma época em que as soluções eram menos complexas, em especial, para as grandes potências.

As tendências futuras do cenário internacional poderão alterar-se por fatos novos, modificando as relações entre os principais centros de poder. Quais as consequências, por exemplo, de uma eventual instabilidade política na China acarretando um prolongado período de baixo crescimento, violência e uma política externa mais agressiva; de conflitos ou revoluções na região do Golfo Pérsico que dificultarão o acesso à região que concentra dois terços das reservas de petróleo; de epidemia mundial que produza grande mortandade, problemas econômicos e fechamento de fronteiras; de atos de terrorismo com armas de destruição em massa que poderiam levar a milhões de mortes e a restrições a liberdades internamente; de mudanças de clima que possam ocorrer mais rapidamente do que o esperado ou de um evento como o rápido derretimento da calota de gelo na Antártica.

Como se vê, a perspectiva de médio prazo para os polos de poder e para os países de regiões periféricas, como a América do Sul, é mais de indagações do que de respostas.

É nesse cenário que o Brasil se movimenta e que está a exigir uma clara definição de objetivos de médio e longo prazo. O mundo não vai esperar pelo Brasil. Ninguém vai facilitar, em rasgos de generosidade, a busca de espaços políticos ou de mercados para nossos produtos.

Publicado em 27 fev. 2007

31 Em busca do tempo perdido

SEGUNDO ESTUDO FEITO pelo National Intelligence Council nos EUA, o Brasil poderá ser uma das novas potências econômicas globais em 2020.

Para alcançar esse estágio de desenvolvimento e de influência mundial, além de contar com condições externas positivas, o Brasil terá de fazer seu dever de casa para manter a estabilidade econômica, tornar o governo mais eficiente e crescer de maneira sustentável a taxas significativamente mais elevadas do que as registradas nos últimos anos.

Os próximos quatro anos do novo mandato presidencial serão cruciais para se verificar se as previsões favoráveis sobre o Brasil poderão ser concretizadas ou não. Para que elas se realizem serão necessárias uma clara visão de futuro e firme determinação da sociedade para aprofundar as reformas ainda pendentes a fim de conseguir acompanhar o rápido crescimento da China e da Índia.

Quando se pensa nos próximos quinze anos, apesar dos números positivos recentes, o acúmulo de questões econômicas, políticas e sociais não resolvidas cria uma visão, de certa forma pessimista, quanto à capacidade do país de superar suas próprias dificuldades e desafios.

Estamos entrando em um ano de eleições presidenciais que vão trazer incertezas políticas e econômicas. O Congresso dificilmente examinará e votará a extensa pauta de reformas macro e microeconômicas pendentes. A disputa eleitoral, como tudo indica, ficará polarizada entre o presidente Lula e um candidato de oposição do PSDB. Assim, o país corre o risco de dividir-se profundamente, tornando difícil a formação de consenso para aprovar as medidas necessárias para o crescimento sustentado da economia.

Com esse pano de fundo, chegou a hora dos partidos políticos, dos sindicatos, do setor empresarial somarem esforços para permitir uma transição tranquila e produtiva em 2007 e pensarem, de fato, no Brasil, e menos em seus interesses pessoais, estimulados pela opinião pública cada vez mais politizada e informada.

O novo governo, de continuidade ou da oposição, deveria começar em 2007 com uma agenda previamente definida, como ocorreu no Japão com Koizume. Só assim se poderia conseguir superar a divisão eleitoral e também elaborar, de forma consensual, um programa mínimo inicial a ser implementado pelo futuro governo com apoio suprapartidário.

Qualquer que seja o resultado das eleições de outubro de 2006, o próximo presidente, mediante um entendimento sobre uma agenda para o Brasil do futuro, teria o apoio dos partidos para aprovar no Congresso, no início do governo, um programa para colocar o Brasil no caminho que, efetivamente, o projetasse no concerto das nações nos próximos quinze anos.

Na linha da agenda mínima apresentada pela CNI, em nome do empresariado, ao governo em agosto passado, existe amplo consenso em torno da necessidade de se avançar as reformas política, trabalhista, da previdência, tributária e do judiciário. A reforma constitucional poderia inspirar-se naquela realizada pela Espanha e por Portugal, de modo a se obter uma reorientação do papel do Estado e a fortalecer suas funções como regulador da economia, atualizando as regras e o funcionamento das agências com a eliminação de disposições que envelheceram e vão contra as tendências globais. Será inadiável melhorar a gestão pública, por meio da elaboração de metas para a educação, saúde, utilização dos gastos públicos. Também deve ser prioridade a simplificação e desburocratização do serviço público para facilitar a vida dos cidadãos e das empresas, especialmente na área de comércio exterior.

Não é realista pensar que um acordo suprapartidário desse tipo possa ser negociado antes das eleições. As diferenças políticas entre governo e oposição e mesmo dentro do governo e a polarização pré-eleitoral são muito grandes e difíceis de superar em um clima tenso e de clara perspectiva de divisão.

Não me parece, contudo, tratar-se de uma proposta ingênua e utópica. O problema, por certo, está nos detalhes de cada um desses itens, onde não existe um claro consenso. Urge, porém, que essas questões sejam enfrentadas.

O alcance e a extensão das medidas poderiam ser trabalhados pelos partidos políticos, como ocorreu recentemente na Alemanha, quando se aprovou uma "grande coalizão" para facilitar a governabilidade. Os partidos, em vez de apresentar programas genéricos, que ninguém lê, nem são seguidos depois das eleições, formulariam plataformas de governo com uma agenda mínima específica a ser apresentada e defendida pelos candidatos presidenciais.

Um amplo entendimento – nos moldes do alemão – beneficiaria quem quer que saia vencedor na eleição, pois superaria a divisão que certamente impedirá, como tem ocorrido até aqui, a aprovação dessas medidas. Dado o sistema político partidário existente no Brasil, nenhum partido conseguirá, por si só, maioria para aprovar, em toda sua extensão, o seu próprio programa de governo.

A exemplo das eleições anteriores, a questão da governabilidade e da maioria parlamentar se colocará desde o primeiro momento, sobretudo se o atual presidente for reeleito, carregando consigo um PT reduzido e menos forte politicamente.

Os avanços institucionais e macroeconômicos nos últimos anos tornam hoje mais fácil o exame dessa agenda mínima voltada para os próximos quinze anos, que permitiria ao futuro governo concentrar sua atenção em medidas de curto prazo para melhorar a eficiência da máquina governamental, o ambiente para os negócios, os estímulos para o crescimento adicional da economia e a violência interna.

Estão criadas as condições para o Brasil dar um grande salto para a frente, como estão fazendo a China e a Índia. Se, por sua vez, as reformas necessárias não forem feitas, o país poderá perder definitivamente o trem da história. O mundo não vai esperar pelo Brasil.

Publicado em 10 jan. 2006

32 O Brasil e o mundo em 2020

O NATIONAL INTELLIGENCE COUNCIL (NIC), orgão de pesquisa e de formulação estratégica da CIA, em colaboração com diversos orgãos do governo norte-americano, organizações não governamentais e conhecidos especialistas, deu recentemente publicidade a dois interessantes trabalhos sobre as tendências globais e os cenários para o mundo em 2020.

Pareceu-me útil resumir o trabalho e comentar algumas de suas conclusões pelo que afirma e pelo que deixa de assinalar em relação à América Latina.

Para identificar as principais tendências internacionais, o NIC selecionou alguns fatores que influirão na conformação do mundo nos proximos quinze anos.

Esses fatores são demografia, recursos naturais e meio ambiente, ciência e tecnologia, economia global e globalização, governança nacional e internacional, futuros conflitos e o papel das Nações Unidas.

Ao proceder ao exame desses elementos, vários aspectos foram levados em conta: nenhum elemento individual ou tendência será dominante para influir no futuro do mundo até 2020; cada um dos elementos terá um impacto variável nas diferentes regiões e países; os elementos não incidem necessariamente um sobre o outro e podem se reforçar mutuamente.

Esses elementos influirão de forma significativa sobre a capacidade, as prioridades e o comportamento dos Estados e sociedades, bem como sobre o ambiente de segurança internacional.

O outro trabalho sobre o Panorama Global em 2020 mostra como a ordem internacional está passando por profundas transformações, como o mundo em 2020 será marcadamente diferente do de 2004 e como, nesse período, os EUA terão de enfrentar desafios na área externa completamente diferentes dos que respondem hoje.

A magnitude e a velocidade das mudanças como resultado do mundo globalizado serão uma característica dominante até 2020. Além dessa característica, as transformações que ocorrerem serão influenciadas pelas contradições da globalização, as modificações no panorama geopolítico com o surgimento de novas potências, nos novos desafios à governança e um sentido mais difundido de insegurança.

As sementes das maiores transformações foram plantadas em tendências já aparentes hoje. Reforçando essas características genéricas, uma série de tendências específicas que se sobrepõem e interagem podem ser identificadas: a expansão da economia global, a rapidez das modificações científicas, a dispersão de tecnologias de uso dual, a persistência das desigualdades sociais, o aparecimento de novas potências, o fenômeno de envelhecimento global, os riscos para a democracia, a expansão da ideologia islâmica radical, o potencial para formas catastróficas de terrorismo, a proliferação de armas de destruição em massa e a crescente pressão sobre as instituições internacionais.

No tocante às transformações do panorama geopolítico com a emergência de novas potências, o trabalho apresenta as principais conclusões.

- Os EUA continuarão a ser, em 2020, a nação mais poderosa do mundo, perdendo, porém, gradualmente o poder que detém hoje. O mundo com uma única potência é um acontecimento único nos tempos modernos e apesar das circunstâncias desfavoráveis ao seu poder nacional, a unipolaridade com os EUA não deverá ser ameaçada nos próximos quinze anos.

- A Ásia será a região dinâmica nas primeiras duas decadas do século XXI. China e Índia emergirão como os novos atores globais no campo político e econômico, como resultado da combinação de alto e sustentado crescimento econômico, expansão da capacidade militar, promoção ativa de tecnologia de ponta e grande população.

A China ultrapassará a todos em termos de gasto com a defesa, perdendo apenas para os EUA e se transformará numa potência militar de primeira classe.

• A Europa, com uma dramática redução populacional, deverá perder posição relativa e se distanciar das novas potências emergentes, embora não se possa descontar a possibilidade de uma Europa mais forte e unida e de um Japão mais ativo internacionalmente.

• A possível emergência do poderio econômico do Brasil, África do Sul, Indonésia e Rússia não trará a mesma influência política da China e da Índia e por isso terá um impacto geopolítico mais limitado. O crescimento econômico desses países deverá beneficiar seus vizinhos, mas dificilmente eles terão condições de se transformar em motores de crescimento econômico capaz de alterar o fluxo de poder econômico nas respectivas regiões, fatores fundamentais na ascensão política e econômica da China e da Índia.

• O aparecimento desses países poderá reforçar a atuação da China e da Índia e permitir o aparecimento de novos alinhamentos internacionais, podendo marcar uma ruptura definitiva com algumas das instituições e práticas do mundo pós-Segunda Guerra Mundial.

Ressalta da análise desses documentos uma situação bastante negativa para a América Latina. No sumário introdutório do panorama para 2020 a região não é nem mencionada, forte indicação da sua desimportância para influir nos rumos da política e da economia mundiais.

A perspectiva, na opinião de especialistas que contribuíram para o trabalho, é a de que a região continuará a perder influência nas questões mundiais e ficará de forma crescentemente marginalizada. Em consequência disso, a América Latina verá aumentar a distância que a separa das nações mais desenvolvidas, com impacto sobre o fluxo de investimentos e de avanços tecnológicos.

Ineficiência dos governos, aparecimento de líderes carismáticos e populistas, distanciamento tecnológico, baixo nível educacional, crescente pobreza, corrupção são algumas das razões que justificam o pessimismo das projeções em relação à América Latina.

O Brasil e o Chile aparecem como exceções nesse cenário negativo por suas crescentes vinculações com os polos dinâmicos da economia mundial, inclusive com a Ásia. O Brasil é visto como um Estado-chave, por sua democracia vibrante, economia diversificada, população empreendora e instituições econômicas sólidas. O sucesso ou fracasso do Brasil em conciliar medidas a favor do crescimento econômico com uma ambiciosa agenda social que reduza a pobreza e a desigualdade de renda terá um profundo impacto no desempenho econômico e na governança da região nos próximos quinze anos.

Dentro desse cenário, a posição do Brasil na região tenderá a tornar-se cada vez mais ativa e importante. A emergência do Brasil como uma potência econômica global nos próximos quinze anos coloca grandes desafios para a política externa e a política comercial externa do atual e dos futuros governos que demandará a construção de uma efetiva parceria entre governo e setor privado para assegurar a efetiva defesa do interesse nacional na construção desse poderio nunca experimentado até aqui.

Publicado em 8 fev. 2005

PARTE 4

INTEGRAÇÃO REGIONAL E MERCOSUL

1 Réquiem para o Mercosul

WOLFGANG AMADEUS MOZART morreu cedo, com pouco mais idade do que o Mercosul, que completou 21 anos. Teve uma vida bastante agitada, alternando momentos de sucesso e de dificuldades. Nos últimos anos, com a saúde crescentemente debilitada, recebeu a visita de um misterioso personagem que encomendou a criação de uma peça fúnebre, um réquiem, mediante o oferecimento de uma boa recompensa. Mozart, sem recursos, acedeu e começou a compor, mas morreu e deixou uma obra inacabada.

Lembrei-me do réquiem de Mozart e do fim da vida do compositor de Salzburg ao acompanhar os últimos desdobramentos do que está acontecendo com o Mercosul. Os países-membros compuseram o réquiem ao atender o pedido da Venezuela.

O Mercosul começou com um movimento *andante grazioso*, passou pelas fases de *andante con spirito*, *andante con moto*, *allegro moderato* e, com o novo membro, em vez de um *allegro majestoso*, vai acabar lacrimoso...

A chegada do visitante ao Mercosul, da maneira ilegal como está sendo feita, encerra antecipadamente uma obra que poderia ser tão grandiosa, como a de Mozart. O quarteto – Argentina, Brasil, Paraguai e Uruguai – poderia ter se beneficiado de um processo de integração que, passando da atual união aduaneira, levaria ao mercado comum.

Em 2006, quando foi admitido como membro pleno em processo de adesão, sintomaticamente em Córdoba, na Argentina, Chaves disse que a partir daquele momento "tudo seria diferente, pois haveria um relançamento do Mercosul".

Chaves estava certo. A agonia do Mercosul começou com sua politização. Passou a predominar a retórica e as decisões político-ideológicas sobre a realidade econômica. Esqueceu-se que o Mercosul não é uma união de governos, mas de Estados. A partir desse momento, mudou a lógica do processo de integração do Cone Sul, com a formação do eixo Buenos Aires-Caracas. Prevaleceram as agendas nacionais sobre a agenda da integração regional. A Venezuela, por seu lado, procurará utilizar a plataforma do Mercosul para seus próprios projetos.

O ingresso da Venezuela, aprovado – contra o aconselhamento do Itamaraty – com o mesmo rito sumário, *Dies Irae*, que afastou Fernando Lugo da presidência do Paraguai e determinou a suspensão do país, representou uma agressão institucional. A adesão, decidida por razões políticas, sem cumprir as condições negociadas pelo Protocolo de 2006, nem ter sido feito corretamente o depósito dos instrumentos de ratificação, pode representar um custo altíssimo para os membros fundadores. A decisão abre a porta para o ingresso da Bolívia, do Equador e do Surinã nas mesmas circunstâncias, isto é, sem apreciação técnica. Como, há algum tempo, disse o presidente Lula, "o Mercosul é como o coração de mãe: sempre cabe mais um".

Depois de politizar o Mercosul, pretende-se transformá-lo em um mecanismo de desenvolvimento econômico, com ênfase no social e no político, panaceia que resolveria todos os problemas dos países-membros. Como se fora possível modificar uma realidade de dificuldades e de assimetrias inevitáveis em qualquer exercício de integração, soprando uma "Flauta Mágica", tocada de forma dissonante por apressados ideólogos.

Debilitado pelo descumprimento das normas e regras previstas no Tratado de Assunção de 1991, bem como pelas recorrentes restrições à liberalização e à abertura dos mercados dos países-membros, o subgrupo regional, como inicialmente previsto, chegou a seu fim, de maneira inglória. "*Cosi fan tutti*", todos fazem isso, repetem os formuladores das decisões no bloco, referindo-se às barreiras protecionistas.

A disposição e a força criativa, que sobraram em Mozart para compor o réquiem, faltaram aos dirigentes do Mercosul nos seus estertores para tentar reavivar seus mecanismos institucionais. No momento atual, os entraves comerciais, a falta de apoio para a defesa dos interesses setoriais que impediram a integração das cadeias produtivas, afetadas por medidas burocráticas ilegais, sobretudo da Argentina, desviando nossas exportações para concorrentes asiáticos, e a insegurança jurídica tornaram o Mercosul menos atraente para o Brasil.

Sem acabar com o Mercosul, pois nenhum governo está preparado para assumir o ônus dessa decisão, o Brasil deveria libertar-se das amarras da negociação conjunta para os produtos que poderiam ser liberalizados com terceiros países que se dispuserem a negociá-los separadamente. Quem poderá duvidar que, com a Argentina e a Venezuela no bloco, dificilmente será concluído qualquer acordo de livre comércio com terceiros países. Parafraseando Groucho Marx, quem vai negociar com o Mercosul que aceita a Venezuela de Chaves como sócio.

Para o Brasil, a entrada da Venezuela poderia ser positiva do ângulo estratégico (o Mercosul se estenderá da Patagônia ao Caribe) e comercial (se for cumprido o que foi negociado no Protocolo de Adesão com a abertura do mercado venezuelano para produtos brasileiros pela liberalização do comércio e pela aplicação da Tarifa Externa Comum). Sob o aspecto político, contudo, poderá colocar a política externa brasileira em situação delicada pela mudança do eixo Brasília-Buenos Aires e por eventuais problemas internos na Venezuela, sem mencionar os possíveis vetos de Caracas às negociações comerciais de nosso interesse.

O último movimento do réquiem, *Libera Me*, que não foi escrito por Mozart, ajusta-se ao quadro agonizante do Mercosul, pois inclusive tem relação com o Brasil. Dentre as alternativas compostas para o final do réquiem estão "Os Manuscritos do Rio", de autoria de Neukomm, encontrados em 1819. Esse *finale* completa, de forma perfeita, o *divertissement* mercosulino.

Libera Me! Réquiem para o Mercosul!
É triste ver o Mercosul virar tema de anedota.

Publicado em 24 jul. 2012

2 Eixo Buenos Aires-Caracas

A DESASTRADA PRESIDÊNCIA argentina do Mercosul nos últimos seis meses, concluída na reunião de Mendoza, serviu para terminar de enterrar o grupo regional, tal como concebido inicialmente. O número de países-membros foi acrescido, e consagrado o desrespeito aos objetivos de liberalização e de abertura dos mercados.

Na contramão da letra e do espírito do Tratado de Assunção, o governo argentino quis aprovar novas medidas protecionistas: aumento das restrições comerciais, com a proposta de elevação da Tarifa Externa Comum para quatrocentos produtos e renovadas barreiras internas. Para fechar com chave de ouro sua presidência, Cristina Kirchner liderou as medidas mais radicais contra o Paraguai e a decisão política de aceitar a Venezuela como membro pleno do Mercosul.

O Mercosul como instrumento de integração econômica e comercial vinha sendo gradualmente enfraquecido pelos seguidos descumprimentos de suas regras e pela tendência de cada país a desenvolver suas próprias restrições comerciais e a tomar outras medidas que só fizeram aumentar a insegurança jurídica de potenciais investidores, como, por exemplo, a nacionalização da Repsol na Argentina, sem a adequada compensação.

A suspensão do Paraguai e o ingresso da Venezuela abrem uma etapa nova e difícil do Mercosul, que o Brasil terá de administrar durante a presidência semestral que agora lhe toca ocupar.

Embora o Brasil, corretamente, não tenha se associado ao embargo econômico, proposto pela Argentina e executado pela Venezuela com a suspensão do fornecimento de petróleo ao Paraguai, no tocante ao ingresso pleno de Caracas ao Mercosul, a posição brasileira aparentemente foi a de seguir a ação de Buenos Aires, ou, segundo o governo uruguaio, a de pressionar para aprová-lo.

Mais uma vez prevaleceu a velha demagogia e o voluntarismo latino-americanos. Apesar de o governo brasileiro ter se municiado de um parecer jurídico encomendado à Advocacia-Geral da União (ao invés do Consultor Jurídico do Itamaraty), a legalidade da decisão dos três sócios do Mercosul, segundo anunciado, deverá ser contestada pelo Paraguai, porque o país não foi expulso, mas apenas suspenso por prazo determinado. O artigo 12 do Protocolo de Adesão – documento que estabelece as condições de entrada da Venezuela – prevê que ele só entrará em vigor depois de trinta dias do depósito do quinto instrumento de sua ratificação. Por sua vez, o artigo 37 do Protocolo de Ouro Preto – que criou a união aduaneira – diz que as decisões dos órgãos do Mercosul serão tomadas por consenso e com a presença de todos os Estados Partes.

O Protocolo de Adesão, aceito livremente pela Venezuela em 2006, não foi executado até aqui pelo governo bolivariano. A Tarifa Externa Comum, o acervo normativo do Mercosul e os acordos negociados com terceiros países deverão ser incorporados à nova política comercial da Venezuela até 2014 e necessitam ser comunicados à OMC. Como ficarão os compromissos internacionais do Mercosul, por exemplo, no caso do acordo de livre comércio com Israel, país com o qual o governo Chávez rompeu relações diplomáticas?

O precedente criado pela Venezuela abre a porta para o ingresso da Bolívia, do Equador e de outros países sem o devido cumprimento do ordenamento comercial que prevalece para os membros originais.

Com esse ato arbitrário e ilegal, os três países decidiram colocar um fim ao Mercosul econômico-comercial concebido nos idos de 1991 e instaurar um Mercosul que obedece a prioridades políticas e não mais técnicas ou jurídicas. Um exemplo disso é a elevação das tarifas externas comuns de cem produtos adicionais, que poderão mesmo ser aplicadas contra o Brasil. Por sua vez, apesar dos congressos da Argentina, Brasil e Uruguai terem aprovado o Protocolo de Adesão da Venezuela por razões políticas, ignorando as deficiências técnicas, foi necessária a suspensão do país, cuja voz era destoante, para que fosse decidida a entrada de Hugo Chávez.

Não há dúvida que, do ponto de vista estratégico e econômico, será importante a incorporação da Venezuela ao subgrupo regional. O Mercosul se estenderá da Patagônia ao Caribe e seu mercado se ampliará. O que se discute agora é o preço que os países-membros deverão pagar a curto prazo. Não custa lembrar que Hugo Chávez, que agora celebrou a entrada da Venezuela "como uma derrota do imperialismo e das burguesias lacaias", já havia declarado publicamente que pretendia "mudar totalmente o Mercosul", a seu ver "muito neoliberal".

Não podem deixar de ser ressaltadas a força da liderança de Chávez na América Latina, muito além dos países da Alba, nem a forma como o governo brasileiro vem atuando na América do Sul, ignorando nossos reais interesses políticos e diplomáticos na região.

Inicialmente, o governo de Dilma Rousseff, no tocante à política externa, foi saudado por seu pragmatismo e ausência da influência de fatores ideológicos que tanto caracterizou o governo Lula, sobretudo no segundo mandato. As decisões sobre o Paraguai e a Venezuela não deixam de ser um retrocesso na linha inicial de conduta do governo brasileiro. A percepção prevalecente é a de que o Brasil, na melhor das hipóteses, ficou a reboque da Argentina, pelas afinidades partidárias e ideológicas com Hugo Chávez. Não é de excluir, nesse episódio, a influência de Lula, grande eleitor de Lugo e de Chávez. O Brasil, cuja política externa tanto brilhou na Rio+20, interpretou equivocadamente os recentes acontecimentos regionais, e se submeteu ao eixo Buenos Aires-Caracas.

A política externa, mais uma vez, desviou-se de sua tradição de defesa dos interesses do Estado e se rendeu a interesses partidários.

Publicado em 10 jul. 2012

3 O futuro do Mercosul

O ALTO REPRESENTANTE DO Mercosul, Samuel Pinheiro Guimarães, publicou, na *Revista Austral da* UFRGS (jan./jun. 2012), ensaio em que pretende examinar o futuro do Mercosul e faz considerações mais amplas sobre as circunstâncias em que o grupo regional foi criado, sua evolução nos últimos vinte anos, as dificuldades atuais e o impacto da China.

Na esperança de que seja iniciado um efetivo debate sobre a situação atual e as perspectivas do processo de integração sub-regional, vou limitar-me a comentar alguns aspectos factuais de suas ideias sobre o Mercosul e que, me parece, merecem reparos, pela imprecisão ou pela distorção motivadas por considerações alheias à realidade.

Ao questionar os *objetivos e as razões* da criação do Mercosul, Samuel assinala que, em 1991, quando foi assinado o Tratado de Assunção, o pensamento neoliberal, representado pelo consenso de Washington e pela supremacia dos EUA, era hegemônico; que o Mercosul foi criado para ser um esquema de liberalização comercial como uma etapa de um processo virtuoso de eliminação das barreiras tarifárias ao comércio e a plena inserção no comércio internacional; que, em 2012, a situação mudou completamente, afetando as perspectivas de integração regional e do Mercosul, na medida em que isso depende da vinculação cada vez maior de suas economias e políticas, o que justificaria uma guinada nos objetivos do processo de integração.

Todo o artigo de Samuel está construído como se tudo o que existia antes de 2003 fosse fruto da submissão dos governos aos ditames de Washington e que só depois ocorreram gestos e medidas em defesa da soberania dos países-membros.

O objetivo inicial do Tratado é a liberalização do comércio entre os países-membros, com o objetivo de se chegar, numa segunda etapa, a uma integração econômica. A visão politicamente distorcida nos últimos dez anos fez com que esse objetivo fosse perdido, com retrocesso em todas as áreas, e fosse dada uma ênfase indevida nas áreas políticas e sociais. Além da perda do sentido original, prevaleceu a visão de que o Mercosul deveria ser um bastião antiamericano, em torno do qual todos os países da região se reuniriam para lutar contra as investidas do "Império" na América Latina. Colocados diante da opção Mercosul-EUA, o resultado não poderia ser outro: os demais países escolheram fazer acordos com os EUA. Só não fizeram isso o Mercosul e os bolivarianos.

Samuel defende a ampliação geográfica do Mercosul ao conjunto da América do Sul, a pretexto de que essa expansão é a única maneira de fortalecê-lo econômica e politicamente.

Como a Venezuela está prestes a aceder ao Mercosul sem cumprir nenhum compromisso assumido no protocolo de adesão, nem o da Tarifa Externa Comum, os outros países teriam o mesmo tratamento e ingressariam por motivação política, criando outra significativa distorção comercial e uma ainda maior disfunção do grupo.

As *assimetrias*, acredita Samuel, resultaram de grandes diferenças de infraestrutura física e social, de capacitação de mão de obra e de dimensão das empresas, o que levaria os investimentos privados a não poderem se distribuir de forma mais harmônica no espaço comum. Na sua opinião, o Tratado de Assunção não levou em conta essas supostas assimetrias – que existem em qualquer bloco –, o que teria provocado muitas exceções e regimes especiais, à margem e contra a liberalização prevista. Os Estados maiores – no caso, o Brasil apenas – deveriam generosamente contribuir com "financiamentos assimétricos" para compensar essas diferenças.

O Mercosul, contudo, nunca foi pensado como um mecanismo de correção de assimetrias, e sim como instrumento de inserção competitiva dessas economias no mercado internacional e é sob esse ângulo que ele deve ser avaliado. A ideia de assimetria, aceita sem análise crítica pelo Brasil, é contrária à simples realidade do comércio internacional, baseado justamente na diferença entre os países; ela justifica a extrema complacência com as medidas restritivas, ilegais, contrárias ao Mercosul e à OMC, e sua redução passou a exigir compromissos financeiros que recaíram, na quase totalidade, sobre o Tesouro brasileiro.

Segundo Samuel, a estratégia e as políticas de desenvolvimento implementadas pela *China* são um dos fatores que criam um ambiente propício à adoção de medidas para tornar o Mercosul um organismo para promoção do desenvolvimento econômico.

O engano aqui é mais grave: o suposto modelo chinês não é reproduzível em qualquer outro lugar, menos ainda no Mercosul, e a China, longe de pretender uma relação igualitária, repete o mesmo padrão de comércio Norte-Sul, rejeitado por Samuel.

Samuel pretende que o Mercosul seja um "organismo de promoção do desenvolvimento econômico" dos Estados isolados e em conjunto.

Como se sabe, nenhum mecanismo setorial de política comercial pode servir como alavanca de desenvolvimento. A gradual transformação do Mercosul em um organismo que se propõe promover o desenvolvimento econômico dos Estados-membros, inspirada e apoiada pelo então secretário geral do Itamaraty, levou o grupo a adotar uma atitude introvertida, refletida no protecionismo ilegal, e defensiva em relação à globalização, deixando a liberalização comercial num distante segundo plano. Enquanto a Ásia, por seu lado, realiza uma ampla integração produtiva com acordos de livre comércio entre China, Japão e Coreia; entre a Asean e os EUA; e começa a se desenhar um acordo comercial entre a União Europeia e os EUA. O Mercosul, de seu lado, só assinou três acordos comerciais (com Israel, o Egito e a Autoridade Palestina), sem maior relevância para o Brasil.

Foi essa visão equivocada que levou o Mercosul à crise institucional. Temo que, contra o interesse nacional, seja difícil retomar o projeto inicial.

Publicado em 22 maio 2012

4 As difíceis negociações entre o Mercosul e a União Europeia

A CRISE ECONÔMICA NA Europa, com a queda do crescimento e o aumento do desemprego, não impediram entendimentos ou o início de negociações comerciais da União Europeia (UE) com EUA, Índia, Canadá, Vietnã, Coreia.

O mesmo não acontece com as negociações com o Mercosul.

Na última reunião entre o Mercosul e a UE, os grupos de trabalho avançaram nos textos sobre regras (concorrência, defesa comercial, solução de controvérsias, compras governamentais, investimentos, regras de origem, barreiras técnicas, medidas sanitárias), continuando pendente a troca de ofertas de produtos.

A decisão de Bruxelas de manter os subsídios agrícolas na UE até 2020 e a posição do governo uruguaio de rever a decisão de negociação conjunta dos países do Mercosul poderão representar dificuldades adicionais para a retomada desses entendimentos.

Existe uma série de questões pendentes que compõem o estágio atual do contencioso com a UE e que de alguma forma deverão ser examinadas visando a um acordo de livre comércio.

• Dois painéis sobre açúcar e pneus no Mecanismo de Solução de Controvérsias (MSC) da OMC, ambas com o Brasil tendo ganho de causa. Os dois processos foram encerrados e estamos atualmente cumprindo plenamente a decisão, tendo permanecido a proibição de importações de pneus usados da UE.

• Questão das apreensões abusivas, por alfândegas europeias, de medicamentos genéricos em trânsito. Essa questão não evoluiu para um painel, tendo sido satisfatoriamente encaminhada, pelo menos até o momento, por meio de consultas.

• Embora não haja em curso nenhum processo Brasil-UE no MSC, existem questões que poderão evoluir na direção de um contencioso. No caso de restrições técnicas às exportações brasileiras de carne de frango, a Camex já chegou a autorizar o início de procedimento no MSC, mas a decisão final ainda não foi tomada. No caso de restrições à carne bovina, há outras duas barreiras que poderão motivar procedimentos no MSC: barreiras técnicas à exportação de carne e a resolução 61, que instituiu a obrigatoriedade de rastreamento/registro de propriedades rurais aptas a exportar para o mercado europeu.

• Discriminação sofrida pelo café solúvel brasileiro. As exportações de outras origens para a UE, beneficiadas pelo Sistema Geral de Preferências (SGP) europeu, recebem tarifa zero, enquanto o Brasil paga 9%. Há pressões recorrentes em favor da abertura de processo, mas há dúvidas sobre a possibilidade de êxito.

• Do lado da UE, o aumento de trinta pontos percentuais do IPI sobre automóveis importados gerou queixas e restrições.

Em sentido mais amplo, nosso principal contencioso com a UE diz respeito às barreiras concentradas nas exportações de produtos agrícolas, seja por picos tarifários, seja por razões sanitárias ou fitossanitárias, como as da resolução 61. Dentre os irritantes com a UE, cabe mencionar a questão dos subsídios agrícolas. As últimas estimativas da OCDE mostram que o apoio recebido por produtores europeus sobe a mais de 20% do valor da produção, em comparação com 5% no Brasil. Como se sabe, subsídios agrícolas constituem um dos itens mais sensíveis no âmbito das negociações Mercosul-UE.

Sempre fui cético a respeito das perspectivas de conclusão dos entendimentos visando a um acordo comercial amplo e abrangente com a UE por dificuldades políticas nos principais países do velho continente. Nunca acreditei que eles pudessem aceitar as condições do Mercosul na área agrícola como contrapartida para as concessões nos setores industriais e de serviço de interesse europeu.

Se os entendimentos do Mercosul com a UE são difíceis, a grave crise entre a Argentina e a Espanha, em virtude da nacionalização da empresa de petróleo Repsol torna sua conclusão ainda mais problemática. A Argentina cancelou recente visita de alto funcionário europeu e a próxima reunião negociadora, que se realizaria em Buenos Aires, não foi marcada e teve de ser transferida para o Brasil.

Caso as negociações com a UE não prosperem, o Brasil continuará a ser um dos poucos países a não ampliar sua rede de acordos de livre comércio. Nos últimos doze anos, o Brasil negociou apenas um acordo comercial em vigor, com Israel. Os dois outros assinados com o Egito e com a Autoridade Palestina ainda não entraram em vigor e têm pouca relevância comercial.

A situação ficará ainda pior para o Brasil se a UE e os EUA formalizarem nos próximos anos um acordo comercial estendendo preferências na área agrícola para os EUA. Isso afetaria a competitividade dos produtos agrícolas brasileiros no mercado europeu e acarretaria a perda de espaço para os dos EUA. Por sua vez, o já anunciado desaparecimento do SGP, que beneficia cerca de 15% das exportações brasileiras para a Europa, tornará ainda mais difícil o acesso de produtos manufaturados naquele mercado.

No difícil contexto político, agravado pela decisão argentina e a reação espanhola, o Mercosul, para avançar os entendimentos, não terá alternativa senão repetir com a UE o que foi feito com Israel e com a Comunidade Andina de Nações: formalizar um acordo quadro Mercosul-UE, que incluiria normas comerciais, e aprovar, como propõe o Uruguai, a negociação de listas individuais, separadas, de produtos, com regras de origem e salvaguardas rígidas. Os países-membros do Mercosul, no futuro, poderão negociar a convergência da Tarifa Externa Comum, a qual, aliás, não está sendo respeitada por ninguém pelas sucessivas e crescentes exceções.

O Brasil não pode continuar sem uma estratégia de negociação comercial e permanecer assim à margem da tendência global de abertura de mercado por meio de acordos de livre comércio.

Publicado em 8 maio 2012

5 Mercosul vinte anos depois

QUANDO DA CRIAÇÃO DO Mercosul pelo Tratado de Assunção, de 26 de março de 1991, as circunstâncias políticas e comerciais eram muito diferentes das atuais.

A prevalência das visões nacionais, as diferenças surgidas na América do Sul e a emergência da China como primeiro parceiro comercial de muitos países da região, inclusive o Brasil, tornaram a negociação no âmbito do Mercosul mais difícil.

Em seu início, o Mercosul estava voltado para a integração econômica e comercial. As negociações para a abertura dos mercados dos países-membros foram importantes para as empresas brasileiras, servindo como um exercício útil para o acompanhamento e a negociação de acordos regionais e multilaterais. A motivação para promover a liberalização comercial e a coordenação macroeconômica com vistas a chegar-se a um mercado comum foi sendo aos poucos perdida.

Os descumprimentos do Tratado de Assunção começaram em 1995, quando a Tarifa Externa Comum (TEC) entrou em vigência e o grupo passou para a fase de união aduaneira. Todos os países estavam imersos em graves crises econômicas.

Ao longo dos anos, em especial a partir de 2006-2007, com as crescentes dificuldades institucionais para avançar o projeto de integração, como inicialmente concebido, os países, liderados pelo Brasil, passaram a dar ênfase aos aspectos políticos e sociais das relações. Embora essas novas ênfases representem uma distorção do Tratado de Assunção, muitos veem essas medidas como igualmente importantes para a integração regional. Esse processo, no entanto, vive atualmente um momento de crise institucional que, caso fosse superada, poderia fazer crescer ainda mais o relacionamento comercial entre os países-membros.

Os atuais órgãos do Mercosul funcionam de maneira precária, o que não permitiu maiores avanços nas negociações. O Tratado de Assunção foi seguidamente desrespeitado por todos os países-membros, com crescentes exceções à TEC, aplicada apenas a cerca de 35% dos produtos, e restrições às exportações, como licenças prévias e restrições voluntárias, contrárias à letra e ao espírito do Tratado. A frequente mudança de regras gera insegurança jurídica e incerteza para os investidores e para as empresas industriais e exportadoras. Esses fatos não impedem que empresas individuais aproveitem as oportunidades de comércio e de investimento existentes nos países do Mercosul, como ocorre com as brasileiras.

A necessidade de avanços institucionais, para corrigir os rumos do Mercosul, deverá exigir esforços adicionais para fortalecer a TEC, o mecanismo de solução de controvérsias, o sistema normativo, o Parlamento e a transformação do sistema de votação de consensual para ponderado.

Os números do intercâmbio comercial intrabloco são bastante positivos e alcançaram níveis recordes (US$ 45 bilhões) em 2010. Não são as virtudes do Tratado de Assunção, contudo, que despertam o ativismo do setor privado nos países-membros. A realidade é que o Mercosul comercial perdeu importância relativa. No caso do Brasil, as trocas dentro do bloco representavam em 1998 cerca de 17% do comércio exterior brasileiro. Em 2010, caíram para cerca de 9% do total.

Mesmo reconhecendo o reduzido impacto para a estrutura produtiva nacional e a quase marginalidade para as necessidades brasileiras de modernização produtiva, o processo de integração sub-regional é um ganho político e econômico para os países-membros, pela relevância no plano estratégico-diplomático.

Para ser objetivo, e não parecer apenas negativo, não se deve esquecer os avanços que ocorreram recentemente no processo de negociação. Depois de seis longos anos de discussão e impasses, foram aprovados o código aduaneiro, com algumas concessões contra o livre comércio, para entrar em vigor até 2019, a gradual eliminação da dupla cobrança da TEC, em etapas sucessivas que terminarão em 2017, e a distribuição da renda aduaneira. Foram feitos avanços também no Fundo para a Convergência Estrutural (Focem) que hoje sobe a US$ 470 milhões. Com recursos do Focem, em larga medida integralizados pelo Brasil, estão sendo financiados nove projetos no valor de US$ 800 milhões para a construção de estrada no Paraguai e a implantação de linhas de transmissão elétrica na Argentina, no Paraguai e no Uruguai.

No tocante à agenda externa, a prioridade atribuída, desde 2003, às negociações multilaterais da Rodada Doha explica, em parte, a parcial paralisia dos entendimentos mantidos pelo Mercosul. O reduzido número de acordos comerciais assinados (Israel e Egito) e em negociação é resultado tanto dos interesses conflitantes como da dificuldade de entendimento entre os quatro países-membros. Impõe-se a flexibilização das regras para permitir que cada país possa negociar individualmente. O fracasso da Rodada e as dificuldades para avançar nos entendimentos com a União Europeia, sobretudo agora com as hesitações da Argentina, deixaram o Mercosul em situação de isolamento. O ingresso da Venezuela poderá tornar esse quadro ainda mais complicado.

A fidelidade do Brasil ao Mercosul durante o governo Lula, apesar da perda de espaço para outras instituições recém-criadas, como a Unasul, pela superposição de competências, foi uma garantia da não desintegração do subgrupo regional.

É em meio a uma crise institucional que o Tratado de Assunção completa vinte anos e o Mercosul se torna cada vez menos relevante no contexto do comércio exterior brasileiro.

É o momento de termos uma ideia clara do que se quer para o Mercosul. E o Brasil deveria liderar, com vigor, os esforços para retomar o projeto inicial de liberalização comercial.

Publicado em 12 abr. 2011

6 Mercosul: retórica e realidade

No SEGUNDO SEMESTRE de 2010, pela última vez no governo Lula, o Brasil assumiu a coordenação do Mercosul.

O ministro Celso Amorim, em discurso em Montevidéu, no Parlamento do Mercosul, reafirmou que a integração da América do Sul é a prioridade número um da política externa brasileira e que o fortalecimento do Mercosul é uma questão de honra do governo Lula.

Em um exercício positivo de transparência para com a opinião pública nacional, nesse pronunciamento e em entrevista recente, Amorim delineou as intenções brasileiras para a reunião presidencial em Foz do Iguaçu. Disse que era preciso pensar grande e dar um salto qualitativo com a aprovação de uma série de medidas que venham a definir metas para avançar na conformação plena da União Aduaneira, visando à criação de um ainda distante mercado comum.

Foram alinhadas mais de quinze propostas que serão discutidas pelos presidentes dos quatro países-membros. O amplo programa repete algumas das propostas apresentadas em dezembro de 2004, quando o governo brasileiro delineou um ambicioso projeto de revitalização do Mercosul – Objetivo 2006 –, aprovado dois anos depois como Programa de Trabalho 2004-2006, com pouco ou nenhum resultado desde então.

Dentre as medidas propostas pelo governo brasileiro, caberia mencionar, pelo significado para a consolidação da união aduaneira, a discussão das exceções à Tarifa Externa Comum (TEC) e a definição de metas para sua eliminação gradual, sempre levando em conta as sensibilidades de todos os sócios. Cabe também lembrar o apoio à expansão do comércio de serviços, à negociação de acordo de garantia de investimentos, à adaptação do protocolo de compras governamentais do Mercosul, à necessidade de ser dado tratamento mais favorável aos sócios do que aquele que, isolada ou coletivamente, está sendo conferido a terceiros países.

Adicionalmente, há uma ampla agenda visando ao aprofundamento dos aspectos sociais, a ser examinada pelo recém-criado Instituto Social do Mercosul, que começará a funcionar em breve em Assunção.

As propostas apresentadas por Amorim são coerentes com a retórica da prioridade que o Brasil atribui ao Mercosul, mas, mesmo aprovadas pelos presidentes na próxima reunião do conselho, parecem estar fadadas a ter idêntico destino do programa de 2006. Dificilmente haverá disposição política para levá-las adiante, entre outras razões, porque mudaram as circunstâncias em que o processo de integração hoje se desenvolve na América do Sul e no âmbito do Mercosul.

As realidades políticas e comerciais são muito diferentes das existentes quando da criação do Mercosul em 1991. Em 1992, quando exerci a função de coordenador nacional, o Brasil fez proposta semelhante para a execução de uma série de medidas no que ficou conhecido como o cronograma de Las Leñas, com resultados insuficientes.

As divergências e diferenças políticas que surgiram com o aparecimento do movimento bolivariano liderado por Hugo Chávez e, nos últimos anos, a emergência da China como o primeiro parceiro comercial de muitos países da região, inclusive o Brasil, tornaram o exercício de negociação no âmbito do Mercosul mais difícil e com poucas chances de sucesso. O Mercosul perdeu espaço político para outras instituições como a Unasul. A crescente projeção externa do Brasil, por sua vez, está tornando o Mercosul e a América do Sul pequenos para os interesses brasileiros.

Das propostas anunciadas talvez a mais discutível seja a introdução na estrutura do Mercosul de uma figura política que dê um rosto ao grupo. Essa personalidade, na visão do governo brasileiro, deveria ter funções substantivas, com atribuições para propor iniciativas sobre matérias relacionadas ao processo de integração e para articular consensos entre os Estados sobre temas relevantes para o Mercosul.

Do ponto de vista brasileiro, a proposta de criar uma figura política como presidente do Mercosul ou seu secretário-geral deveria ser mais bem examinada, por ser claramente inconveniente. Não convém ao Brasil no atual estágio de integração do Mercosul cogitar da criação de uma instância com poder de iniciativa. A menos que o cargo esteja sendo pensado para o presidente Lula ou para o ministro Celso Amorim para atender interesses políticos de curto prazo, o que parece pouco provável. Só em pensar que o cargo possa ser preenchido por personalidades de outros países-membros ou que essa figura possa ser um político venezuelano, depois de completado o processo de adesão de Hugo Chávez ao Mercosul, podemos avaliar o potencial de risco para o Brasil.

Como as decisões continuarão a ser tomadas por consenso, não se prevendo nem a discussão e muito menos a instituição do voto ponderado, a tendência será o Brasil ficar isolado nas matérias de real importância para nós.

Penso que o processo de integração regional e sua negociação no âmbito do Mercosul têm de ser revistos à luz das transformações que estão ocorrendo com grande impacto na região. Do ponto de vista do Brasil, o que nos interessa agora é ampliar os acordos comerciais e abrir corredores de exportação no Pacífico para as exportações brasileiras serem mais competitivas no mercado asiático, em particular no chinês. O comércio intra-Mercosul e intrarregional continuará a crescer com ou sem o Mercosul. O Mercosul político e social terá mais visibilidade do que o comercial. A integração física não apresenta controvérsias, nem disputas, e poderá avançar com mais rapidez.

O futuro governo poderá continuar a apontar o Mercosul como prioridade máxima na retórica oficial. Na prática, se o Brasil realmente se interessar, os resultados concretos virão da integração física.

Publicado em 14 dez. 2010

7 Cinquenta anos de integração latino-americana

O ITAMARATY CELEBROU o cinquentenário da criação da Associação Latino-Americana de Livre Comércio (Alalc), em 1960, pelo Tratado de Montevidéu, com encontro para examinar a evolução do processo de integração latino-americana.

No último meio século, os principais marcos da aproximação comercial entre os países da região foram a substituição da Alalc, em 1980, pela Associação Latino-Americana de Integração (Aladi), a criação da Comunidade Andina de Nações (CAN), em 1985, o estabelecimento do Programa de Integração e Cooperação Brasil-Argentina (Pice), em 1988, e o Tratado de Assunção, que criou o Mercosul, em 1991.

Sob forte influência da Cepal, a partir dos anos 1950, a substituição de importações constituiu-se no elemento central das políticas econômicas dos países sul-americanos, que, naquela época, em sua maior parte, estavam voltados para o desenvolvimento do seu mercado interno. Os dois Tratados de Montevidéu, de 1960 e 1980, que passaram a regular as relações comerciais entre os países da América do Sul e o México, foram negociados nesse contexto.

Com a introdução dos princípios de maior flexibilidade, bilateralidade e convergência nas negociações comerciais, os governos procuraram dar mais agilidade ao processo de integração e torná-lo mais atrativo para acordos de abertura de mercado, como o Pice, a CAN e o Mercosul.

Ao mesmo tempo, germinavam as sementes de uma nova fase do processo integracionista, verdadeiro divisor de águas nas conversações para a integração regional, visto que as condições estruturais existentes em meados de 1980 eram diferentes daquelas que haviam prevalecido nos 25 anos anteriores.

A crise da balança de pagamentos gerada pela alta dos preços do petróleo, pelo problema da dívida externa e pelo esgotamento do modelo de substituição de importações, só fez estimular essa tendência. Na medida em que reduziam as restrições quantitativas e os níveis de proteção tarifária e dotavam suas políticas comerciais de instrumentos de aplicação transparente, ágil e não discriminatória, os países da América Latina passaram por uma fase de liberalização progressiva.

Com o restabelecimento dos governos civis, inaugurou-se uma fase de intensos contatos de alto nível, inclusive presidenciais, no âmbito do Mercosul e da CAN que, em nossos dias, culminaram com a criação de outras instituições como a União das Nações Sul-Americanas (Unasul) e a Comunidade de Estados da América Latina e do Caribe (Celac), uma das novas marcas do processo de integração regional.

Apesar desse avanço nas negociações, até hoje permaneceram, em linhas gerais, as razões estruturais, de política interna e externa, e técnicas que explicam o insucesso do esforço integracionista, com base nas regras e nas negociações no âmbito da Aladi.

Ao longo dos cinquenta anos de negociações, algumas características marcaram especialmente as ações e os entendimentos da Alalc, da Aladi e agora do Mercosul.

Nesse encontro do Itamaraty apresentei um decálogo que pode explicar os avanços e as dificuldades vividas pelos negociadores governamentais e pelas empresas interessadas na abertura do mercado regional.

• O governo brasileiro esteve na raiz de todas as principais iniciativas de integração comercial da região (Alalc, Aladi, Pice e Mercosul), oferecendo forte impulso político no lançamento das negociações e no seu desenvolvimento, sem receber apoio dos demais países.

• O apoio ao processo negociador sempre se deu pela ação preponderante das chancelarias e dos interesses de política externa e não da área econômica.

- Por ser conduzido pelos ministérios do Exterior, até hoje ainda não se conseguiu inocular a cultura da integração no âmbito dos governos como um todo, especialmente na área econômica.
- Desde seu início, o processo de integração comercial teve de conviver com a contradição entre os programas econômicos internos e as propostas de aproximação entre os sistemas produtivos.
- O protecionismo sempre esteve presente ao longo dos cinquenta anos: desde a aplicação da política de substituição de importação com a proteção das indústrias nacionais até a existência de listas de exceção para evitar a livre competição em determinados setores.
- A relutância do empresariado privado, interessado na preservação das reservas de mercado, em aderir plenamente às negociações foi um fator negativo para a ampliação das áreas de cooperação e de integração do setor produtivo.
- Mais do que um saudável impulso visionário de futuro, as negociações demonstram um irrealismo gritante das propostas temporais para a formação da área de livre comércio e o mercado comum, talvez pela preponderância das chancelarias nas negociações.
- Visto sempre como uma iniciativa de política externa, o processo de integração regional sempre se ressentiu da ausência de vontade política dos governos e do setor privado para levar adiante e aprofundar as propostas.
- A visão comercialista sempre esteve em contraposição a uma percepção mais ampla que incluiu considerações de natureza política e social, por influência do Brasil e da Venezuela.
- Desde o início, sempre existiu uma enorme distância entre a retórica governamental, positiva e favorável à integração, e a dura realidade das dificuldades e dos fracassos do processo integracionista.

Passados cinquenta anos do início do processo de integração, a região nunca esteve, como agora, tão desintegrada pelos atritos comerciais e pelas rivalidades políticas existentes, sobretudo a partir da criação da Alba venezuelana. O Brasil, pela primeira vez, perdeu a iniciativa de conduzir o movimento, ficando à reboque de uma agenda que não é a nossa, promovida pela Argentina e pela Venezuela.

Publicado em 14 set. 2010

8 A saga do Mercosul

A 29ª REUNIÃO DO CONSELHO do Mercosul, realizada em San Juan, na Argentina, ocorreu em um momento particularmente delicado para os países da América do Sul.

A temperatura entre a Colômbia e a Venezuela, em consequência das acusações do presidente Uribe sobre a presença das Farc em território venezuelano, subiu a um ponto crítico com mobilização de tropas na fronteira. No âmbito da Unasul, os esforços diplomáticos para reduzir a crise fracassaram, pela ausência de uma clara liderança que pudesse produzir pontos de convergência e pela omissão de seu presidente, Néstor Kirchner, que nem sequer compareceu ao encontro. A Venezuela ameaça suspender o fornecimento de petróleo aos EUA, caso seja atacada por forças militares colombianas. Se isso vier a ocorrer, o que não parece provável, ao invés de afastar os EUA do centro da controvérsia entre países sul-americanos, como quer o Brasil, Washington passaria a ter um papel crucial. Como perto de 13% do petróleo consumido pelos EUA vem da Venezuela, a questão se transformaria em tema de segurança nacional e determinaria a tomada de medidas drásticas por Washington para defender seus interesses. Chile e México decidiram reconhecer o governo de Honduras, deixando o Brasil isolado com os países bolivarianos contra o reingresso de Tegucigalpa na OEA. As Farc passaram a ser tema na campanha presidencial no Brasil, quando foram lembrados antigos laços do PT e de alguns de seus dirigentes com o movimento guerrilheiro colombiano.

Enquanto os problemas institucionais do Mercosul persistem e a desintegração regional se amplia com a crise entre Colômbia e Venezuela, o governo brasileiro parece estar mais preocupado com o conflito no Oriente Médio e em como encontrar uma fórmula para resolver as divergências da comunidade internacional e o Irã, em virtude do controvertido programa nuclear de Teerã.

As críticas de José Serra ao Mercosul e a suas deficiências institucionais ecoaram fortemente na reunião presidencial.

O ministro Celso Amorim, em entrevista ao jornal *El Clarín*, de Buenos Aires, na semana passada, disse que "as críticas ao Mercosul e a possibilidade de seu retorno a uma área de livre comércio significam um grande retrocesso" e que isso não vai ocorrer porque representa interesses de curto prazo.

Em resposta indireta a Serra, certamente por inspiração brasileira, os presidentes afirmaram que o Mercosul é um desafio histórico, que compromete a vontade dos seus povos e constitui uma aliança estratégica para enfrentar os desafios do atual contexto internacional. Coincidência ou não, depois de mais de seis anos, foram finalmente aprovados o Código Aduaneiro do Mercosul, a eliminação da dupla cobrança da Tarifa Externa Comum e a distribuição da renda aduaneira. Embora com prazos dilatados para entrar em plena vigência, os acordos foram sinais positivos. Os presidentes reconheceram também a necessidade de avanços institucionais, recomendando retoricamente esforços adicionais para fortalecer o Parlamento, o mecanismo de solução de controvérsias e o sistema normativo a fim de produzir resultados concretos para a integração regional.

O presidente Lula não perdeu a oportunidade para intrigar Serra com os países do Mercosul. Afirmou que "a elite, alguns empresários e políticos consideram perda de tempo a negociação com o Mercosul. Em vez de países pequenos, eles querem negociar com a Alca", em uma distorcida e equivocada simplificação, que esquece os entendimentos com a União Europeia, aliás sem avanços efetivos até aqui.

Em mais um exemplo da influência da política externa nas negociações comerciais, os países-membros assinaram um acordo comercial com o Egito, de pouca relevância do ponto de vista econômico, mas politicamente correto, para fazer contraponto ao já assinado com Israel, e anunciaram a negociação de outros com a Jordânia, a Síria e a Autoridade Palestina. Continuaram as pressões sobre o Paraguai para aprovar a entrada da Venezuela no Mercosul.

Talvez o ato mais significativo assinado no encontro de San Juan tenha sido o Acordo sobre o Sistema Aquífero Guarani, em negociação desde 2004, regulando a conservação e o aproveitamento sustentável pelos países do Mercosul de uma das maiores reservas subterrâneas de água doce do mundo com mais de 1 milhão de km².

Foram igualmente aprovados nove projetos no valor de US$ 800 milhões para a construção de estrada no Paraguai e a implantação de linhas de transmissão elétrica na Argentina, no Paraguai e no Uruguai, financiados pelo Fundo para a Convergência Estrutural do Mercosul, em larga medida integralizado com recursos financeiros do Brasil.

Os presidentes dos países-membros do Mercosul trataram da crise entre a Venezuela e a Colômbia e concluíram sintomaticamente propondo a convocação de nova reunião da Unasul, agora em nível presidencial.

Durante a última presidência do Mercosul no governo Lula, o Brasil quer discutir os próximos vinte anos do processo de integração, quem sabe acreditando que o PT nesse período estará a frente do governo no Brasil. Na impossibilidade de avanços concretos na área institucional, como evidenciado pelo desrespeito à Tarifa Externa Comum, reconhecido pelo próprio titular do Itamaraty, o Brasil quer promover um esforço adicional para aumentar a visibilidade do Mercosul, para apoiar a participação social e para fazer um balanço sobre os rumos futuros da integração regional. A distância entre a retórica dos governos e a realidade dos fatos continuará aumentando.

Com a recuperação das economias dos países-membros, o comércio intra-Mercosul vai crescer, independentemente da existência do grupo como uma união aduaneira.

Publicado em 10 ago. 2010

9 Mercosul e integração regional

EM *MERCOSUL E INTEGRAÇÃO REGIONAL*, editado pela Imprensa Oficial, reuni, a pedido da direção do Memorial da América Latina, análises dos fatos mais relevantes do processo de negociação do Cone Sul e sul-americano.

No lançamento do livro, em debate com Mario Marconini, diretor de negociações comerciais da FIESP, discutimos o Mercosul e suas perspectivas.

A partir de 2003, a discussão sobre a integração regional ganhou novos contornos. O Mercosul, tendo perdido suas características iniciais de um acordo de comércio visando à gradual liberalização do intercâmbio comercial entre os países-membros (Argentina, Brasil, Paraguai e Uruguai), desviou-se da rota preestabelecida e atualmente está estagnado e não é mais um instrumento para a abertura de mercado.

Em minha apresentação, ressaltei os pontos que me parecem mais importantes para entender o que acontece hoje com as negociações no âmbito do Mercosul.

O Mercosul foi um dos projetos que mais sofreu com a partidarização da política externa brasileira. A visão de mundo do Partido dos Trabalhadores, a prioridade para criar um contrapeso aos EUA na América do Sul e a inclusão da Venezuela como membro pleno do Mercosul alteraram profundamente os rumos do processo de integração sub-regional.

O esvaziamento do Mercosul no contexto do processo de integração regional e da globalização resulta, entre outros fatores, da falta de vontade de todos os governos dos países-membros de enfrentar decisões difíceis, sempre postergadas quando os presidentes se reúnem a cada seis meses.

Com as sucessivas medidas restritivas e contrárias à Tarifa Externa Comum (TEC), desapareceu a agenda de liberalização comercial, principal característica da fase atual do Mercosul, a união aduaneira. A perda de relevância comercial para os países-membros (o Mercosul representou cerca de 16% do comércio exterior brasileiro em 1998, contra menos de 10% em 2009) não estimula maiores esforços para a superação das dificuldades, como a eliminação da dupla cobrança da TEC e a aprovação do código de valoração aduaneira; a bilateralização das ações de política externa entre o Brasil e os países-membros e os demais vizinhos sul-americanos tirou o foco dos entendimentos plurilaterais.

Não podendo avançar na abertura de mercados, o Brasil influiu para que o Mercosul passasse a focalizar novas questões políticas e sociais.

A criação de órgãos regionais de integração, como a Unasul e a Comunidade de Estados Latino-Americanos e Caribenhos (Celac) acabam por duplicar competências e contribuir para o esvaziamento do Mercosul.

Uma análise objetiva dos custos e benefícios do Mercosul para o Brasil não pode ignorar as dificuldades geradas pelo processo decisório baseado no consenso e não no voto ponderado. Com o ingresso da Venezuela, os problemas potenciais aumentam pelas diferenças que existem nas agendas dos países da alternativa bolivariana (Alba) e o Brasil. A política da generosidade confunde objetivos políticos e partidários com o interesse nacional brasileiro ao aceitar todas as demandas da Argentina (em nome da solidariedade e da parceria estratégica), do Paraguai (colocando em risco a estabilidade do Tratado de Itaipu) e do Uruguai (por afinidade ideológica e pelas assimetrias de tamanho e peso econômico).

O Mercosul não conseguiu ampliar seus mercados através de negociações de acordos de livre comércio. Nos últimos oito anos, nenhum acordo de relevância foi negociado. Para ser factual, pode-

-se dizer que foi concluído um único acordo, com Israel, ainda não aprovado pelo Congresso, que pretende restringir as exportações de Israel ao excluir os produtos originários das áreas ocupadas por assentamentos israelenses. Há notícias da retomada de entendimentos com a União Europeia e o México para a conclusão de acordos há muito demandados pelo setor privado. A eventual conclusão desses acordos será bem-vinda, mas não devemos minimizar as dificuldades técnicas, políticas e comerciais para se chegar a um resultado amplo e equilibrado.

As negociações do Mercosul se realizam em meio a uma situação cada vez mais complexa na América do Sul. A região, em vez de caminhar para uma integração benéfica para todos, enfrenta um processo de desintegração política e fragmentação comercial. Sem mencionar a corrida armamentista representada por crescentes compras de armamentos por quase todos os países, multiplicam-se as divergências entre eles, como as tensões entre Venezuela e Colômbia (tanto militares como comerciais), Argentina e Uruguai (pela construção de fábrica de celulose), Chile e Peru, Equador e Colômbia (que estão com relações diplomáticas rompidas), Paraguai e Brasil (o Paraguai quer rever o Tratado de Itaipu, o que traria grandes problemas para a segurança nacional brasileira).

Finalmente, a crescente projeção global do Brasil, com interesses econômicos e comerciais espalhados por todos os continentes, faz com que os formuladores de decisão no governo e o setor privado comecem a perceber que o horizonte brasileiro vai mais além do Mercosul. Se mantivermos uma taxa de crescimento sustentável e o Brasil se tornar a quinta economia do mundo na próxima década, o Mercosul, assim como a América do Sul, vão se tornar pequenos para o Brasil.

Por tudo isso, impõe-se um choque institucional no Mercosul. É preciso permitir a flexibilização das regras em vigor para tornar possíveis entendimentos individuais de cada país-membro. Seria necessária também uma reformulação na estratégia de negociação comercial externa para que o Brasil possa, a exemplo de outros países, ter uma política agressiva de abertura de mercados via acordos de livre comércio.

Publicado em 27 abr. 2010

10 Mais do mesmo

EM SEU *BREVIÁRIO DOS POLÍTICOS*, o cardeal Mazarin ensina que, em uma comunidade de interesses, o perigo começa quando um dos membros se torna muito poderoso. É o que está acontecendo com o Mercosul.

A presidente da Argentina, Cristina Kirchner, discursando na reunião do Conselho de Presidentes, disse "é chegado o momento de discutir os desequilíbrios do Mercosul, simplesmente analisando os números de suas economias". Pensando no Mercosul e no Brasil, mas referindo-se à União Europeia, disse que "o grande peso da integração foi carregado pela Alemanha, não porque os alemães eram mais europeus do que os outros, mas porque o tamanho da sua economia e o peso do seu capital permitiram que as demais nações tivessem a possibilidade de incorporar infraestrutura e desenvolver um potente comércio intrazonal".

A diplomacia da generosidade e a paciência estratégica não são suficientes. O Brasil está se tornando tão forte que, na visão argentina, tem a obrigação de carregar os parceiros mercosulinos, inclusive a Venezuela.

Sob uma perspectiva histórica, a 38ª Reunião do Conselho do Mercosul, realizada em Montevidéu, poderá ser vista como o momento em que o Brasil passou a admitir a irrelevância do grupo sub-regional para seus interesses econômicos e comerciais, ao contrário do discurso oficial muito positivo do governo Lula.

Repetindo a retórica vazia que tem caracterizado os pronunciamentos dos líderes políticos sobre o Mercosul, os presidentes (incluindo Hugo Chávez), em longa Declaração Conjunta, reafirmaram seus compromissos com os princípios do Tratado de Assunção, entendendo que o fortalecimento do Mercosul é o caminho para uma inserção internacional mais sólida e uma ferramenta fundamental para o desenvolvimento das sociedades de seus países.

Na realidade, os resultados da reunião foram decepcionantes e apontam em outra direção. O governo brasileiro se encarregou de esvaziar a reunião com a ausência dos seus principais representantes. O presidente Lula fez um *pit stop* de dez horas em Montevidéu, pronunciou um discurso de dez minutos, não participou do almoço de despedida do presidente Tabaré Vázquez, do Uruguai e voltou correndo a Brasília. Em ostensiva coordenação, os ministros Guido Mantega, da Fazenda, e Henrique Meirelles, presidente do Banco Central, não compareceram. O ministro Celso Amorim tampouco se deu ao trabalho de viajar ao Uruguai, onde se fez representar pelo secretário-geral do Itamaraty, embaixador Antonio Patriota.

Os presidentes da Argentina, Cristina Kirchner, e do Paraguai, Fernando Lugo, aproveitaram para cobrar do Brasil uma ação mais forte para a redução das assimetrias de modo a promover o crescimento dos parceiros. O presidente da Venezuela utilizou, mais uma vez, o Mercosul como uma plataforma política para criticar os EUA ("vão declarar guerra a toda a América do Sul") e a Colômbia. O secretário-geral do Itamaraty, jejuno nos assuntos do Mercosul, em mais um exemplo da distância entre a retórica oficial e a realidade, afirmou que o bloco terá um período mais promissor, dadas as boas perspectivas de crescimento do Brasil até 2014. O incremento do comércio regional, a partir de julho de 2009, reforçaria essas previsões otimistas. Em sua avaliação, esse novo cenário criaria uma janela de oportunidade para mais uma reflexão construtiva sobre o futuro do Mercosul e sobre as alterações institucionais que devem ser realizadas para enfrentar as novas circunstâncias do cenário internacional; o ambiente positivo favoreceria a integração produtiva e a adequação das questões da dupla tributação da TEC e à necessidade de que o bloco "olhe para fora". Para tanto, exortou os países a examinarem suas posições na Rodada Doha e a trabalharem conjuntamente em negociações com terceiros, especialmente na retomada das negociações com a UE por meio de uma necessária abordagem política. Adicionalmente, Patriota observou que o Parlamento do Mercosul será fortalecido com a contribuição do Brasil, que flexibilizou – isto é, cedeu mais uma vez – a posição no tema da proporcionalidade das representações nacionais. Finalmente, advogou a aprovação de concessões tarifárias ao Haiti em alguns produtos têxteis para apoio à sua estabilização econômica e política, proposta vetada pelo Paraguai.

As únicas medidas efetivas tomadas são protecionistas e contrárias ao livre comércio.

• Adiamento da eliminação da lista de exceção da TEC, prevista para desaparecer em 2010 e que agora, por pressão argentina e aceitação resignada do Brasil, deverá ocorrer somente em 31 de dezembro de 2011. Na realidade, já se pode imaginar que, quando chegar essa data, acabaremos aceitando nova postergação.

• Aumento de tarifas, a pedido do Brasil, para fios e filamentos têxteis de 14% para 18%, e para onze produtos lácteos (leite em pó e tipos de queijo) de 11% para 28%. A pedido da Argentina, para mochilas, malas e bolsas de 16% para 35%.

A Argentina propôs a ampliação do uso da moeda local nas transações comerciais intrarregionais e a Venezuela saudou a constituição do Banco do Sul, medidas que encontram grandes dificuldades técnicas e políticas para serem implementadas.

Foi aprovado o aumento do orçamento do Fundo de Conversão Estrutural (Focem) para 2010 com maior contribuição do Brasil, apesar das dificuldades criadas pela Argentina para a aprovação do projeto da construção de linha de transmissão entre o Brasil e o Uruguai, em virtude da disputa sobre a construção da fábrica de celulose no Uruguai.

Para culminar essa comédia de equívocos, o presidente Lula anunciou publicamente que o Senado brasileiro iria aprovar a adesão da Venezuela ao Mercosul naquele dia, o que só veio a ocorrer duas semanas mais tarde.

Publicado em 12 jan. 2010

11 Segurança energética e jurídica

A REUNIÃO DO CONSELHO do Mercosul, realizada em Assunção, como era de se esperar, não trouxe novidades. Os quatro países continuaram adiando o fim da dupla cobrança da Tarifa Externa Comum e a entrada em vigor do Código Aduaneiro. Nem as regras para o Parlamento, nem a criação do Tribunal do Mercosul avançaram. O exame da adesão da Venezuela continua paralisado nos congressos brasileiro e paraguaio.

Com a estagnação do processo de integração regional, o Brasil passou a priorizar as relações bilaterais com os sócios do Mercosul e com os parceiros sul-americanos. Durante a reunião presidencial do Mercosul, o acontecimento mais relevante foi a conclusão das negociações entre Brasil e Paraguai sobre as demandas, no tocante às modificações do Tratado de Itaipu.

O "acordo histórico" firmado pelos presidentes Lula e Lugo é mais um exemplo da diplomacia da generosidade que hoje prevalece na região, graças à ação ideológica e partidária da política externa. A decisão do governo brasileiro de ceder às demandas paraguaias, justificada pela "convergência de visões e compromissos entre os dois países", segundo a Declaração Conjunta divulgada no final do encontro, tem, no entanto, como objetivo ajudar o enfraquecido presidente paraguaio.

As principais decisões de caráter político adotadas, aparentemente com resistência dos técnicos do Ministério de Minas e Energia e da direção brasileira de Itaipu, foram:

- submeter aos respectivos Congressos o reajuste, em 200%, da remuneração ao Paraguai por cessão da energia de Itaipu, elevando o bônus pago pelo Brasil dos atuais US$ 120 milhões para US$ 360 milhões ao ano;
- submeter ao Congresso a permissão para que o Paraguai venda parte da energia de Itaipu diretamente no mercado livre brasileiro. Um grupo de trabalho vai estudar como ocorreria a venda da energia paraguaia no mercado livre e submeterá as conclusões aos presidentes dos dois países;
- os presidentes decidiram "trabalhar juntos" pela integração energética regional, abrindo a possibilidade de o Paraguai vender energia de Itaipu a terceiros países após 2023;
- um pacote de bondades com financiamentos no valor de US$ 1,535 bilhão, alguns a fundo perdido, para a realização de obras de infraestrutura e de um mirante no valor de US$ 20 milhões, no lado paraguaio do lago de Itaipu.

O Congresso Nacional, portanto, será chamado a opinar sobre:
- A compatibilidade dessas decisões com as cláusulas do Tratado de Itaipu.
- A atualização da compensação pela cessão da energia e a eliminação do índice de inflação norte-americana que reajustam o empréstimo externo implicarão modificação do anexo C, parte integrante do Tratado, segundo dispõe o artigo VI. Trata-se da terceira modificação do fator de correção do bônus pago ao Paraguai e do reajuste da dívida pela inflação dos EUA. As duas primeiras, em 2005 e 2007, foram efetuadas por Troca de Notas Diplomáticas, sem audiência do Congresso. A venda direta ao mercado livre brasileiro da energia cedida pelo Paraguai deve ser analisada à luz dos artigos XIII e XIV.
- A possibilidade de venda da energia pertencente ao Paraguai para terceiros mercados depois de 2023 não está prevista no artigo XXV do Tratado. Cabe esclarecer que o Tratado de 1973 tem duração indefinida. O ano de 2023 representa apenas o final do pagamento da dívida externa contraída para a construção da hidrelétrica.

O EVENTUAL AUMENTO DO CUSTO DA ENERGIA PARA O CONSUMIDOR BRASILEIRO

Trata-se de questão importante tendo em mente o que ocorreu quando da concessão feita à Bolívia para o aumento do preço do gás, depois da nacionalização das refinarias da Petrobras em 2006, e quando da modificação do bônus para o Paraguai em 2005. Nos dois casos, a opinião pública foi reiteradamente informada – a exemplo do que acontece agora – de que o aumento não seria repassado para o consumidor final, industrial ou residencial. Na realidade, os consumidores tiveram de absorver os aumentos. Quem vai pagar agora os quase US$ 300 milhões que serão transferidos a mais ao Paraguai?

A FORMA COMO ESSAS MUDANÇAS SERÃO INCORPORADAS AO SISTEMA JURÍDICO NACIONAL

Ao submeter ao Congresso Nacional as modificações acordadas com o Paraguai, o governo reconhece que o Tratado está sendo alterado, apesar de dizer que as "decisões não mexem no Tratado de Itaipu porque há limitações concretas" que deveriam ser respeitadas. A forma de tratar essas questões, portanto, tem de ser o encaminhamento ao Legislativo das Notas Reversais trocadas com o Paraguai e não de projeto de lei ou medida provisória.

É importante política e economicamente que o Brasil ajude o Paraguai a crescer e a desenvolver-se, não por sentimento de culpa ou por afinidades ideológicas.

A generosidade, porém, tem como limite o nosso interesse nacional. Está em jogo não só a segurança energética do Brasil (mais de 20% da energia consumida no centro-sul é gerada por Itaipu), como também a segurança jurídica dos contratos e tratados firmados pelo Brasil.

As concessões no tocante à venda direta de energia no mercado aberto brasileiro e a possibilidade de venda a terceiros países a partir de 2023 abrem precedentes perigosos na estrutura do Tratado de Itaipu. Essas novidades, se aprovadas pelo Congresso, ficarão na pauta da agenda bilateral e permanecerão como um legado incômodo para os futuros governos.

Como nota positiva, o Paraguai, depois desses entendimentos, efetuou o depósito dos instrumentos de ratificação dos quatro Acordos de Residência e Regularização Migratória do Mercosul. Espera-se que, assim, possa ser solucionado o problema dos brasiguaios que vivem em território guarani.

Publicado em 11 ago. 2009

12 O exercício da liderança

A REUNIÃO DE ASSUNÇÃO do Conselho do Mercosul, que reúne os presidentes dos países-membros, e a atitude de nossos parceiros no tocante às eleições para o Conselho de Segurança da ONU e para a presidência do BID propiciam nova ocasião para algumas reflexões sobre a situação atual e as perspectivas do grupo regional e da política brasileira para a América do Sul.

Na impossibilidade de retomar a iniciativa de recuperação do Mercosul, os países-membros voltaram a usar a retórica e as declarações de intenções de muito pouco efeito prático e nenhum efeito político na tentativa de mudar a percepção dos operadores econômicos sobre a pouca relevância do grupo regional. Exemplo disso são a proposta para criação de fundo para financiar investimentos, a aprovação do acordo de sede para o funcionamento do Tribunal Permanente de Revisão e a declaração de apoio à construção da Comunidade Sul--Americana de Nações.

Quando se analisa a crise e o desgaste por que passa hoje o processo de integração no Cone Sul, é conveniente separar o Mercosul institucional do Mercosul comercial.

As dificuldades para a afirmação do Mercosul como um grupo regional com credibilidade e com um conjunto de regras estáveis que possa ser um instrumento útil para empresas nacionais e estrangeiras derivam de aspectos institucionais decorrentes da aplicação do Tratado de Assunção, que criou o Mercosul.

O seguido descumprimento do Tratado pelos países-membros e a gradual ampliação do comércio administrado com acordos de restrição voluntária, negociados por diversos setores empresariais, vão criando mais e maiores obstáculos para a ampliação do livre comércio. Essa situação tende a agravar-se com a proposta da Argentina e agora do Paraguai de criar novas medidas restritivas, como salvaguardas, ao arrepio da letra e do espírito do Tratado.

A percepção de que o Mercosul está patinando e deixando de ser atraente para os países-membros deriva, no fundo, da falta de vontade política das partes para definir prioridades visando corrigir desvios institucionais e aprofundar a integração. Falta uma diretriz comum, como aquela proposta pelo Brasil em dezembro de 2003, para buscar a efetiva implementação da União Aduaneira, com o fim das perfurações e a dupla cobrança da TEC, dos Regimes Especiais de Importação e a internalização das regras aprovadas pelos quatro países-membros.

O Mercosul comercial, por sua vez, vai bem. As trocas comerciais entre os quatro países-membros se ampliaram significativamente a partir de 2003 e alcançaram, em 2005, níveis equivalentes ao recorde histórico registrado em 1998, antes das crises no Brasil e na Argentina.

Os contenciosos comerciais são consequência mais da baixa competitividade dos produtos argentinos, do que da agressividade das empresas exportadoras brasileiras, às voltas com o câmbio apreciado e com altíssimas taxas de juro. Essas questões estão sendo resolvidas de comum acordo e, apesar de desvio de comércio em alguns produtos, em favor do Chile e da China, não são fatores impeditivos para o incremento global das exportações brasileiras, até porque não representam mais de 5% do intercâmbio bilateral com a Argentina.

O Mercosul aproxima-se da hora da verdade. Como nenhum governo ousará se expor ao risco político de propor seu término, o dilema é saber se ele permancerá irrelevante ou se de fato se transformará em uma alavanca para o progresso da região.

Apesar da retórica pró-integração e pró-Mercosul do governo Lula, o Itamaraty parece estar na defensiva e sem propostas próprias para responder aos desafios do momento.

Se o processo de integração fosse de fato uma prioridade política, agora seria o momento de o Brasil reconhecer a crise institucional do Mercosul e adotar uma atitude proativa com o objetivo de modificar essa situação.

A iniciativa brasileira poderia desdobrar-se em diversas ações concretas e de impacto, como, por exemplo, a convocação, conforme previsto no artigo 47 do Protocolo de Ouro Preto, de uma Conferência Diplomática para discutir a situação e, se for o caso, modificar o Tratado de Assunção. Por sua vez, poderia dar início ao exame do sistema decisório, um dos aspectos mais difíceis para o Brasil em um processo mais profundo de integração no âmbito do Mercosul. O atual sistema de tomada de decisão por consenso não poderá sustentar-se, caso haja avanços significativos na direção de um mercado comum. A exemplo do Mercado Comum Europeu em seu início, o sistema de voto ponderado terá de ser introduzido para que, na defesa do melhor interesse nacional, o Congresso brasileiro possa aprovar um futuro acordo.

A baixa prioridade do Mercosul para o atual governo brasileiro tem recebido duras respostas de nossos parceiros, que passaram a rechaçar a liderança brasileira na região. Repetidamente anunciada pelo governo Lula, essa liderança nunca foi tão contestada.

A política brasileira na América do Sul e no Mercosul terá de ser profundamente revista de modo a restabelecer uma atitude positiva e cooperativa. Não se pode seguir com sonhos irrealistas de liderança e de hegemonia, desmentidos a cada momento pelos fatos, como vem ocorrendo na eleição do Conselho de Segurança e como aconteceu nas eleições para diretor-geral da OMC e agora para a importante Presidência do BID, onde o Brasil perdeu no primeiro turno para o candidato colombiano e não contou nem com os votos do Uruguai e do Paraguai.

Com a retomada das negociações na Alca, caso o governo Lula mantenha as atuais posições, o Brasil, mais uma vez, ficará isolado no contexto sul-americano.

Levará tempo até que nossas relações com a América do Sul sejam recolocadas em seu leito natural, como ocorreu até 2002.

Liderança não se proclama, se exerce.

Publicado em 9 ago. 2005

PARTE 5

DEFESA NACIONAL

1 Fortalecimento da indústria de defesa

A POLÍTICA DE DEFESA NACIONAL (PDN), a Política Nacional da Indústria de Defesa (PNID), em 2005, a Estratégia Nacional de Defesa (END), em 2008, a MP 544 em setembro de 2011 e a lei n. 12.598, de março de 2012, colocaram o fortalecimento da indústria de defesa na agenda do governo.

Essa prioridade se expressa principalmente nos planos de reaparelhamento das Forças Armadas e de sua reestruturação, de fortalecimento da indústria de defesa e de transferência de tecnologia. O governo indicou não querer continuar a comprar equipamentos e sistemas de defesa no exterior, mas estimular a produção local em associação com empresas estrangeiras.

A END, um dos documentos mais importantes do ponto de vista da segurança nacional, está estruturada com base em três pilares: orientação, organização e capacitação material das Forças Armadas; reorganização da base industrial de defesa, com ênfase no desenvolvimento tecnológico e composição do efetivo das Forças Armadas.

Levando em conta que o Estado, na maioria dos países, é o principal comprador da indústria de defesa, o Executivo identificou os principais obstáculos para o fortalecimento da indústria nacional e buscou possíveis soluções. A END reconhece que "a dualidade de tratamento tributário entre o produto de defesa fabricado no país e o adquirido no exterior, em vista da excessiva carga tributária sobre o nacional, favorece aquisições no exterior, com a geração de indesejável dependência externa".

Nesse contexto, faz todo o sentido dispensar o mesmo tratamento tributário para a produção nacional e os produtos importados, expandir a participação dos produtos nacionais nos mercados internos e externos, fortalecer a cadeia produtiva no Brasil, ampliar as compras governamentais, expandir os financiamentos e a promoção internacional da produção da indústria de defesa.

Dentre os mecanismos examinados para alcançar esse objetivo, governo e setor privado discutiram o estabelecimento de um regime especial de tributação para à indústria de defesa, cuja principal finalidade seria eliminar a distorção de impostos em favor da empresa estrangeira.

Em setembro de 2011, a MP 544 criou o Regime Especial Tributário para a Indústria de Defesa (Retid) e dispôs sobre medidas de incentivo à indústria nacional. Transformada na lei n. 12.598, de março de 2012, o regime trouxe importantes e positivas inovações para a indústria, como, entre outros, a criação de regras de continuidade produtiva e estabilidade orçamentária para o Ministério da Defesa (MD); a desoneração de aquisições internas e importações das empresas estratégicas de defesa e seus fornecedores e de exportações dessas empresas, aumentando a competitividade internacional, e o estabelecimento de uma parcela mínima de agregação nacional aos produtos importados pelo MD.

A nova lei atendeu em parte as justas expectativas da indústria nacional. Prevaleceu, contudo, o interesse arrecadador do Estado, ficando excluída da isenção tributária à venda final das empresas nacionais para o MD, que representa 70% do faturamento da indústria. Em outras palavras, o governo, que diz desejar fortalecer a indústria nacional, continuou dando vantagem tributária aos importados, uma vez que continuam isentos de imposto de importação.

A legislação em vigor, deixando de lado a isonomia devida à indústria nacional, entre outras consequências negativas, inibe o desenvolvimento de tecnologia dual – destinadas tanto ao uso militar, quanto ao civil –, fundamental para o fortalecimento seguro e previsível de materiais e serviços de defesa, como previsto na PDN. A combinação desse e de outros detalhes da legislação resulta na inocuidade do Regime Especial como fator de estímulo à reestruturação e à revitalização da indústria nacional de defesa.

A indústria nacional de defesa – a exemplo do que ocorre nos demais setores industriais – está enfrentando, além da elevada carga tributária, altos juros, mão de obra cara, logística custosa, infraestrutura deficiente, energia a preço desproporcional, burocracia lenta, real sobrevalorizado, descontinuidade das compras públicas, falta de planejamento de longo prazo e contingenciamentos orçamentários.

A Fiesp, por meio do Conselho – Departamento da Indústria de Defesa –, tem acompanhado a evolução dessa importante matéria e defende que somente com a redução da alíquota a zero de impostos para as compras do MD o Retid atingirá plenamente seus objetivos.

Os gastos de defesa do Brasil não são suficientes para equipar e modernizar as Forças Armadas, cada vez mais chamadas para proteger nossas fronteiras contra os crimes transnacionais (drogas, contrabando de armas) e nossos recursos naturais, sobretudo no setor energético (pré-sal e Itaipu).

A soberania nacional ficará resguardada, de forma mais efetiva, pela redução da dependência externa, pela revitalização da indústria de defesa nacional, pelo barateamento e otimização do reaparelhamento das Forças Armadas e pela geração de avanços tecnológicos.

Dentro de uma visão estratégica, o Brasil deve aumentar seu poderio militar, porque só o *"soft power"* não é suficiente para respaldar nossa crescente projeção externa e para assumir as novas responsabilidades demandadas pela comunidade internacional.

Mais uma vez, estamos diante de uma situação em que não sabemos o que queremos. Enquanto o discurso oficial vai num sentido, a ação governamental caminha na direção oposta. A indústria espera que o governo e o Congresso Nacional promovam a revisão da Retid a fim de corrigir a distorção da nova legislação e evitar a frustração do objetivo maior de fortalecimento de um setor crucial para a defesa do interesse nacional.

Publicado em 12 jun. 2012

2 Terrorismo e segurança nacional

O MUNDO NÃO MUDOU EM decorrência dos ataques terroristas de 11 de setembro, mas a sociedade norte-americana, sim. Os EUA nunca tinham sido atacados em seu território desde 1814, quando, na guerra anglo-francesa, depois da independência, a Casa Branca foi incendiada pelos ingleses. A alma norte-americana foi profundamente afetada, o que explica a mudança rápida ocorrida no comportamento do povo e do governo norte-americanos.

Uma das consequências da transformação da sociedade norte-americana foi a obsessiva preocupação quanto à possibilidade de novos atos terroristas. Em conversa com o presidente eleito Lula, em dezembro de 2002, o presidente G. W. Bush disse enfaticamente que "todos os dias, sentado à mesa onde trabalharam Johnson e Kennedy, recebia do CIA mais de quarenta alertas de possíveis ataques terroristas".

A guerra global contra o terrorismo passou a ser a primeira prioridade do governo de Washington. Impedir novos ataques ao território norte-americano e capturar vivo ou morto Bin Laden e outros líderes da Al Qaeda foram objetivos perseguidos tenazmente desde 2001.

Depois de 11 de setembro, um tentacular aparato de segurança nacional foi criado. Integrada por agências governamentais, companhias privadas e por comandos militares, formou-se uma rede sigilosa dentro do governo norte-americano (Pentágono, CIA, Departamento da Segurança Interna), que se tornou um braço autônomo e autossustentável do governo e pouco conhecido pela opinião pública norte-americana.

Desde os ataques terroristas, o número de pessoas contratadas para trabalhar em programas ultrassecretos sobe a mais de 250 mil. Mais de 1.200 organizações do governo e cerca de 2 mil empresas privadas foram criadas e trabalham em programas sigilosos relacionados com a luta global contra o terrorismo, defesa interna e inteligência em mais de 10 mil edifícios espalhados por todo o país. Somente na região de Washington, desde 2001, foram construídos ou estão em construção 33 conjuntos de prédios para tratar desses temas, um deles verdadeira cidade secreta. Mais de 850 mil funcionários e não funcionários do governo dispõem de acesso a informações ultrassecretas. Analistas, que tentam interpretar documentos e conversações, obtidas por meio de espionagem doméstica ou externa, compartem suas ideias por meio de mais de 50 mil relatórios de inteligência todos os anos, um volume tão grande que faz com que sejam rotineiramente ignorados. Ninguém no governo sabe exatamente qual o montante dos custos envolvidos, quais os programas que realmente são relevantes e mereceriam ser mantidos ou quantas agências estariam duplicando o mesmo trabalho. A polícia, sob a justificativa de combater o terrorismo, está usando instrumentos de alta tecnologia, utilizados na guerra do Afeganistão e do Iraque, para investigar ativistas políticos ou mesmo cidadãos comuns.

Apesar de todo esse aparato, ninguém é claramente responsável pela coordenação das ações contra terrorismo. Os civis e os militares que trabalham nessa engrenagem têm um conhecimento limitado do que os demais membros dessa comunidade estão fazendo. Seu funcionamento se assemelha muito às células dos movimentos armados de contestação ao regime militar no Brasil, com poucos vasos comunicantes e informação parcial entre todos.

Tudo isso foi revelado agora com a publicação do livro *Top Secret America* [A América ultrassecreta], da jornalista Dana Priest e de William M. Arkin. Exemplo de jornalismo investigativo, o livro revela aspectos desconhecidos do crescimento dos órgãos de segurança e da comunidade de informações e o impacto disso nas ações do governo, na política interna e na externa.

A cultura do medo justificou o gasto para enfrentar a ameaça do terrorismo. Isso levou à crença de que o governo deve fazer tudo para evitar o risco de ataque, antes que ele ocorra, sem diferenciar uma rede de terroristas de uma ação isolada de pessoa desequilibrada.

Obama, ao assumir, herdou dois governos: um, administrado de maneira mais ou menos aberta, e outro, paralelo, ultrassecreto, que, em uma década, se expandiu sem controle, e, no dizer do chefe da inteligência do Pentágono, só é conhecido, na sua totalidade, por Deus.

Essa máquina de combate ao terrorismo desenvolve meios próprios para alcançar seus objetivos. Significativos e sofisticados avanços tecnológicos foram desenvolvidos visando à busca de pistas para descobrir possíveis ameaças e mesmo para a eliminação física de líderes de organizações terroristas. Dos muitos exemplos citados no livro, ressalto os veículos não tripulados (VANTS ou "drones") e a guerra cibernética. Os VANTS são responsáveis pela coleta de informações e pelo assassinato de indivíduos marcados para morrer por sua atuação em atividades consideradas como ameaça para os EUA. Com autorização presidencial (Memorando Secreto), estão sendo utilizados no Afeganistão e no Iraque, foram empregados para identificar os passos de Bin Laden no Paquistão e mais recentemente estão sendo usados na Líbia e no Iêmen. Grupos libertários, acadêmicos e cientistas começam a questionar o governo dos EUA por essa autoconcedida licença para matar, em qualquer país, o que coloca em causa questões legais, éticas e mesmo leis internacionais. Os meios sofisticados de quebra de sigilo na internet e de defesa e ataque na guerra cibernética tornam os desenvolvimentos nessa área um dos meios mais avançados de que dispõe a comunidade de segurança para interferir, com precisão e discrição, na vida privada e em assuntos internos de outros países, como se viu, recentemente, no ataque aos computadores do Irã, visando atrasar o programa nuclear daquele país.

Publicado em 11 out. 2011

3 Os avanços tecnológicos e as novas formas de guerra

Os CONCEITOS TRADICIONAIS de guerra e da forma de combate, como entendidos até aqui, estão sendo dramaticamente modificados pelo rápido avanço tecnológico.

Peter W. Singer, no livro *Wired for War* [Preparado para a guerra], trata da robótica militar e mostra como isso afetará as táticas e estratégias das Forças Armadas. Os ataques cibernéticos ocorridos nos últimos meses, por sua vez, fizeram com que se acendesse a luz vermelha nas instituições de segurança de todos os países do mundo.

Os veículos não tripulados (VANTs), de tamanho cada vez mais reduzido, estão transformando a maneira como os EUA pensam sobre a guerra e como se engajam nela. EUA empregaram os VANTs no Afeganistão, no Paquistão para vigiar Bin Laden e agora na Líbia. Israel utiliza os VANTs na luta contra a liderança militar palestina. O Pentágono dispõe hoje de cerca de 7 mil VANTs e solicitou ao Congresso US$ 5 bilhões para o desenvolvimento de novos veículos não tripulados do tamanho de aves e insetos, como as *spy flies* (moscas espiãs), equipadas com sensores e microcâmeras para detectar inimigos, armas nucleares ou vítimas de desastres naturais. Os VANTs são utilizados como arma de ataque, mas também como instrumento de vigilância antecipada contra eventuais ataques ou de proteção das fronteiras, sem nenhum risco para as forças aéreas ou terrestres.

O Brasil ainda engatinha nessa área e apenas recentemente adquiriu alguns VANTs para monitorar a porosa fronteira amazônica, tão vulnerável à ação do crime organizado de drogas e do tráfico de armas, e a Embraer começou a produzir esses veículos, com radares ultrassofisticados.

As invasões cibernéticas estão acarretando profundas transformações em uma nova forma de guerra, a virtual.

Os EUA, segundo diretrizes do Pentágono que serão divulgadas proximamente, passarão a considerar ataques cibernéticos como atos de guerra, sujeitos, portanto, a retaliações. Além de intensificar a segurança dos sistemas internos de defesa, as medidas incluirão desde sanções econômicas, passando por retaliações cibernéticas e até mesmo ofensivas militares. De acordo com o porta-voz do Pentágono, todas as opções estão em aberto, o que denota a seriedade com que o assunto está sendo tratado. A Casa Branca informou que "responderá a atos no espaço cibernético da mesma forma como responderia a qualquer outro tipo de ameaça contra o país". O governo norte-americano afirmou que se reserva o direito de usar todos os meios diplomáticos, econômicos e militares para defender a nação, seus aliados e seus interesses. O governo dos EUA tem porque se preocupar. Basta lembrar que, só nos últimos meses, órgãos oficiais, como o Departamento de Comércio, a CIA, o Senado, a rede de TV pública PBS e a empresa Lookheed Martins, que trabalha muito próxima do Pentágono no desenvolvimento de equipamentos militares sensíveis, foram afetados pela ação dos hackers.

Há uma proliferação de invasões em todo o mundo, não limitadas apenas aos governos ou organizações internacionais como o FMI. Foram atingidos empresas que armazenam dados financeiros ou lidam com informações confidenciais de Estado, companhias, como a RSA, unidade de segurança da EMC Corp., dois bancos e uma administradora de cartões de crédito da Coreia do Sul. Um dos grupos de hackers começou a atacar organizações (Visa e Mastercard) e pessoas contrárias ao site e ao fundador do Wikileaks. Ocorreram ataques com o objetivo de revelar ao público informações sobre atos de corrupção e tentativas de limitar a liberdade na internet.

Há suspeitas de que também países, como a China, os EUA e Israel, estejam realizando ataques de espionagem cibernética. O programa nuclear do Irã foi infectado por vírus, introduzido nos computadores oficiais por outro país. Consta que a Rússia e a Coreia do Norte possam ter utilizado serviços de hackers.

Um relatório da Otan concluiu não ser possível descartar a hipótese de que esses grupos de hackers passem a vender seus serviços a terroristas e ao crime organizado. Por sua vez, trabalho da OCDE minimiza a questão e observa que as chances de um conflito cibernético são reduzidas. As motivações políticas poderiam, assim, evoluir para a chantagem, ganhos financeiros ou terrorismo.

Nos últimos dias o Brasil entrou na mira dos hackers. A Presidência da República, a Prefeitura de São Paulo, o Ministério do Esporte, o IBGE, a SRF e outros órgãos foram atacados e, segundo foi noticiado, dados foram retirados desses sites. Segundo pesquisa do Tribunal de Contas da União, 64% dos órgãos federais não dispõem de uma política de segurança da informação.

Suponho que o governo brasileiro deva estar preocupado com vazamentos de documentos sigilosos e de detalhes técnicos, em especial os relativos ao programa nuclear brasileiro, e ataques a usinas de geração de energia e de redes de distribuição.

O governo brasileiro informou ter começado a pôr em prática medidas para proteger o país de ataques cibernéticos. Os ataques que visam ao roubo de informações estratégicas representam apenas 1% das ameaças, sendo registradas 2,1 mil tentativas de invasão por hora. A questão cibernética, ao lado da nuclear e da espacial, é prioridade incluída na Estratégia Nacional de Defesa. Em dezembro, o Gabinete de Segurança Institucional lançou o "Livro Verde", que estabelece parâmetros de proteção das redes governamentais.

Dada a magnitude do desafio e a vulnerabilidade do Brasil para essa nova forma de guerra, espera-se muito mais por parte das autoridades, com medidas sofisticadas de defesa e punitivas para os responsáveis pelos ataques.

O tema é de alta prioridade e urgência por afetar a segurança nacional.

Publicado em 28 jun. 2011

4 Defesa e política externa

A ORGANIZAÇÃO DO TRATADO do Atlântico Norte (Otan) aprovou em novembro de 2010 uma nova estratégia de defesa focalizada, sobretudo, no relacionamento com a Rússia e com o Afeganistão. Um dos aspectos discutidos e que foi registrado de forma genérica no documento final diz respeito à presença da Organização no oceano Atlântico.

Desde 1999, na crise dos Balcãs, a Otan ampliou sua atuação fora dos limites originalmente traçados do teatro europeu. Em 2004, o novo conceito estratégico refletiu essa realidade, justificada também pelas novas ameaças do terrorismo internacional e pelo risco de transporte ilegal de armas atômicas.

Mais recentemente, durante a discussão da nova visão estratégica, foi examinada proposta formulada por Daniel Hamilton, do Centro de Relações Transatlânticas, da John Hopkins University dos EUA, no sentido de incluir também a Bacia Atlântica e, via de consequência, o Atlântico Sul como área de atuação da Organização.

Não constitui surpresa verificar que a expansão da área de atuação da Otan coincidiu com a agenda internacional dos EUA, tendo em vista a dependência europeia da capacidade militar norte-americana no seio da Organização.

O ministro da Defesa, Nelson Jobim, em intervenção na Conferência Internacional sobre o Futuro da Comunidade Transatlântica, realizada em novembro no Instituto de Defesa Nacional em Lisboa, chamou a atenção para a possibilidade da utilização da Otan a fim de legitimar ações militares que Washington não queira executar de maneira unilateral ou que seriam de difícil aprovação pelo Conselho de Segurança da ONU, única instância internacional com poderes de aprovar o uso da força.

Nesse sentido, Jobim manifestou claramente as reservas do governo brasileiro às iniciativas que procurem de alguma forma associar o norte do Atlântico ao sul do Atlântico – área geoestratégica de interesse vital para o Brasil. As questões de segurança relacionadas às duas metades desse oceano são distintas e devem merecer respostas diferenciadas – tão mais eficientes e legítimas quanto menos envolverem organizações ou Estados estranhos à região –, sinalizou acertadamente o ministro da Defesa.

A questão de segurança e defesa ainda não entrou no discurso diplomático brasileiro. Os enormes desafios representados pelos crimes transnacionais (contrabando, tráfico de armas e de drogas) e pelo crescente armamentismo na região deveriam propiciar um maior envolvimento do Itamaraty não só nas discussões, como também no discurso oficial.

A grande extensão de fronteiras com quase todos os nossos vizinhos aproxima nossos países, mas também coloca cotidianamente problemas que exigem de nossas autoridades uma atenção redobrada para a defesa de nossos interesses. O Ministério da Defesa ocupou de forma competente esse vazio na política externa brasileira nos últimos anos.

As reservas petrolíferas descobertas em águas profundas no nosso mar territorial e fora dele e outros recursos existentes no fundo do oceano estão sendo identificadas pelo Programa de Recursos Minerais da Plataforma Continental e estão exigindo medidas acautelatórias que terão implicações sobre a política externa.

O governo Lula decidiu expandir os limites da nossa soberania sobre os recursos do fundo do mar ao incorporar à plataforma continental brasileira uma área de 238 mil km², além das 12 milhas do mar territorial e da Zona Econômica Exclusiva. A decisão foi unilateral e deverá ser ratificada pela Comissão de Limites da Plataforma Continental da ONU.

O Ministério da Defesa chamou a atenção para o fato de que não cabe ao Brasil examinar com os EUA a questão da expansão da área de atuação da Otan porque Washington não ratificou a Convenção das Nações Unidas sobre o direito do mar de 1982. Na prática, isso significa que o governo norte-americano não é obrigado a respeitar a plataforma continental de 350 milhas e os 4 mil km² de fundos marinhos do Brasil, onde estão localizadas as reservas de petróleo do pré-sal e onde outras potências poderiam intervir para também explorá-las.

A China está dando passos importantes para equiparar-se tecnologicamente às potências marítimas (EUA, França, Reino Unido e Rússia) para a busca e o domínio dos recursos minerais do fundo do mar, que nas próximas décadas poderão substituir as reservas terrestres. Desenvolvido secretamente desde 2003, a China testou com êxito um submersível habitável com capacidade de operar até 7 mil metros de profundidade. O governo chinês deverá iniciar pesquisas no Mar do Sul da China e se apresentou como candidato a receber uma zona contratual em águas internacionais para explorar depósitos sulfurosos.

O interesse do Brasil de assegurar sua plena soberania para a exploração das riquezas do fundo do mar e criar condições para a defesa tanto de potências tecnologicamente equipadas para explorá-las, como de ataques terroristas no tocante às plataformas de exploração e às comunicações marítimas com o continente são preocupação conjunta do Ministério da Defesa e do Itamaraty.

Nenhum país que pretende ocupar hoje um espaço importante no concerto das nações pode dar-se ao luxo de ignorar em seu discurso diplomático as preocupações com sua segurança e com formas de ampliar seus mecanismos de defesa.

Na campanha eleitoral, no programa de política externa da candidata Dilma Rousseff, foi feita referência expressa à consolidação e à execução da nova política de defesa, nos termos da Estratégia Nacional, aprovada em 2009. Trata-se de uma importante inovação ao incluir o Itamaraty nos objetivos da Defesa Nacional.

Vamos aguardar os desdobramentos dessa promessa na ação concreta do novo governo.

Publicado em 22 fev. 2011

5 Modernização das Forças Armadas

No ÂMBITO DO Ministério da Defesa, está em curso um ambicioso plano de modernização e de ampliação da capacidade de ação das Forças Armadas. Além da construção do submarino nuclear e da aquisição de aviões de caça de combate, a compra de veículos aéreos não tripulados (VANT) ocupa lugar de destaque nessa iniciativa.

Os aviões militares não tripulados, desenvolvidos pelos EUA como arma de ataque, foram utilizados pela primeira vez na guerra do Iraque de 2002. Seu antepassado mais próximo foi o U2 tripulado que, durante a Guerra Fria, teve papel de inteligência.

A campanha militar dos EUA contra o Iraque em 2003 foi a primeira guerra da era da informação. A tecnologia para o comando e controle das operações longe do campo de batalha ensejou o aparecimento de armamentos que possibilitaram a tomada de decisão à distância, maior controle sobre as operações bélicas e a redução dos combates armados diretos.

Os programas de defesa para pesquisa e desenvolvimento de veículos não tripulados, não só aéreos, mas também terrestres, avançaram significativamente nos últimos quinze a vinte anos, tanto no âmbito militar, quanto no civil. Na aviação civil, os pilotos estão sendo substituídos por computadores. O Airbus e o Boeing 777 podem voar entre São Paulo e New York sem interferência humana.

Esses veículos não tripulados de combate aéreo são a primeira evidência concreta das futuras guerras eletrônicas e robotizadas. Alguns analistas militares norte-americanos pensam que os contratos para a construção da próxima geração de caças de combate serão talvez os últimos para equipamentos tripulados de ataque. A eventual compra de caças pelo Brasil também deverá ser a última no gênero.

Se o programa de construção de veículos não tripulados, aéreos e terrestres, for bem-sucedido, poderemos pensar em guerras sem soldados, com lançamento de mísseis de submarinos automatizados e divisões de veículos terrestres não tripulados atacando velozmente o território inimigo. Os veículos de defesa não tripulados trarão consequências táticas, éticas e políticas que se tornarão mais evidentes na medida em que a tecnologia se desenvolver. Em termos de estratégia militar, trata-se de uma revolução no conceito tradicional de guerra.

As perspectivas que tais avanços tecnológicos oferecem aos militares e às lideranças civis são ilimitadas ao maximizar os resultados estratégicos, minimizar a exposição de vidas humanas, aumentar o poder militar e reduzir os custos de construção e de manutenção.

Como seria de esperar, a introdução dos VANTs está enfrentando resistência em várias frentes nos EUA. A eventual marginalização dos pilotos está encontrando oposição de parte da força aérea. Estrategistas do Ministério da Defesa defendem que sempre haverá necessidade das forças terrestres para ocupação do território. As empresas da indústria de defesa, por temerem que seus contratos sejam seriamente afetados, também se opõem. É a inovação se chocando com a cultura institucional.

Segundo os especialistas, esses progressos tecnológicos levarão de quinze a vinte anos para entrarem em operação plena. Enquanto isso, o que fazer no curto prazo com os equipamentos existentes e como, tática e estrategicamente, melhor aproveitá-los?

A ampliação do uso militar dos VANTs pelos EUA no Afeganistão e no Paquistão na tentativa de capturar Osama Bin Laden e combater o Talibã e as tribos que lhe dão suporte aumentou a eficiência no combate ao terrorismo, mas gerou o chamado efeito colateral, com o crescimento do número de vítimas civis com alto custo junto à opinião pública. A utilização por Israel desses veículos no combate aos palestinos resultou na eliminação dos principais líderes do Hamas, com forte desgaste diante da morte de mulheres e crianças.

Em termos de avanços tecnológicos de veículos não tripulados, Israel está tão desenvolvido quanto os EUA, como se viu recentemente com a apresentação de um VANT com as dimensões de um avião de transporte, ampliando as facilidades e vantagens estratégicas sobre os aparelhos de tamanho reduzido.

A primeira utilização, para fins humanitários, do modelo mais avançado dos VANTs dos EUA, o Predador, ocorreu recentemente no Haiti, depois do terremoto que destruiu grande parte do país.

No Brasil, a ideia é utilizar esses veículos aéreos não tripulados para patrulhar os 12 mil quilômetros da fronteira da Amazônia e para monitorar as zonas marítimas do pré-sal, que se estendem de Florianópolis ao Espírito Santo. O equipamento poderá fornecer informações sobre movimentos suspeitos de crimes transfronteiriços e eventuais ações suspeitas próximas às plataformas de exploração de petróleo. Sem dúvida, a capacidade de defesa do Brasil ganhará enorme avanço estratégico.

O plano de modernização da estrutura burocrática e operacional das Forças Armadas para responder aos novos desafios estratégicos que o Brasil terá de enfrentar nos próximos anos deveria receber o apoio político e orçamentário de que necessita. A Estratégia Nacional de Defesa (END) e a legislação sobre o plano de modernização fundamentam essas mudanças. Pela sua importância para os interesses permanentes do país, ambos deveriam ser vistos como projeto de Estado e não apenas de uma administração prestes a se encerrar.

Levando em conta a extensão do território nacional e nossa crescente projeção externa, o emprego de submarino nuclear, a aquisição de caças de combate, a utilização dos VANTs e, não menos importante, a aplicação da tecnologia de informação na área militar, exigirão, no médio prazo, a redefinição dos delineamentos estratégicos das Forças Armadas em bases mais amplas e ambiciosas.

Para as novas gerações de oficiais superiores é esse o grande desafio.

Publicado em 13 jul. 2011

6 Contradição interna

O GOVERNO BRASILEIRO, no processo de aprendizado para avançar no caminho para tornar-se uma potência política regional e uma potência econômica global, começa a dar sinais de que, pelo menos em alguns setores, está atento à defesa de nossos interesses.

Recentemente, pela primeira vez, o governo indicou que para tanto poderá adotar uma atitude mais firme. Essa política, contudo, não foi aceita sem contestação. Houve posições divergentes no âmbito do governo. O Itamaraty, mais leniente, mostrando sua face paz e amor, através da diplomacia da generosidade, sobretudo em relação a nossos vizinhos sul-americanos, dissociou-se da ação mais forte de outros ministérios.

Esse desencontro ocorreu em quatro ocasiões. A primeira quando da criação e regulamentação do Sistema Nacional de Mobilização (Sinamob). O Sinamob foi criado em 2007 com o objetivo de realizar, integrar e coordenar as ações de planejamento, preparação e execução das atividades de mobilização nacional. Por decreto de 2008, que passou despercebido pela opinião pública, o governo brasileiro definiu o que pode ser considerado uma agressão estrangeira ao Brasil e aos brasileiros ou aos interesses do país.

O artigo 2° do mencionado ato legal define de forma direta que "a mobilização nacional é a medida decretada pelo presidente da República, em caso de agressão estrangeira, visando à obtenção imediata de recursos e meios para a implementação das ações que a logística nacional não possa suprir, segundo seus procedimentos habituais, bem como outras necessidades".

No parágrafo 1º do artigo 2º, o decreto não poderia ser mais claro: "são parâmetros para a qualificação da expressão agressão estrangeira, dentre outros, ameaças ou atos lesivos à soberania nacional, à integridade territorial, ao povo brasileiro ou às instituições nacionais, ainda que não signifiquem invasão ao território nacional".

Essa definição, pela generalidade dos conceitos, como, por exemplo, "povo brasileiro" ou "instituições nacionais", dá ampla latitude ao governo brasileiro para tomar as medidas necessárias para assegurar a defesa de seus interesses.

Se empresas públicas ou privadas forem consideradas "instituições nacionais", os atos ou ameaças da Bolívia (com a expropriação "manu militari" das refinarias da Petrobras), do Equador (com a expulsão de empresas e a prisão de brasileiros) e agora do Paraguai (com a ameaça à nossa segurança energética) poderiam ser enquadrados como agressão estrangeira. A reação do governo brasileiro em relação a esses países deveria ser, por isso, diferente daquela adotada até aqui pelo Itamaraty, com o apoio da Assessoria Internacional da Presidência da República.

Uma segunda divergência ocorreu nas discussões e na aprovação do Plano Estratégico de Defesa Nacional em que a chancelaria ficou marginalizada. O Itamaraty tinha receio de que a franqueza da linguagem utilizada no documento pudesse despertar reações de nossos vizinhos. Segundo se sabe, diversas passagens foram modificadas para atenuar a forma com que estavam sendo apresentadas. A política externa brasileira, ao contrário da maioria dos países de médio e grande porte, com interesses além-fronteiras, ainda não incorporou a dimensão da defesa nacional no seu pensamento estratégico e muito menos na retórica oficial.

Além desses dois exemplos de divergência no governo em assuntos que dizem respeito à defesa de nossos interesses, a maneira como o Itamaraty conduz o relacionamento com a Argentina e o Paraguai tem criado atritos no governo. Impregnada da visão partidária do PT, a politização das decisões favorece uma atitude de tolerância ilimitada em relação às restrições comerciais e medidas hostis argentinas às empresas brasileiras. Enquanto isso ocorre, o Brasil faz grandes e generosas concessões ao nosso vizinho, como cessão de energia a preço subsidiado, empréstimos para obras de infraestrutura, incentivos fiscais (isenção de IPI para carros importados da Argentina) e *swap* cambial de US$ 3,5 bilhões, a título de ajuda financeira. Reagindo a essa situação lesiva, os ministérios do Desenvolvimento e da Fazenda questionam a política do Itamaraty e propõem adotar medidas contra produtos argentinos, inclusive junto à OMC, além de suspender as "bondades" oferecidas, sem qualquer contrapartida. O governo, contudo, decidiu manter a política da generosidade e evitar medidas na defesa dos interesses dos exportadores brasileiros para não criar dificuldades para nossos vizinhos.

No tocante ao Paraguai, segundo comentários de fontes oficiais, para evitar que Lugo, abalado por escândalos pessoais e enfraquecido por problemas políticos na sua base de sustentação, não termine seu mandato, o governo brasileiro decidiu autorizar a venda livre e direta ao mercado brasileiro da cota paraguaia da energia produzida por Itaipu exportada até aqui via Eletrobras. Essa medida, contestada pelo Ministério de Minas e Energia, é controvertida, pois, segundo muitas interpretações, não só viola do artigo 21 do Tratado de Itaipu, como será prejudicial aos consumidores brasileiros, empresas e residenciais, pelo aumento do preço da energia a ser cobrado pelas autoridades paraguaias e à Eletrobras, que terá de adiar o final da amortização da dívida externa.

A regulamentação do Sinamob e algumas formulações do Plano Estratégico – na linha da defesa do nosso interesse – são exceção à tendência generosa e compreensiva da atual política para os vizinhos da região. Por qualquer ângulo de análise, os custos para o Brasil são altos e os resultados são poucos.

Difícil negar a partidarização da política externa à luz de tantas e seguidas evidências.

Publicado em 28 jul. 2009

7 · A estratégia de defesa nacional e o Itamaraty

O PLANO ESTRATÉGICO DE Defesa Nacional foi finalmente divulgado, depois de superadas importantes divisões internas, sobretudo com o Itamaraty, preocupado com a reação de nossos vizinhos quando fossem tornados públicos os objetivos da projeção externa do poder de nosso país.

Levando em conta a crescente presença internacional do Brasil e das empresas nacionais, as transformações por que atravessa o cenário internacional e nosso entorno geográfico, além das ameaças criadas por organizações não estatais, como redes terroristas, o plano não só é oportuno, como, de certa forma, vem com algum atraso.

Há diversos aspectos, contudo, que poderiam ser questionados nessa inovadora iniciativa. Um deles é a ambição de diversos objetivos muito acima de nossa capacidade técnica, tecnológica ou financeira. Outro diz respeito à definição de políticas que poderiam não ter sido explicitadas da forma como foi feito.

Vou me concentrar nos principais aspectos relacionados com a política externa. Fica evidente que, a partir de agora, como se viu recentemente nos acordos assinados com a França durante a visita do presidente Sarkozy, o divórcio entre política externa e de defesa tem de ser superado. O Itamaraty não pode mais deixar de incluir as preocupações de defesa em seu discurso público e privado e com isso promover uma importante mudança cultural na Chancelaria.

Creio que a transcrição literal do que está inscrito no Plano é mais eloquente do que minha interpretação das intenções do governo. Tem o mérito igualmente de registrar os compromissos assumidos.

O Plano é focado em ações estratégicas de médio e longo prazo e objetiva modernizar a estrutura nacional de defesa, atuando em três eixos estruturantes: reorganização das Forças Armadas, reestruturação da indústria brasileira de material de defesa e política de composição dos efetivos das Forças Armadas.

Se o Brasil quiser ocupar o lugar que lhe cabe no mundo, precisará estar preparado para defender-se não somente das agressões, mas também das ameaças.

As preocupações mais agudas de defesa estão no Norte (Amazônia), no Oeste (região de fronteiras) e no Atlântico Sul, sem desconsiderar a necessidade de defender as maiores concentrações demográficas e os maiores centros industriais do país.

Fortalecer três setores de importância estratégica: o espacial, o cibernético e o nuclear. Esses setores transcendem a divisão entre desenvolvimento e defesa, entre o civil e o militar.

O Brasil tem compromisso – decorrente da Constituição Federal e da adesão ao Tratado de Não Proliferação de Armas Nucleares – com o uso estritamente pacífico da energia nuclear. Entretanto, afirma a necessidade estratégica de desenvolver e dominar a tecnologia nuclear. O Brasil zelará por manter abertas as vias de acesso ao desenvolvimento de suas tecnologias de energia nuclear. Não aderirá a acréscimos ao Tratado de Não Proliferação de Armas Nucleares destinados a ampliar as restrições do Tratado sem que as potências nucleares tenham avançado na premissa central do Tratado: seu próprio desarmamento nuclear. Completar(á), no que diz respeito ao programa de submarino de propulsão nuclear, a nacionalização completa e o desenvolvimento em escala industrial do ciclo do combustível (inclusive a gaseificação e o enriquecimento) e da tecnologia da construção de reatores, para uso exclusivo do Brasil; acelerar(á) o mapeamento, a prospecção e o aproveitamento das jazidas de urânio.

A integração da América do Sul não somente contribuirá para a defesa do Brasil, como possibilitará fomentar a cooperação militar regional e a integração das bases industriais de defesa. Afastará a sombra de conflitos dentro da região. O Conselho de Defesa Sul--Americano criará mecanismo consultivo que permitirá prevenir conflitos e fomentar a cooperação militar regional e a integração das bases industriais de defesa, sem que dele participe país alheio à região.

O Ministério da Defesa e o Ministério das Relações Exteriores promoverão o incremento das atividades destinadas à manutenção da estabilidade regional e à cooperação nas áreas de fronteira do país.

O Ministério da Defesa e as Forças Armadas intensificarão as parcerias estratégicas nas áreas cibernética, espacial e nuclear e o intercâmbio militar com as Forças Armadas das nações amigas, neste caso particularmente com as do entorno estratégico brasileiro e as da Comunidade de Países de Língua Portuguesa.

O Ministério da Defesa, o Ministério das Relações Exteriores e as Forças Armadas buscarão contribuir ativamente para o fortalecimento, a expansão e a consolidação da integração regional, com ênfase na pesquisa e desenvolvimento de projetos comuns de produtos de defesa.

O Ministério da Defesa, demais ministérios envolvidos e as Forças Armadas deverão incrementar o apoio necessário à participação brasileira nos processos de decisão sobre o destino da Região Antártica.

A Estratégia Militar de Defesa deverá contemplar o emprego das Forças Armadas considerando, dentre outros, os seguintes aspectos: o monitoramento e controle do espaço aéreo, das fronteiras terrestres, do território e das águas jurisdicionais brasileiras em circunstâncias de paz; a ameaça de penetração nas fronteiras terrestres ou abordagem nas águas jurisdicionais brasileiras; a ameaça de forças militares muito superiores na região amazônica; as providências internas ligadas à defesa nacional decorrentes de guerra em outra região do mundo, ultrapassando os limites de uma guerra regional controlada; a participação do Brasil em operações de paz e humanitárias, regidas por organismos internacionais; a ameaça de conflito armado no Atlântico Sul.

Publicado em 13 jan. 2009

8 Uma política para a indústria de material bélico

O RELATÓRIO SOBRE OS gastos militares no mundo no período 2006/2007 foi divulgado pelo Instituto Internacional de Pesquisa da Paz (Sipri), de Estocolmo. Segundo esse trabalho, os gastos militares globais cresceram 45% de 1997 a 2007. Em 2007, o gasto total subiu a US$ 1,34 trilhão, representando 2,5% do PIB mundial. As guerras no Afeganistão e no Iraque e o aumento das despesas com a defesa da Rússia e da China e a participação em forças de paz estão entre os principais fatores que explicam esse crescimento.

O Brasil está em 12° lugar, com 1% das despesas militares do mundo. O orçamento da defesa corresponde a 1,9% do PIB, destinado, sobretudo, a aposentadorias e pensões dos militares, não a compra de armamento. Na América Latina, Chile, Peru, Venezuela gastam mais em defesa do que o Brasil.

A crescente projeção externa do Brasil e seu envolvimento com forças de paz, como no Haiti, aumentam as responsabilidades e demandam respostas rápidas.

O papel que o Brasil pode desempenhar em nosso entorno geográfico imediato com crescentes sinais de instabilidade política e militar e com ameaças à integridade territorial representadas pela intensidade dos crimes transnacionais, como o contrabando de armas e o tráfico de drogas, colocam grandes desafios para as nossas Forças Armadas.

A defesa de nossas fronteiras, em especial na região amazônica e das plataformas de produção e de perfuração em nosso mar territorial, tornou-se urgente e passou a ser uma questão de segurança nacional.

Há hoje uma perigosa redução da capacidade do nosso sistema de defesa nacional. A baixa capacidade dissuasória das Forças Armadas pode redundar na fragilização de nossa política externa.

Em artigo na revista *Interesse Nacional* ("A Política de Defesa Nacional"), o ministro da Defesa Nelson Jobim aborda, de forma adequada e oportuna, entre outros temas, a necessidade de fortalecimento da indústria nacional de material bélico.

O Brasil não pode mais aceitar a condição de, na melhor das hipóteses, produzir, sob licença, material desenvolvido em outros países. O domínio da tecnologia é um objetivo consistente com a manutenção da capacidade dissuasória. A capacitação tecnológica nacional constitui requisito para a aquisição de equipamentos.

Embora a ação estatal seja imprescindível à sobrevivência da indústria de Defesa, o setor privado tem importante papel a desempenhar. As possibilidades de derivação das tecnologias de uso militar para o emprego civil tornam importante a participação do setor privado. A interação entre institutos governamentais e privados, militares e civis, já existe. Os institutos militares desenvolvem, sozinhos ou em parcerias com instituições de pesquisa públicas e de empresas privadas, projetos de armamentos e equipamentos diversos.

No entanto, as iniciativas nem sempre conseguem os resultados desejados, seja pela falta de uma moldura institucional para dar forma à cooperação, seja devido às incertezas orçamentárias, seja pelo distanciamento entre os atores.

O governo brasileiro deverá ter papel ativo nesse processo de consolidação da indústria nacional de Defesa. Poder-se-ão definir procedimentos especiais de compras públicas para privilegiar o fornecedor nacional comprometido com programas de modernização tecnológica. Poderão ser criados, até mesmo, instrumentos de participação governamental direta na gestão das empresas estratégicas do setor, como ações especiais do tipo *Golden Share*.

Assim, o potencial é enorme. O fortalecimento da produção nacional não só poderá atender o mercado interno, mas também o mercado sul-americano e de outras regiões em desenvolvimento. Além da fabricação de novos equipamentos, também o mercado de reposição poderia ser adequadamente explorado. Problemas de falta de peças e assistência já afetaram, por exemplo, a operação dos veículos Cascavel e Urutu no Exército e nos Fuzileiros Navais no Brasil. Algo, no entanto, foi feito como a criação do Arsenal de Guerra de São Paulo para a revitalização desses veículos, incluindo os que estão operando no Haiti.

No fim dos anos 1970 e início dos 1980, o Brasil estava entre os principais fornecedores de material bélico no mundo. O governo de Saddham Houssein comprou 364 unidades do Cascavel e do Urutu. Quinze anos após a decretação da falência da Engesa e após três campanhas militares, os veículos blindados de rodas Cascavel voltaram a rodar no Iraque. Paralisado por falta de peças de reposição e pela retirada dos técnicos da Engesa a partir de 1985/1986, esses veículos foram reformados pela empresa ANHAM Inc. de capital saudita, norte-americano e jordaniamo. Em janeiro de 2008, 35 veículos Cascavel foram incorporados ao exército do Iraque e serão usados em *check points* e patrulhas, nas palavras de um oficial norte-americano "restituirão o orgulho às forças iraquianas".

Os clientes da Engesa, durante vários anos, fizeram apelos ao governo brasileiro para que assumisse uma posição mais ativa e criasse uma estrutura para suprir peças de reposição e serviços aos veículos em operação em países como Líbia, Angola, Colômbia, Chipre, Chile, Zimbábue, Equador, Paraguai, Venezuela, Bolívia, Uruguai, Gabão e Surinã. Não houve eco.

As grandes transformações por que passa a América do Sul e, em especial, o Brasil estão a exigir da sociedade como um todo, do governo e do setor privado uma nova atitude em relação ao desenvolvimento de uma indústria de material bélico autônoma e à altura dos desafios que o Brasil passou a enfrentar com a perspectiva de um papel de maior relevância no cenário mundial.

O governo promete fazer sua parte. Com a palavra o setor privado.

Publicado em 8 jul. 2008

9 Política de defesa nacional

O GOVERNO LULA ATUALIZOU, em meados de 2005, a Política de Defesa Nacional (PND) do governo FHC, ao contrário do que dei a entender no artigo "As Forças Armadas e o Estado Brasileiro".

Trata-se de uma revisão, mais clara e mais precisa, da PND de 1966. A atual PDN reflete, do ponto de vista das três forças, os novos desafios derivados da criação do Ministério da Defesa (1999) e, externamente, da ameaça representada pelo terrorismo internacional e das prioridades da política externa.

Da comparação entre os dois documentos, ressalta a grande semelhança e coincidência na estrutura e nos objetivos e diretrizes, apesar de o governo ter mudado e, sobretudo, ter sido modificada sua visão do mundo. Nada há de surpreendente nisso, visto que não se alteraram substancialmente as prioridades geopolíticas e geoestratégicas do Brasil no curto período de dez anos.

O documento de 2005 repete os mesmos capítulos do editado em 1996: Introdução, Ambiente Internacional, Objetivos da Defesa Nacional, Orientação Estratégica e Diretrizes. Foram acrescentados três novos capítulos: o Estado, a Segurança e a Defesa, o Ambiente Regional e o Entorno Estratégico, e Brasil.

A Política de Defesa Nacional é definida de forma idêntica nos dois documentos como "tema de interesse de todos os segmentos da sociedade brasileira, tem como premissas os fundamentos, objetivos e princípios dispostos na Constituição Federal e encontra-se em consonância com as orientações governamentais e a política externa do país, que se fundamenta na busca da solução pacífica de controvérsias e no fortalecimento da paz e da segurança internacionais".

O conceito de Defesa Nacional, contudo, está definido apenas no documento do governo Lula como "o conjunto de medidas e ações do Estado, com ênfase na expressão militar para a defesa do território, da soberania e dos interesses nacionais contra ameaças preponderantemente externas, potenciais ou manifestas".

Há, no entanto, algumas diferenças entre os dois documentos, quer do ponto de vista militar, quer do ponto de vista político, que chamam a atenção. A questão do papel das Forças Armadas como garantidoras da lei e da ordem interna (artigo 124 da Constituição Federal) tem uma modificação importante. No documento de 1996, entre os objetivos da PDN foi incluída referência à garantia do Estado de Direito e das instituições democráticas. Na versão atual, prevê-se o emprego das Forças Armadas contra ameaças internas apenas no tocante à preservação da soberania e da unidade nacionais, mas não para a garantia da lei e da ordem. Nesse particular, ela deve ocorrer de acordo com legislação específica.

Outra diferença importante reside no fato de que a PND-96 inclui, em suas diretrizes, referência à promoção da posição brasileira favorável ao desarmamento global, condicionado ao desmantelamento dos arsenais nucleares e de outras armas de destruição em massa em processo acordado multilateralmente. Já a PND-2005 registra que o Brasil é signatário do Tratado de Não Proliferação e destaca a necessidade do cumprimento de suas disposições, que preveem a negociação para a eliminação total das armas nucleares por parte das potências nucleares, ressalvando o uso da tecnologia nuclear como bem econômico para fins pacíficos.

O conceito de segurança nacional (a expressão não é utilizada), inexistente em 1996, é definido em 2005 como a condição que permite ao país a preservação da soberania e da integridade territorial, a realização dos seus interesses nacionais, livre de pressões e ameaças de qualquer natureza, e a garantia aos cidadãos do exercício dos direitos e deveres constitucionais.

A PND-2005 menciona a Amazônia e o Atlântico Sul como as áreas prioritárias para a Defesa Nacional e amplia o horizonte estratégico para incluir a parte oriental do Atlântico Sul e a África Ocidental e Meridional.

Em diferentes partes do documento nota-se claramente a influência do Itamaraty. A prioridade da política externa com a integração regional reflete-se na afirmativa da importância para o país no sentido de aprofundar o processo de desenvolvimento integrado e harmônico da América do Sul, o que se estende para a área de defesa e segurança regionais. Sendo um dos objetivos da PDN a projeção do Brasil no concerto das nações e sua maior inserção em processos decisórios internacionais, as Forças Armadas devem estar ajustadas à estatura político-estratégica do país, considerando-se, dentre outros fatores, a dimensão geográfica, a capacidade econômica e a população existente. Tendo como pano de fundo a crescente projeção externa do Brasil, as Forças Armadas têm como missão dissuadir ameaças à soberania e aos interesses nacionais, defender as fronteiras, o território, o espaço aéreo, o mar patrimonial e a plataforma continental. Além disso, devem projetar o poder e a influência do país no exterior. Outra impressão digital deixada pelos atuais formuladores da política externa está na críptica afirmação de que, além dos países e blocos tradicionalmente aliados, o Brasil deverá buscar outras parcerias estratégicas, visando ampliar as oportunidades de intercâmbio e a geração de confiança na área de defesa. (Revisada em 2005, em quem os formuladores de política estariam pensando: China, Rússia, Índia?)

Nas Orientações Estratégicas, entre outros, estão incluídas duas referências de grande importância: "O Brasil precisa dispor de meios e capacidade de manter a segurança de suas linhas de navegação aérea. É prioritário assegurar a previsibilidade na alocação de recursos, em quantidade suficiente, para permitir o preparo adequado das Forças Armadas".

Dará o governo, e quando, fiel cumprimento a essas orientações tão fundamentais?

Publicado em 10 jul. 2007

10 As Forças Armadas e o Estado brasileiro

Não é nenhum segredo que as relações entre os militares e os civis no governo Lula vêm se deteriorando gradualmente.

Em um dos livros clássicos sobre as relações entre civis e militares, *The Soldier and the State* [O soldado e o Estado], Samuel Huntington propôs o que chamou de "controle objetivo" para equilibrar a atuação profissional dos militares com a supremacia política civil.

É histórica a tensão entre civis e militares no Brasil. Basta recordar os movimentos de força ao longo dos últimos cem anos, em especial no período mais recente de 1964 a 1985.

A criação do Ministério da Defesa, em junho de 1999, foi um grande avanço democrático e de gestão. A exemplo do que ocorreu em outros países quando da unificação dos três serviços, a decisão foi recebida com reservas por parte das Forças Armadas.

Desde então, surgiram tensões esporádicas, que se acentuaram mais recentemente a partir da crise com os controladores de voo. Enfrentamentos ideológicos, reabrindo feridas difíceis de cicatrizar e que a Lei de Anistia buscou superar, como o caso da promoção *postmortem* de Lamarca, e a quebra da hierarquia, como no caso dos suboficiais controladores de voo, recebidos pelo ministro da Defesa sem a presença do comandante da Aeronáutica, contribuem para o aumento das tensões e para a volta de manifestações políticas indesejáveis da alta hierarquia do exército.

Desafios recentes, representados pela redefinição do papel das Forças Armadas e o emprego dos militares na segurança interna em operações contra o tráfico de drogas ou a violência nas favelas do Rio de Janeiro encontram as Forças Armadas prontas a cumprir as decisões do poder civil com relutância, em virtude da falta de preparo e de equipamentos para fazer face a essas situações.

As Forças Armadas estão mal equipadas, com soldos defasados e com baixa estima pelos arranhões na disciplina interna e por medidas que contribuem para seu esvaziamento, como a anunciada decisão de desmilitarizar o controle aéreo.

O orçamento federal para as três Armas (cerca de 70% comprometido com o pagamento de pessoal e encargos) representa cerca de 1,7% do PIB, um dos mais baixos da América do Sul (a média mundial é 3,5%). As dificuldades financeiras para equipá-las adequadamente aumentaram nos últimos anos, dificultando a missão constitucional de defesa interna (manutenção da lei e da ordem) e externa (artigo 142). Alocação de recursos necessários para uma gradual modernização das três forças e para o reajuste dos soldos são providências inadiáveis.

As promessas de recursos para corrigir essa situação e permitir que as Forças Armadas possam defender adequadamente nossas fronteiras, a Amazônia, nossas plataformas marítimas de exploração de petróleo e mesmo a Usina de Itaipu para casos de emergência, não são cumpridas. Não se ouve mais falar do plano de ação das Forças Armadas.

Não é possível que um país como o Brasil, que pretende ser alçado a uma condição de potência nas próximas décadas, com um território da extensão do nosso, com fronteiras com dez países, com um litoral onde são explorados recursos vitais para nossa segurança nacional, como petróleo e gás, deixe de dar um tratamento adequado às Forças Armadas, como tem ocorrido nos últimos anos.

Impõe-se, com urgência, fortalecer as Forças Armadas, com um ministro da Defesa Civil forte para defender os interesses da instituição, sua hierarquia e princípios, e com políticas voltadas para a recuperação da capacidade operacional

Dentre as medidas que poderiam ser adotadas nessa direção, seria importante criar condições para reviver a indústria bélica que já foi significativa e hoje está quase desaparecida. Para produtos e serviços estratégicos seria necessário reduzir a dependência do exterior. Do ponto de vista da indústria de defesa, o Brasil carece de uma legislação – "Compre Brasil" – que beneficie os produtores locais, semelhante ao "Buy American Act". No Brasil a indústria bélica recebe muito pouco apoio. Até o avião presidencial foi comprado no exterior, ignorando-se a Embraer.

A política exterior, por sua vez, ainda não incorporou o conceito de defesa externa. O discurso oficial na área externa – e não só no governo Lula – raramente menciona nossas preocupações com a defesa de nossas fronteiras e a necessidade de definir adequadamente uma política de Defesa Nacional. O Itamaraty não pode contar plenamente com as Forças Armadas para respaldar as ações de política externa.

Duas outras questões conceituais, trabalhadas em conjunto entre civis e militares, poderiam dar mais sentido e valorizar o papel das Forças Armadas.

Tendo repensado o papel das Forças Armadas pela primeira vez, a Política de Defesa Nacional, elaborada em 1996, no governo FHC, deveria ser atualizada para responder aos novos desafios do mundo pós-11 de setembro em diversos aspectos como o terrorismo, os crimes transnacionais, o contrabando de armas e a defesa de nossas fronteiras. Nos EUA, a doutrina de segurança nacional é revista anualmente.

A Escola Superior de Guerra (ESG) poderia ser modernizada e seus cursos reorientados para as novas realidades contemporâneas. Seu foco deveria estar voltado para o conceito do *interesse nacional* e pensado como política pública. A ideia da defesa do interesse nacional, muito presente em alguns países, é totalmente negligenciada no Brasil. A ESG seria o *locus* apropriado para estudar os diversos aspectos de nossa realidade, sob esse enfoque claro e definido, muito diferente da prioridade para a segurança e desenvolvimento que, por muito tempo, orientou seus cursos.

A incompetência da classe política para lidar com essas questões tem de ser superada para completar a despolitização das Forças Armadas, fortalecer o controle civil e definir o papel dos militares no processo decisório do Estado brasileiro.

Publicado em 26 jun. 2007

PARTE 6

Entrevistas

1 Entrevista 1

Rubens Barbosa, presidente do Conselho Superior de Comércio Exterior da Federação das Indústrias do Estado de São Paulo (Fiesp), defende uma reforma na estrutura de comércio exterior do Brasil. Para reverter a tendência de primarização da pauta exportadora, ele acredita que o país precisa revigorar a Câmara de Comércio Exterior (Camex). "A Camex está enfraquecida, esvaziada", disse Barbosa, em entrevista a *O Estado de S.Paulo*. A seguir trechos da entrevista.

O Estado de S.Paulo – Os economistas preveem queda no superávit comercial do Brasil em 2012. Como reverter isso?
 Rubens Barbosa – Não vejo como um problema porque o superávit ainda vai ser grande. Agora isso pode ser uma tendência. E, nesse caso, vira um problema complicado para o governo. A economia brasileira, nos últimos anos, cresceu com base na exportação. Nos últimos três anos, o impulso veio da expansão do mercado doméstico. Há uma concentração muito grande de poucos produtos de exportação para gerar o superávit. Quatro ou cinco produtos que representam 70% da pauta de comércio exterior brasileira, e todos produtos primários. A grande preocupação do governo deveria ser a perda da competitividade das manufaturas brasileiras.

O Estado de S.Paulo – O governo lançou política industrial nesse sentido. É suficiente?

RB – Foram tomadas algumas medidas que vão no caminho correto, mas não resolvem o problema. São medidas pontuais, conjunturais, que tentam dar uma contrapartida para o setor privado. Foram feitas para compensar o câmbio, as altas taxas de juros e tudo que se convencionou chamar de Custo Brasil.

O Estado de S.Paulo – As medidas de defesa comercial foram intensificadas. O governo Dilma é protecionista?

RB – Dentre as medidas conjunturais, estão uma série para proteger os setores mais vulneráveis por causa da apreciação do câmbio e da alta taxa de juros. Todos os países estão tomando medidas restritivas para proteger o mercado interno. Podem ajudar no curto prazo a impedir um grande fluxo de importação de produtos estrangeiros, sobretudo vindos da China, que prejudicam a indústria brasileira. Mas não resolve o problema. Não é através do protecionismo que vamos resolver os problemas internos do país. O Custo Brasil só vai ser reduzido com reformas importantes em todas as áreas.

O Estado de S.Paulo – As atribuições sobre o comércio exterior estão divididas por vários ministérios. Isso provoca lentidão nas decisões?

RB – É um problema que já estudamos há muito tempo na Fiesp. O conselho de comércio exterior fez uma proposta sobre isso. É um absurdo que hoje existam dezesseis órgãos que interferem no comércio exterior e mais de duas mil normas. Não existe um comando claro. Com o comércio exterior brasileiro ultrapassando meio trilhão de dólares este ano, está chegando o momento de reorganizar essa área. A nossa sugestão na Fiesp é que seja examinada no Brasil seriamente a ideia de se criar uma presidência da Camex, e subordinar o órgão diretamente à Presidência da República – da mesma forma que funciona nos Estados Unidos. Não se trata de criar um novo ministério ou de aumentar a burocracia, mas de colocar foco no comércio exterior. Hoje a Camex é um órgão dentro do Ministério da Indústria e Comércio. O ministro é o presidente da Camex, mas isso é uma das suas atribuições.

O Estado de S.Paulo – A Camex está enfraquecida?

RB – Ela está enfraquecida, esvaziada. As reuniões ministeriais praticamente não ocorrem. Pela lei, a Camex é um colegiado que tem a atribuição de examinar, formular e definir as políticas de comércio exterior. Hoje não faz isso. Todas as medidas que mencionamos foram feitas à margem da Camex. A estratégia de negociação comercial também não é examinada pela Camex. O objetivo não é retirar a competência de nenhum órgão, mas dar peso político para a Camex e dar um foco ao setor privado. Além dessa reforma do comércio exterior, há uma série de reformas que estão em discussão há algum tempo. No Brasil, estamos chegando à mesma situação da Índia. Nos últimos meses, a economia indiana começou a ter um declínio no crescimento porque não eles conseguem aprovar as mesmas reformas que estamos discutindo no Brasil. O crescimento da economia brasileira vai desacelerar se não houver disposição política do governo e do Congresso para enfrentar os problemas. A presidente Dilma hoje dispõe de um capital político altíssimo, que deveria ser aproveitado para liderar uma negociação séria e reduzir o custo do Brasil. E poderia começar tudo com a reforma tributária e a reforma da estrutura do comércio exterior.

O Estado de S.Paulo – Em artigo no *Estadão*, o senhor diz que a visita da presidente Dilma a Washington foi um passo "discreto" na construção de uma agenda Brasil-Estados Unidos. Por que o senhor qualifica como discreto?
RB – Pelos resultados que alcançou. A ambição tanto dos Estados Unidos quanto do Brasil é muito pequena. Do lado dos Estados Unidos, não teve nenhuma proposta. Nós levamos algumas propostas. A presidente fez um chamado para que o setor privado norte-americano invista no Brasil. Foi algo importante, mas discreto. Em vários setores poderíamos ter uma ação mais forte. Por exemplo: cooperação na área espacial, parcerias no pré-sal. Recentemente, tivemos dois fatos muito significativos. Estiveram no Brasil a secretária de Estado, Hillary Clinton, e o secretário de Defesa, Leon Panetta. Você vai dizer que não há nada de concreto. Mas o fato de o governo norte-americano mandar para o Brasil dois funcionários cruciais na estrutura norte-americana

é importante. Eles não vieram aqui para passear. O que tentei mostrar no meu artigo foi que, apesar de a agenda Brasil-Estados Unidos estar mais desbloqueada do ponto de vista ideológico, com um relacionamento mais prático, os passos que estamos dando ainda são modestos.

O Estado de S.Paulo – Hillary Clinton chegou a falar em um acordo de livre comércio para o Brasil. O senhor vê alguma chance de isso ocorrer?

RB – Isso é algo retórico. Não há nenhuma condição de fazer um acordo de livre comércio como foi pensado no passado. E não é por causa do Brasil, mas dos Estados Unidos. Eles não podem abrir o setor agrícola para os produtos brasileiros. Do ponto de vista comercial, o que pode avançar mais é a simplificação. Temos o Teca, Acordo de Cooperação Econômica e Comercial com os Estados Unidos, que foi assinado durante a visita do presidente Obama ao Brasil. Pela primeira vez, o Teca prevê a possibilidade de negociar as barreiras sanitárias, que abriria o mercado norte-americano, por exemplo, para as carnes brasileiras.

Publicada em 28 maio 2012

2 Entrevista 2

"O BRASIL TEM que ter posições proativas nas questões internacionais". Embaixador do Brasil em Washington por cinco anos, Barbosa acredita que os interesses econômicos irão prevalecer, mas critica duramente a maneira como a compra de aviões de Embraer foi suspensa.

Em menos de um mês, a presidente brasileira, Dilma Rousseff, estará em Washington para retribuir a visita que o líder norte-americano, Barack Obama, fez ao Brasil.

O momento, de extrema importância, segundo o embaixador Rubens Barbosa, sinalizará com maior clareza qual vai ser o tom do relacionamento entre os dois países para o futuro próximo. Estremecida desde a entrada da China com força no comércio mundial, a relação entre as nações mais populosas e que constituem as duas maiores economias das Américas já foi mais sólida. Hoje o Brasil está à míngua, com um déficit de cerca de US$ 9 bilhões na balança comercial com os Estados Unidos.

Barbosa, que esteve à frente da diplomacia brasileira nos Estados Unidos de 1999 a 2004, avalia que há duas questões centrais modulando o fortalecimento da parceria entre os brasileiros e os norte-americanos. Em primeiro lugar, está o aspecto positivo: as parcerias para desenvolvimento tecnológico – especialmente na área de bioenergia – tendem a se fortalecer.

Além disso, os laços para intercâmbio educacional também ganham força – os Estados Unidos estão de braços abertos para receber os doutorandos bolsistas que o programa Ciência Sem Fronteiras prevê enviar para estudar em vários países. A viagem de Dilma tratará de temas regionais e internacionais e poderá servir para iniciar um novo ciclo de relações bilaterais nas quais pesarão os aspectos econômicos e comerciais.

A importância da cooperação entre os dois países, especialmente em campos como as energias alternativas, segurança alimentar, inovação e na luta contra o narcotráfico, estará em pauta.

Para além disso, o aprofundamento das relações mostra poucas possibilidades. A agenda negativa soma vários tópicos. Está marcada pelas divergências entre Washington e Brasília sobre a Síria e o Irã, além de vários imbróglios comerciais.

Eles envolvem o recente cancelamento da compra de vinte aviões Super Tucano, da Embraer, pelas Forças Armadas norte-americanas, dois meses depois do anúncio da vitória de um processo de licitação pela fabricante de aviões brasileira.

A demora dos Estados Unidos em autorizar a importação de carne do Brasil também criou outra zona potencial de atrito.

Segundo Rubens Barbosa, o cenário de distanciamento pode se agravar ainda mais em razão da crise internacional, que facilita as medidas restritivas, especialmente na área agrícola – a que mais interessa ao Brasil negociar.

Mesmo assim, o embaixador acredita que está sendo iniciada uma nova fase na relação Brasil-Estados Unidos. Para ele, a vinda de Barack Obama ao Brasil foi o marco inicial dessa nova fase, que pode se consolidar a partir de agora.

A primeira visita de Dilma à Casa Branca como presidente ocorrerá poucos dias antes da Cúpula das Américas em Cartagena das Índias (Colômbia), na qual os Estados Unidos e o Brasil devem ter um papel central para promover a integração na região.

E é essa integração que encabeça os objetivos a serem tratados em Washington pelo grupo de empresários que irá acompanhar a líder brasileira em sua visita.

Autor do recém-lançado *O Dissenso de Washington*, o presidente da Rubens Barbosa & Associados (RB&A) e presidente emérito do Conselho Empresarial Brasil-Estados Unidos acompanhará a viagem de Dilma e desses empresários.

Brasil Econômico – Há um certo distanciamento do Brasil na relação bilateral com os Estados Unidos, em razão de uma aproximação comercial com os outros países. Como o senhor avalia essa situação atualmente?

Rubens Barbosa – A política externa da presidente Dilma representa uma continuidade da política externa do presidente Lula, com algumas nuances importantes como vimos na questão dos direitos humanos, na desideologização da relação com os Estados Unidos e na maneira como o Irã está sendo tratado do ponto de vista político-diplomático. Temos uma meia dúzia de áreas em que houve uma mudança de tom. Essa é uma primeira constatação.

BE – Que é positiva ou negativa no seu entender? Pode significar uma reaproximação com os Estados Unidos?

RB – Houve uma continuidade, mas, na minha opinião, houve um avanço que foi positivo com essas nuances acrescentadas a partir da mudança do governo. Em relação aos Estados Unidos, a visita do presidente Barack Obama, em março de 2011, representou uma mudança no enfoque dos Estados Unidos em relação ao Brasil. Nas discussões entre os dois presidentes, no documento final, foram indicadas algumas áreas em que poderia haver uma parceria importante entre os dois países. Foram lançadas as bases para um novo tipo de relacionamento. Mas é claro que isso é decidido dentro de uma visão mais ampla, de médio e longo prazos. No curto prazo, o que temos são alguns percalços como este que aconteceu com a Embraer.

BE – Como o senhor imagina a visita da presidente Dilma Rousseff em retribuição à vinda do presidente Barack Obama ao Brasil?

RB – Eu considero a visita do Obama como um marco na relação entre os dois países. No comunicado conjunto foram discutidos assuntos de grande substância. Eu não acho que a visita tenha sido de passeio, nem que foi superficial. Eu acho que a visita foi muito substantiva. Abriu portas muito importantes para a cooperação futura, para a cooperação na área de aviação civil. Foi assinado um tratado de facilitação de comércio. Está avançando a cooperação na área de energia renovável, inclusive para a aviação. Enfim, tem muita coisa substantiva que não tinha antes.

BE – Quais pontos devem ser destacados na viagem?
RB – A visita da presidente Dilma está na mesma linha. Estou acompanhando de perto a elaboração da visita. Estou agora como presidente emérito do Conselho Empresarial Brasil-Estados Unidos, que terá uma participação importante na reunião empresarial que vai haver lá. E nós temos interesses concretos dentro de um programa que o Conselho Empresarial está aprovando para defender nos Estados Unidos e vamos levar isso para lá. Na área bilateral imagino que a agenda será bastante diversa. O presidente Obama certamente vai perguntar qual é a posição do Brasil sobre esse problema do Oriente Médio, da crise no Irã, na Síria. O Brasil tem uma participação muito ativa nos organismos multilaterais e tem posições importantes sobre isso.

BE – A questão envolvendo a Embraer reflete o distanciamento diplomático entre Brasil e Estados Unidos ou não?
RB – Apesar das negativas de autoridades norte-americanas, dada a circunstância do momento político dos Estados Unidos, da proximidade das eleições presidenciais em novembro, do grande número de desempregados em função da crise econômica, da pressão política da Hawker Beechcraft [companhia norte-americana que concorreu com a Embraer], não é difícil imaginar as reais motivações do governo norte-americano para cancelar a licitação para a compra dos Super Tucanos.

BE – Mas é legal essa modificação?
RB – Muito ruim foi a maneira como o cancelamento foi feito e o momento em que ocorreu a decisão. O anúncio aconteceu no dia em que uma delegação brasileira estava em Washington para discussões dentro de um mecanismo de diálogo regular entre o Departamento de Defesa do Brasil e o Pentágono nos Estados Unidos. Além disso, um alto funcionário americano, o segundo do Departamento de Estado, estava no Brasil para tratar da visita da presidente Dilma aos Estados

Unidos. Está ainda pendente uma decisão importante que vai ser tomada até o final do semestre, em relação aos caças brasileiros. Há uma companhia norte-americana muito interessada nisso. Por fim, e mais importante, tudo isso ocorre às vésperas da visita da presidente Dilma a Washington.

BE – O Brasil pode discutir essa decisão?

RB – Ninguém discute a decisão: é soberania norte-americana, cabe a eles decidir. A Embraer já disse que a desculpa dada não é exata. O comandante da aeronáutica, no Pentágono, em Washington, chamou de vergonhosa a decisão e acrescentou que, se não ficasse comprovada a razão invocada para o cancelamento da concorrência, seu departamento perderia credibilidade. Mas o aspecto principal, do nosso ponto de vista, é o momento e a forma como isso foi feito, sem dar conhecimento prévio ao governo brasileiro e à Embraer, com todo esse contexto político em causa. A reação inicial do Itamaraty foi dura, como não poderia deixar de ser. Posteriormente, mostrou-se cautelosa ao acentuar a surpresa pela maneira como foi feito o anúncio da decisão. Evitou-se politizar o caso para talvez deixar a porta aberta a uma nova participação da Embraer, se houver outra licitação.

BE – Então o Brasil tem vários contra-argumentos para discutir isso? Seria o caso de levar à Organização Mundial do Comércio (omc) essa questão?

RB – Não, porque esta é uma decisão interna norte-americana. É uma licitação que, por um alegado vício de forma, foi anulada. É uma decisão interna que, se fosse tomada no Brasil, ninguém poderia contestar. Mas o momento e a maneira como foi feito não condizem com uma relação que se pretende cada vez mais desenvolvida e sofisticada entre os dois países.

BE – Há de se esperar retaliações brasileiras?

RB – Não acho que seja o caso. O Brasil vai tomar soberanamente as decisões sobre as questões que estão pendentes com os Estados Unidos. Não deve ser vinculada uma coisa à outra. Assim como eles não vincularam essa decisão a qualquer outra. Alegaram motivo de vício de processo, como falta de documentos e documentação incompleta. O que o Brasil decidir fazer não deverá ser visto como uma retaliação, mas como uma decisão soberana.

BE – Isso aumenta o distanciamento entre os países, que já têm visto fraquezas nessa relação bilateral?

RB – Esse é um detalhe do momento e é preciso ver a coisa como um processo mais amplo. Claro que nem a Embraer nem o governo brasileiro gostaram da decisão norte-americana. Mas há interesse tanto do Brasil quanto dos Estados Unidos em ampliar a relação. Nós estamos com um déficit de US$ 9 bilhões na balança comercial com os Estados Unidos. O Brasil tem todo o interesse de ampliar as exportações para o maior mercado do mundo e de receber tecnologia para melhorar sua indústria. Há muitas áreas que podem propiciar uma ampla colaboração entre os dois países: a energética, a de meio ambiente, a de inovação. O episódio da Embraer é uma coisa lamentável pela maneira como foi feita. Mas não deveria prejudicar o interesse maior do Brasil de ampliar as exportações para os Estados Unidos, de receber investimento aqui, inovação, tecnologias que vão beneficiar a economia como um todo.

BE – Com os Estados Unidos, o relacionamento bilateral seria o melhor caminho? É possível pensar em parcerias regionais?

RB – Isso precisa ser posto em um contexto maior. Hoje com essas grandes transformações, com a crise econômica, com o desemprego na Europa e nos Estados Unidos e com a pujança da agricultura brasileira, é muito difícil negociar acordos comerciais muito amplos, porque nem a Europa nem os Estados Unidos estão preparados para abrir a economia deles na área agrícola, que é o nosso grande interesse. E o que nós vamos ver nos próximos meses e anos, por causa dessa crise toda, é uma volta a medidas restritivas, inclusive financeiras, de todo tipo – até cambiais – que tenham efeito como uma restrição.

BE – O regionalismo se fortalece nesse cenário?

RB – Sim. Na Europa já é possível ver isso. Eles não querem que acabe o mercado comum. Também vemos isso na Ásia, em que a China e o Japão mudaram de posição e estão fazendo acordos de livre comércio entre eles mesmos. Até os Estados Unidos, que têm costa no Pacífico, correram para a Ásia e querem fazer acordos comerciais na região. No caso do Brasil, de novo, é preciso que a gente resolva o que a gente quer. A América do Sul é um grande mercado. O Brasil é um mercado enorme para os países da América do Sul. Eu acho que nós deveríamos aprofundar o relacionamento político, econômico, financeiro, energético, comercial com os países da região. Mas dentro de uma posição de liderança, não como caudatário de ideias dos outros. O Brasil tem que liderar esse processo de uma integração mais séria na região, inclusive com a negociação de uma abertura recíproca maior entre os países. Nos próximos vinte ou trinta anos o grande mercado para esses países vai ser o Brasil, pelo tamanho do mercado interno. Nesse contexto todo, o Mercosul está perdendo substância, porque o comércio com a região, mesmo com a Argentina, que tem aumentado, é feito apesar do Mercosul. O Mercosul hoje se transformou num fórum de discussão social, política, mas o objetivo principal do bloco com a assinatura do Tratado de Assunção, que é a liberalização do comércio, está estagnado há muitos anos. O que nós vemos é o contrário: um crescimento das restrições, da lista de exceções, que torna o comércio na região praticamente administrado. Isso é o contrário do que se previa.

BE – E os Estados Unidos?

RB – Eles têm uma restrição muito grande e vão discutir entre 2012 e 2013 a Lei Agrícola, que envolve uma série enorme de subsídios que afetam a competição internacional. Eles não estão dispostos a abrir certos setores, nem terminar com os incentivos na área agrícola. Isso dificulta uma negociação comercial com eles, mas não impede que se explorem outras possibilidades. Atualmente o principal produto exportado para os Estados Unidos é o petróleo, mas o Brasil já exportou 80% de produtos manufaturados para lá, que hoje está em cerca de 30%. Há grande predominância de produtos primários. Assim como estamos discutindo com a China a diversificação da nossa pauta de exportação, temos que começar a fazer isso com os Estados Unidos também. Isso poderia ser um estímulo para soluções criativas serem encontradas, como aconteceu no caso do combustível limpo para aviação – uma área que hoje aponta que os Estados Unidos e o Brasil poderão ser os grandes fornecedores mundiais de biocombustível para a aviação do mundo inteiro. Isso mostra que há áreas comuns que precisam ser descobertas e ampliadas tanto pelo governo quanto pelo setor privado.

BE – O estabelecimento de uma agenda de prioridades envolveria resolver questões internas para depois discutir se o Brasil deve ter assento no Conselho de Segurança da ONU ou participar do socorro econômico aos países europeus?

RB – São coisas simultâneas. A agenda interna coexiste. O mundo não vai esperar o Brasil resolver seus problemas econômicos. Hoje o grande problema do Brasil somos nós mesmos, eles estão todos aqui dentro. O que nós queremos da economia brasileira? Que se transforme numa exportadora de matéria-prima? Nós queremos preservar a indústria brasileira? O que a gente quer da relação com os Estados Unidos? O que a gente quer da relação com a China? O que a gente quer da relação com os nossos vizinhos? Tudo isso está para ser definido. Não estou dizendo que o governo não tenha política sobre isso. O governo tem política sobre isso, mas o grande desafio é justamente ajustar as políticas – externa, econômica, de comércio exterior – a esse mundo em transformação no qual o Brasil está incluído.

BE – Muitos discutem a que custo ou em troca de quê o Brasil deveria se expor mais no cenário internacional em crise.

RB – Uma coisa é o desafio que o Brasil enfrenta e a necessidade de o país ter uma ação propositiva. O outro assunto é a crise internacional, o papel do G-20 e, dentro do G-20, o papel do Brics [bloco formado por Brasil, Rússia, Índia, China e África do Sul]. O Brasil é o país que mais se beneficiou com a criação desse grupo. Em grande parte a projeção brasileira hoje deriva do fato de o país estar colocado no mesmo pé da Rússia, da Índia, da China, dentro do Brics, que não existia no passado. Esses países estão se coordenando cada vez mais. Dentre os organismos internacionais, em relação ao G-20, há uma coordenação inclusive na questão desse tema da colocação de recursos financeiros para ajudar o Banco Central Europeu e o Fundo Monetário Internacional nessa crise da União Europeia. O que os países resolveram foi que eles iriam aguardar a Europa colocar os recursos e aí os países do Brics iriam avaliar a forma de colaborar por meio do Fundo Monetário. A contrapartida disso é que os países emergentes, sobretudo os do Brics, querem uma participação maior no processo decisório, através do aumento das cotas e da influência na indicação dos dirigentes dessas organizações.

BE – Mas isso tem se concretizado conforme o previsto?

RB – Não. Nós estamos vendo é que está ocorrendo exatamente o contrário. Em vários comunicados do G-20 se diz que a escolha dos dirigentes do Fundo Monetário e do Banco Mundial seria feita na base do mérito e que os países emergentes deveriam ser consultados. Ocorreu a sucessão no Fundo Monetário e foi indicada uma pessoa da Europa para preencher o cargo. Agora vai vagar um posto no Banco Mundial e já há vários candidatos norte-americanos para o lugar, inclusive a Hillary Clinton e o Larry Summers, entre outros, contrariamente ao que foi decidido no âmbito do G-20. Aí estão as contradições que existem entre o que foi combinado, o que se espera dos países emergentes, e o que os países desenvolvidos fazem de fato. O Brasil tem que ter posições proativas nas questões internacionais. A situação mudou. Nós não tínhamos a projeção nem a responsabilidade que temos hoje.

BE – O que falta ser feito?

RB – Há um ponto importante que ainda está mal resolvido que é a contradição entre os valores que nós defendemos internamente – como democracia e direitos humanos – e a defesa de nossos interesses externos. Esse é um problema que se coloca para todos os países que têm interesses, como o Brasil começa a ter agora. Por exemplo, no governo Lula, era dito que negócio é negócio, não importava com quem. Eu acho que é preciso uma atitude pragmática, mas não se pode silenciar sobre os valores que se defende internamente. Isso não impede os negócios. O fato de defender os interesses de um país não se choca com o fato de defender os valores que se tem internamente. É preciso coerência. Não é dizer: eu não posso mencionar em Cuba a questão dos direitos humanos, porque é um problema interno de Cuba. É um problema interno, mas se você está emprestando US$ 500 milhões para Cuba, você tem um acesso ao governo de Cuba que lhe permite falar francamente. Nós não sabemos se o governo brasileiro falou ou não. É possível que tenha até falado.

Publicada em 19 mar. 2012

3 Entrevista 3

"Com os Brics, o Brasil já é visto em pé de igualdade com China e Rússia." A opinião é do embaixador brasileiro Rubens Barbosa.

A diminuição do valor facial da dívida e o seu reescalonamento – duas medidas já adotadas pelo Brasil e Argentina no passado – são a única forma de a Europa sair de sua crise econômica. Já as medidas que o Fundo Monetário Internacional (FMI) impõe e o Banco Central Europeu e os governos dos países daquele continente estão impondo à Grécia e a Portugal não funcionam.

Ao contrário, provocarão uma recessão de muitos anos na região. A análise e a previsão são de um especialista em relações internacionais e mestre da Escola Superior de Ciências Econômicas e Políticas de Londres, Rubens Barbosa. Diplomata de carreira, Barbosa foi embaixador brasileiro, dentre outros postos, em Londres e em Washington na década de 1990 e no início dos anos 2000. Foi, ainda, atuante nos bastidores e no *front* da política externa brasileira, como coordenador do Mercosul por três anos. Autor de vários livros, lançou, recentemente, *O Dissenso de Washington*, no qual narra boa parte do que testemunhou nos anos em que presidiu a embaixada na capital norte-americana.

Na Entrevista do Mês, a seguir, fomos ouvi-lo, já que a posição do Brasil frente a um mundo em constante e profundas transformações é um tema apaixonante e a cada dia mais estratégico. Vários temas foram tratados – da nova relação Brasil e China ao papel do nosso país junto a fóruns como o G-20, Brics e Mercosul. Nem de longe Barbosa esconde suas opiniões, mesmo que num discurso diplomático. E defende posições polêmicas. Entre elas, a defesa de o Brasil deter um poderio militar à sua altura, assim como o domínio da construção de armas atômicas (ainda que não venha a tê-las). Além de achar desnecessárias campanhas para o Brasil entrar no Conselho de Segurança Permanente da ONU. Ele fala, ainda, do seu desencanto com os rumos do Mercosul.

Cético sobre as pretensões brasileiras a um assento no Conselho de Segurança na ONU, o embaixador chega a afirmar que o país jogou dinheiro fora em seu "ativismo" em prol da vaga. Por sua vez, também sabe elogiar: credita a Celso Amorim o acerto de ter buscado institucionalizar os Brics – até então uma sigla usada apenas por economistas –, o que tem forçado Brasil, Rússia, Índia, China e África do Sul a um maior conhecimento mútuo e alavancado a imagem do Brasil no exterior, colocando-nos, aos olhos dos investidores, no mesmo patamar que Rússia e China.

Confira a seguir um depoimento sincero, inteligente e crítico dessa testemunha privilegiada da história recente – e nos bastidores – das relações internacionais do Brasil.

José Dirceu – Embaixador, os Estados Unidos, a Europa e, por extensão, o mundo mergulharam em profunda crise econômica em 2008, que se arrasta até os dias atuais e recrudesceu em 2011. As soluções tentadas não resolvem nada. Qual a saída? Existe chance de uma solução não ortodoxa e de caminhos mais multilaterais que dependam menos dos Estados Unidos e da Europa?

Rubens Barbosa – Estive recentemente na Grécia. A crise de 2011 não tem nada a ver com a de 2008. Àquela ocasião, tivemos um fenômeno que afetou o setor privado, um problema de solvência e derivado da falta de regulamentação das áreas mais sofisticadas de transações financeiras. Agora, o que temos é uma crise fiscal. Os países da Europa se endividaram mais do que podiam. Nos Estados Unidos, a mesma coisa. Seu endividamento está crescendo e se agravou muito com a eleição de George W. Bush – presidente que foi um desastre para os norte-americanos. E uma coisa incide sobre a outra.

Os Estados Unidos vão sair da crise antes e se recuperar mais rapidamente porque a economia norte-americana tem a chamada *resilience*, ou seja, uma resistência muito grande a pressões, porque o país está à frente dos demais em tecnologia. Agora, a Europa, não. O caso europeu é mais grave. Ela está numa camisa de força devido ao sistema monetário europeu: um único Banco Central, uma moeda única. E os países, sobretudo os menores, perderam a liberdade de praticar suas políticas econômicas. Não têm instrumentos de política monetária, cambial... É tudo o Banco Central Europeu (BCE) que determina. Eles não podem desvalorizar moeda, aumentar ou baixar taxa de juros, a não ser por meio do BCE.

A Grécia, por exemplo, está em uma situação pré-falimentar. Além de a sociedade grega ser a grande perdedora, outros grandes perdedores são os bancos alemães e franceses, que colocaram muito dinheiro no país. Os governos estão tentando evitar o *default* grego para que os bancos alemães e franceses não quebrem. Isso envolveria a perda de bilhões de euros. Agora, o que me espanta é a demora para tomarem a única medida possível, na minha visão: fazer o que foi feito aqui na região, no Brasil e na Argentina. É preciso diminuir o valor facial da dívida e reescaloná-la.

O problema é que só estão começando a analisar essas possibilidades agora. E não há outra maneira. Essas medidas que o Fundo Monetário está querendo adotar e que o BCE e os países europeus estão impondo à Grécia e a Portugal não funcionam. Com elas, corta-se o crescimento, demitem-se funcionários... Vão promover uma recessão de muitos anos. É o que pode acontecer à Europa: serão cinco, dez anos, pelo menos, até que o continente volte a crescer o que crescia antes da crise. Será um longo período de crescimento muito baixo, de 1% ou menos, ao ano. E, sem uma perspectiva de saída, pois quando um país corta o seu crescimento o que ocorre é que também se tira a possibilidade do pagamento da dívida.

JD – É um tiro no pé...

RB – O objetivo deveria ser, ao contrário, que esses países pagassem a dívida. Vejo, portanto, uma situação muito complicada na Europa. E nesse quadro é difícil que se encontre uma solução do ponto de vista multilateral. A solução na Europa será encontrada no âmbito da União Europeia (UE). Eles não querem a interferência do Fundo Monetário, nem de gente de fora nessa história.

JD – Em relação ao G-20 e aos Brics, fóruns com os quais temos relações, quais as perspectivas para os próximos anos? O que nos aproxima e nos separa dos países reunidos nesses fóruns?

RB – Uma das boas coisas feitas pelo ex-presidente Lula e pelo Celso Amorim [chanceler naquele governo] no segundo mandato – esta é uma iniciativa brasileira – foi institucionalizar os Brics. A nomenclatura foi criada em 2001 e, até 2008, só existia como uma sigla usada por economistas. Mas o Celso Amorim teve a iniciativa de querer gradualmente institucionalizá-la (como um fórum multilateral). Inicialmente foram feitas reuniões de ministros do Exterior entre os Brics (Brasil, Rússia, Índia, China e África do Sul). Depois, de ministros da Fazenda e, depois, de presidentes da República. Já na terceira reunião ocorreu algo impressionante. As conversas se deram em vinte áreas – bancos centrais, Ipea, órgãos de estatísticas, IBGE etc. Essas áreas todas se reuniram entre esses países. O Brasil e a China, o Brasil e a Rússia, o Brasil e a África do Sul sempre tiveram relações boas, mas não havia nenhuma intimidade. Eles não nos conhecem e tampouco os conhecemos. Mas, com a institucionalização dos Brics, um maior conhecimento mútuo foi forçado.

JD – Quais foram as vantagens dessa aproximação?

RB – Eu acredito que grande parte da projeção externa do Brasil obtida nos últimos anos se deve à institucionalização dos Brics. Se fôssemos fazer uma campanha publicitária para colocar Brasil junto à União Soviética e à China, levaríamos vinte anos para termos algum resultado... Mas, de uma hora para outra, com o [grupo] Brics, em dois anos, o mundo passou a ver o Brasil, a Rússia, a Índia e a China em pé de igualdade, apesar de todas as diferenças entre eles. Essa foi uma das principais razões da recente projeção externa do Brasil.

JD – Como o senhor vê a agenda dos Brics?

RB – Os Brics não têm uma agenda comum. Aliás, nem sei se isso é importante. Do ponto de vista do Brasil, o importante é isso: é ser equiparado à China e à Rússia em termos de destino de investimentos. Por sinal, nós estamos em uma situação muito melhor do que a da China e da Rússia para atrair investimentos. Os Brics, gradualmente, vão formar uma agenda comum.

JD – E quais são as principais diferenças?

RB – Nesse fórum [Brics], Brasil e a África do Sul não são países nucleares. Já Índia, China e Rússia têm suas bombas atômicas. Portanto, a agenda deles é mais complexa e diferente da nossa. Estamos vendo agora no G-20 e na Organização das Nações Unidas (ONU) que o Brasil tem atuado junto com os Brics nas questões do Oriente Médio. Ou seja, não há uma agenda preestabelecida entre os Brics, mas ela será gradualmente desenvolvida com a evolução do grupo.

JD – E por falar em poder militar, nos próximos cinco, dez anos, seremos a quinta ou sexta economia do mundo. É uma necessidade do Brasil a estratégia de defesa nacional que foi assumida na questão do Atlântico Sul, do pré-sal, da Amazônia. Qual relação há entre o novo papel que o Brasil assumiu internacionalmente, sua posição nos Brics e a questão da nossa força militar? O quanto conta dispormos de Forças Armadas modernas tecnologicamente no mundo de hoje? Reformulando a pergunta: em seu mais recente livro [*O Dissenso de Washington*] o senhor menciona que, na década de 2000, o Brasil já era visto pelos Estados Unidos como economia emergente, mas não era tratado com a mesma importância dada à Rússia, à Índia e à China, três países com conflitos internos e/ou regionais e armas nucleares. Hoje, ainda é importante dispor de armas nucleares para ser tratado com deferência? Para as potências, o que conta mais: mercado interno forte ou força militar?

RB – Claro que a força militar conta. E o Brasil não tem arma nuclear...

JD – E nem deve ter.

RB – O Brasil não deve ter armas nucleares, mas deve ter o que eles chamam no exterior de "*capability*". Deve ter, dominar, o conhecimento para fazê-las.

JD – Estou de acordo.

RB – Disso não podemos abrir mão e devemos acelerar essa questão. Já em relação ao fortalecimento militar, ele é muito importante. O Brasil, com as dimensões que tem, com os recursos naturais descobertos agora, não pode deixar de proteger as suas fronteiras. Essas usinas do porte de uma Itaipu, as plataformas para a prospecção de petróleo... Não vejo a necessidade de nos armarmos contra ataques terroristas, mas imagine um maluco que destrua uma plataforma daquelas? Equivalem a 10% do fornecimento de petróleo do país.

JD – Precisamos de Forças Armadas bem equipadas e capacitadas...

RB – É preciso ter a Marinha, a Aeronáutica e o Exército equipados. E isso vem ao encontro da política de fortalecimento da indústria nacional de defesa. Trata-se de uma questão muito importante. Sempre achei que nós tínhamos de identificar o que importava para a defesa no Brasil e atrair empresas do exterior para produzirem aqui esses equipamentos e essas tecnologias. É o que vai fortalecer o chamado "poder nacional". Na prática, o Brasil não pode ter uma presença externa, sem dispor de uma presença militar.

Recentemente, o Brasil mandou uma fragata para o Líbano. Não é possível ter o comando das Forças Navais no Líbano e não dispor de um navio lá. Tampouco se pode querer defender a fronteira no Amazonas, inóspita e não habitada, sem ter os aviões não tripulados, sem dispor de uma tropa ali na fronteira, sem equipamento especializado. Da mesma forma, nos rios e no Atlântico. Não estou falando de uma força de ataque, mas de uma força defensiva. Não somos bélicos. O Brasil não tem uma guerra há 150 anos: o país definiu todas as fronteiras e se tornou independente sem nenhuma guerra. Mas é preciso contarmos com uma força militar compatível com o tamanho do país.

JD – O senhor mencionava o fortalecimento de uma indústria nacional de defesa...

RB – O fortalecimento dessa indústria é muito importante para o país. Nos Estados Unidos, por exemplo, as verbas dedicadas pelo Pentágono à indústria da defesa são brutais. Daí saem as grandes inovações tecnológicas, depois readaptadas para o uso civil. Temos que começar a fazer o mesmo.

JD – Voltando ao tema do G-20...

RB – O Brasil tem um papel a desempenhar no G-20 e isso já começa a acontecer. O Brasil está em uma transição entre um país que está em desenvolvimento e um país que começa a ter uma posição fora de sua região, para além dela. Por projeção externa entendo a forma como o Brasil passa a ter voz em áreas como o Oriente Médio, a África, a Ásia.

JD – Quais as consequências disso?

RB – Isso cria uma situação complicada para nós. Para se ter influência no G-20 é preciso ter ideias, ter políticas. O ministro Guido Mantega [Ministério da Fazenda] lançou em fórum recente o conceito da "guerra cambial". É um exemplo de como o Brasil pode influir nas discussões globais. Mas nosso país não tem, ainda, um peso específico como a Rússia, a China, para influir num conflito na Ásia... É um pouco de pretensão nossa querer influir no Oriente Médio. Não temos, ainda, peso para isso.

JD – Em que temos peso?

RB – Temos peso para atuarmos nos grandes temas multilaterais. Acredito que outra grande razão da projeção externa do Brasil é que o país é um ator importante nos grandes temas globais – comércio exterior, meio ambiente, mudança de clima, energia, água, democracia, direitos humanos. O Brasil é chamado a se manifestar nesses assuntos. É nesses campos que podemos exercer a nossa influência com ideias. E mesmo aqui, nós sempre ficamos em uma posição reflexa. O Brasil sempre reflete o que perguntam... Temos que, a partir de agora, passar a ter posição proativa, políticas e uma ação propositiva.

JD – Hoje o Brasil é um grande exportador de matérias-primas e importador de tecnologia e manufaturas. Nesse contexto, como ficamos em relação à China? O país é mais um concorrente, um parceiro ou um desafio?

RB – O Brasil tem uma visão ingênua em relação à China. Ela é o principal parceiro comercial do Brasil, passou até os Estados Unidos. E é o segundo grande parceiro, aqui da região sul-americana. Um dos equívocos da política externa do governo Lula foi considerar a China uma "economia de mercado" (um *status* de tratamento bilateral especial). A consequência prática disso é que esse fato restringiu a margem de manobra do governo brasileiro e das empresas brasileiras na hora de usarem os mecanismos de solução de controvérsias. E isso faz falta, agora, com a invasão de produtos chineses que está ocorrendo. Não só porque os chineses têm uma maior competitividade, mas, também, pela sua influência na manipulação cambial – coisa que pouca gente sabe aqui no Brasil. Sobretudo, porque eles vêm ao Brasil praticando um preço de *dumping*, quando não fazem uma triangulação com outros países para que seus produtos sejam vendidos aqui. A triangulação é usada exatamente quando o Brasil começa a tomar medidas para enfrentar os produtos chineses. Aí, eles os exportam para o Vietnã, para, a partir de lá, conquistarem o nosso mercado.

JD – Em resumo, a China é uma oportunidade ou um desafio?

RB – A China ainda é uma grande oportunidade para o Brasil. Eu não acredito que o seu crescimento, mesmo com essa crise internacional, vá cair dramaticamente. Os chineses crescem 12% ao ano. Mesmo com a crise internacional, no pior cenário, o seu PIB deverá se desacelerar para 9% ou 8% ao ano... E, mesmo que isso aconteça, a China continuará a ser um grande comprador de produtos primários brasileiros. Nossa receita de exportação para a China deve continuar a crescer. Aí está a oportunidade.

JD – E quais são os principais desafios envolvidos nessa relação?

RB – Nem o governo brasileiro, nem os empresários brasileiros sabem o que querem dessa relação. É a mesma coisa com os Estados Unidos. Nós não sabemos o que queremos da relação com eles. Nem o governo, nem o setor privado. Há confrontos, divergências. Com a China é mais grave porque o país está afetando diretamente a política comercial brasileira, além de forçar diretamente a apreciação do câmbio brasileiro. O governo da China, por meio do Banco da China, tem usado o mercado de derivativos, o mercado futuro, para interferir no nosso câmbio.

JD – Como ficam a indústria de transformação e o mercado interno brasileiros, agora, com o novo papel que a China está desempenhando no Brasil?

RB – Historicamente o mercado brasileiro era atendido por apenas 10% de produtos importados. Hoje essa proporção chegou a 25% e a maioria deles chega da China, prejudicando a nossa indústria de transformação.

JD – Ainda nem falamos sobre a América Latina. Quais são as chances de conseguirmos um real avanço na integração regional? Qual o papel político do Brasil em função dos casos de crises em Honduras e na Venezuela e, ainda, no Haiti? Qual o nosso papel no Mercosul e na Unasul?

RB – [momento de hesitação] Sou muito crítico da nossa política em relação à América do Sul. Não defendemos os nossos interesses como deveríamos. O Brasil mudou de patamar em sua relação com os países da região. Nós já temos interesses fora da região. Mas, aqui, na região, perdemos a possibilidade de exercer uma liderança efetiva. No começo do seu governo, o presidente Lula repetiu várias vezes que o Brasil queria ser liderança na região. Nós não fizemos isso. Hoje, acredito que o país esteja a reboque dos acontecimentos na América Latina.

Outros países têm tomado a iniciativa, seja a Argentina, com essas medidas restritivas todas, seja a Venezuela. E o Brasil acompanha. Até a Celac, a Comunidade dos Estados Latinoamericanos e Caribenhos, foi uma iniciativa do México... Essa Unasul [inicialmente chamada de Comunidade Sul-Americana de Nações, uma união entre o Mercosul e a Comunidade Andina de Nações com vistas à integração sul-americana]... Eu não vejo resultados concretos nessa iniciativa. A integração na região sofreu um atraso, não avançou. Com isso, o Brasil resolveu bilateralizar as relações com todos os países.

A integração regional, econômica, comercial, que é o que interessa efetivamente ao Brasil, e é o que estava se dando no âmbito do Mercosul, parou. Está totalmente estagnada. O Brasil apresentou duas vezes, em 2004 e 2009, propostas para o Mercosul avançar e nem houve resposta. Nós perdemos a capacidade de influir porque os países perceberam que o Brasil não queria forçar nenhuma situação. Eu acho que é um equívoco cultivarmos aquilo que o Itamaraty denominou de "paciência estratégica com a Argentina". Não é possível mantermos uma situação em que os argentinos restringem o comércio bilateral da maneira como estão restringindo, unilateralmente. E, fazendo-o apesar das regras do Mercosul e as da Organização Mundial de Comércio (OMC). E, ainda assim, o Brasil não fazer nada a respeito. Isso não é correto. Temos que reclamar. Não é bater, mas é preciso aplicar os mecanismos de defesa comercial que temos à mão, quando ocorre uma medida dessa natureza.

JD – E quanto ao Mercosul? Como estamos?

RB – Hoje, o Mercosul se transformou em um fórum de debate político e social. Apesar de a retórica do governo ser contrária ao que estou dizendo, na realidade, o Mercosul deixou de ser o acordo comercial e econômico que era na origem. Quando eu participei disso – fui coordenador do Mercosul durante três anos –, só discutíamos questões comerciais, econômicas e financeiras. Claro que debater questões políticas e sociais é importante. Agora, não é o que foi inicialmente negociado e que era o que interessava ao Brasil: uma área de livre comércio na região. Nesse sentido, acredito que esteja faltando uma visão estratégica, inclusive, na integração da região.

O Brasil teria que promover a integração física da região. Por exemplo, nós estamos sem visão estratégica na questão da saída para o Pacífico, fundamental quando pensamos nossas relações com a China. A China é o principal parceiro comercial do Brasil e a América do Sul tem na China o seu principal mercado, mas a integração regional física parou durante dez anos. Até a Iniciativa para a Integração da Infraestrutura Regional Sul-Americana (IIRSA) [programa conjunto de governos de doze países da América do Sul], que tinha sido criada, parou. Só agora estão retomando.

JD – Na verdade, nessa parte que envolve rodovias, pontes, aviação, trem... O Brasil avançou. O que mudou é que, hoje, somos mais um país exportador de capitais, de serviços e de tecnologia para a América do Sul do que propriamente de matérias-primas...

RB – Sim, claro. Foram feitas algumas coisas. Mas o projeto atrasou. A integração não saiu do papel e se transformou hoje em integração social e política, o que é uma distorção.

JD – Até agora pouco mencionamos um ator importante das nossas relações exteriores, os Estados Unidos. O senhor considera que a produção do excedente de petróleo brasileiro a ser exportado, assim como a do etanol, possa melhorar as nossas relações com eles? Este poderia ser um assunto de interesse mútuo voltado ao desenvolvimento de pesquisas na área energética, de forma que os Estados Unidos diminuíssem a sua dependência brutal do petróleo do Oriente Médio? Estou me referindo a uma possível aliança nessa área, que poderia melhorar a eficiência da produção energética, com redução nos custos e poderia contemplar, também, a questão ambiental, que se tornou gravíssima. Enfim, uma aliança que poderia ser a base de uma nova economia – a exemplo do que foi a internet, quando gerou nos Estados Unidos um novo ciclo de desenvolvimento.

RB – A recente visita do presidente Barack Obama à presidente Dilma Rousseff, no Brasil, deve ser vista sob uma perspectiva histórica. Ela é uma mudança do relacionamento entre Brasil e Estados Unidos. Por quê? Consciente ou inconscientemente, os governos brasileiro e norte-americano incluíram no comunicado do encontro presidencial quatro ou cinco áreas que, pela primeira vez, casam interesses concretos. Não estou falando de interesses políticos ou ideológicos, mas interesses pragmáticos entre as empresas brasileiras e as americanas.

Nesse comunicado foi tratada a questão do petróleo. Outra coisa importantíssima foi a decisão de os dois governos colaborarem na viabilização de biocombustível para aviação. Essa parceria Brasil-Estados Unidos tem o potencial para movimentar bilhões de dólares. Terceiro ponto tratado na visita é um acordo na área espacial.

Dentro de dez a quinze anos, o Brasil vai se tornar um dos maiores fornecedores de petróleo para os Estados Unidos. Aí, sim, e não mais na retórica, o Brasil será um parceiro estratégico dos Estados Unidos. As estatísticas do ano passado e deste ano mostram que o Brasil deixou de ser um país que exportava manufaturas para os Estados Unidos. No passado, exportávamos 80% de manufaturados e 20% de *commodities*. Hoje, da nossa pauta de exportação para os Estados Unidos, cerca de 90% é composta de produtos primários. E o primeiro produto de exportação para os Estados Unidos já é petróleo. Isso vai se acentuar e fazer com que os Estados Unidos olhem para o Brasil de outra maneira. Mas, nesse futuro diálogo em relação aos Estados Unidos, nós temos de deixar muito claro a defesa do interesse nacional e do respeito mútuo. Isso porque o Brasil vai se tornar, para os Estados Unidos, o que hoje o Oriente Médio é para eles. E, lá, os Estados Unidos exercem uma interferência muito grande nas questões internas. Nós temos que deixar claro como vamos atuar nessa relação.

JD – E quais as chances de o Brasil vir a ter assento no Conselho de Segurança da ONU?

RB – Acho que o Brasil tem todas as qualificações para entrar no Conselho de Segurança. Mas fui crítico do ativismo brasileiro nesta defesa. Gastamos dinheiro, abrimos quarenta ou cinquenta embaixadas ao redor do mundo. Foi uma perda de tempo e de recursos para um "não evento". A partir de 2005, quando esse assunto foi discutido pela última vez na ONU, ele saiu de pauta. Não está, de fato, na mesa de negociação. Isso só vai acontecer quando os Estados Unidos e os outros membros permanentes [Rússia, China, Inglaterra e França] assim o desejarem. No fundo, os norte-americanos é que estão bloqueando essa pauta. Por que os Estados Unidos incluiriam no Conselho de Segurança países que serão, na maioria das vezes, contra seus interesses? A Índia, a Nigéria, o Brasil? Se eles têm um grupo de cinco que eles controlam, por que colocariam dez países no Conselho, se perderiam o seu controle?

A França e a Inglaterra, até com qualificações, apoiariam o nosso pleito ao Conselho. Já a China está bloqueando a ampliação do Conselho por causa do Japão.

JD – As chances, no curto prazo, não existem?

RB – O Brasil vai, eventualmente, entrar no Conselho de Segurança. Mas isso não se dará por causa do nosso ativismo. Protagonizamos esse ativismo na África, mas quando, em 2005, discutiu-se o assunto, a Organização da Unidade Africana (OUA) se reuniu e votou contra o Brasil, apesar de todo o esforço que fizemos. Quando o assunto estiver maduro, quando, de fato, Estados Unidos, França, Inglaterra, China e Rússia disserem sim à ampliação do Conselho de Segurança, então vão entrar a Índia, a África do Sul, o Brasil, o Japão e não sei quem mais. Os cinco países, então, prepararão uma resolução, que será colocada e votada na Assembleia Geral. Para ser membro do Conselho de Segurança, o Brasil não precisa fazer comício nenhum. Será um membro devido à sua projeção, ao peso, às políticas que o país está adotando, à nossa crescente participação fora do continente...

JD – Quando isso ocorrerá?

RB – Eu sou muito cético em relação à velocidade desse processo. Vai ser necessário ter um fato político internacional muito forte, como o que estamos testemunhando – o enfraquecimento da Europa e dos Estados Unidos em quatro ou cinco anos – e, em contraposição, o fortalecimento dos Brics... Só aí, eles vão ceder à realidade.

JD – O senhor esteve à frente de postos importantes da diplomacia brasileira, como as embaixadas em Londres e em Washington. Nesta última, foi embaixador do Brasil tanto nos governos de FHC quanto no de Lula. Em seu livro *O Dissenso de Washington*, o senhor fala de preconceitos mútuos Estados Unidos-Brasil. Quais são esses preconceitos e quais deles mais prejudicam a relação bilateral?

RB – Temos uma história de desencontros entre Brasil e Estados Unidos. Desde os primórdios das nossas relações, logo após a Independência do Brasil (1822), em 1823, o primeiro ministro plenipotenciário nosso, o embaixador brasileiro, quis apresentar credenciais ao governo dos Estados Unidos e não conseguiu. Levou quase dois anos para apresentá-las, porque os Estados Unidos não quiseram reconhecer um país que tinha ligações tão estreitas com as monarquias europeias. Àquela ocasião, os Estados Unidos já eram uma república.

JD – E de lá para cá?

RB – Ao longo do século XIX, o Brasil rompeu três vezes suas relações com os Estados Unidos. É uma coisa que pouca gente sabe. Depois, também, dois presidentes norte-americanos, entre eles Abraham Lincoln, quiseram impor ao Brasil o envio de seus negros libertos. Queriam fazer no norte do país, na Amazônia, a chamada Libéria. Esses fatos ficaram no nosso subconsciente. Tivemos, ainda, todas as atitudes intervencionistas norte-americanas durante a Guerra Fria.

JD – Como se deu essa relação na história recente?

RB – Nos tempos contemporâneos, e durante a minha estada lá, eu verifiquei concretamente uma grande desinformação sobre o Brasil por parte dos norte-americanos, alguns preconceitos arraigados em relação a nós. Como eles têm pouca informação sobre o nosso país, acham o Brasil "imprevisível". Comparando à Rússia e à China, que são previsíveis. São contra vários interesses norte-americanos, mas são considerados países previsíveis. Os norte-americanos, no entanto, não sabem o que esperar de nós. Há muita desconfiança em relação a como o Brasil vai agir nesta ou naquela situação.

JD – O inverso não é verdadeiro? Os brasileiros não têm preconceitos em relação aos Estados Unidos?

RB – Também, temos. Os nossos são de ordem ideológica. Isso ficou mais evidente no segundo mandato do presidente Lula, quando houve uma influência ideológica muito grande, que prejudicou as diretrizes traçadas pelo próprio presidente da República. Não houve o desenvolvimento de uma série de coisas. Um exemplo foi a base tecnológica de Alcântara, no Maranhão. Nós fizemos certas exigências aos norte-americanos que não estavam em jogo. O acordo entre os dois países em relação a Alcântara era de uma natureza de salvaguardas tecnológicas. Mas nós queríamos a transferência de tecnologia. Há, portanto, desencontros que permeiam toda a relação.

Publicada em 28 out. 2010

4 Entrevista 4

MOTOR ECONÔMICO do Mercosul, o Brasil deve sentar à mesa de negociações com a União Europeia (UE) em busca de um acordo com a maior abrangência e equilíbrio possíveis entre os dois blocos, abrindo espaço para negociações diretas entre países sobre os pontos mais contundentes de conflito. Essa é a avaliação do ex-embaixador brasileiro em Washington e em Londres, Rubens Barbosa. Apesar do agravamento da tensão interna na Europa em função da crise, que pode levar o continente a criar novas barreiras ao comércio, ele crê que a União Europeia está mais aberta ao diálogo. Da mesma maneira que a Argentina parece disposta a rever posições que inviabilizaram o diálogo em negociações anteriores. Confira a seguir a entrevista.

Brasil Econômico – Que balanço o senhor faz sobre as negociações até o momento?

Rubens Barbosa – Ela começou há mais de dez anos e chegamos perto em 2004, quando havia uma aproximação maior entre as posições da União Europeia e o Mercosul. Em função das dificuldades internas do Mercosul – a Argentina resistiu por conta de seu parque automotivo – nós não avançamos. A partir de 2005, as negociações ficaram praticamente paralisadas e só em 2009 foram retomadas. Como os europeus tomaram a iniciativa, há uma expectativa positiva de que haverá avanços. Do ponto de vista do setor privado brasileiro, a negociação é muito positiva e terá apoio. Agora, nós não podemos minimizar as dificuldades. A agenda é idêntica à da Rodada Doha, que não pôde avançar. Está em pauta a abertura do Mercosul para produtos industriais e serviços da União Europeia, assim como o nosso interesse pela abertura do mercado europeu para bens agrícolas e primários, o que inclui a eliminação ou redução significativa dos subsídios à agricultura. Então, a negociação é importante e há uma expectativa de que consigamos avançar.

BE – A crise pode levar a Europa a se fechar ainda mais. Não há uma contradição nesse diálogo?

RB – Essa retomada em primeiro lugar se deve ao ativismo de Portugal e Espanha, que está na presidência do bloco. O segundo aspecto é que o comércio internacional tem caído desde 2008 e agora começa a recuperar o seu dinamismo. Mas houve uma queda muito grande dentro e fora da Europa. Essa é, eu acho, uma tentativa para ver se eles conseguem abrir novos mercados. E a América Latina é importante, sobretudo pelo Brasil. Do lado da crise econômica [na União Europeia], essa posição não faz sentido, já que eles estão se fechando para proteger o emprego, o que torna essa negociação muito delicada. Qualquer percepção de que um acordo com o Mercosul poderá ameaçar interesses agrícolas, industriais e do trabalho vai gerar uma grande resistência na Europa.

BE – As empresas brasileiras não resistem também à abertura do mercado de serviços?

RB – Há um grande número de estrangeiros que querem entrar no Brasil e participar de programas como Minha Casa, Minha Vida, sozinhas ou em associação a grupos nacionais. Mas o setor de serviços brasileiro é muito dinâmico e internacionalizado. Então eu acho que nós temos interesse em ressaltar esse mercado e negociar. Também é importante para nós o mercado de serviços na Europa.

BE – Em que outras áreas o Brasil pode ser competitivo além do agronegócio?

RB – Em qualquer acordo comercial, eu acho que o governo vai precisar focar um outro aspecto, que é aumentar a competitividade da empresa brasileira. Não se podem aprofundar acordos comerciais hoje do nosso interesse sem levar em conta o Custo Brasil. Ficamos vulneráveis internamente à competição chinesa e perdemos mercado mesmo dentro da América Latina. Se fizermos um acordo com a União Europeia, alguns setores ficarão preocupados, mas teremos tempo para fazer um esforço e melhorar a competitividade, o que é saudável. Por isso é positiva a posição do governo brasileiro e o setor privado está apoiando.

BE – Como o senhor vê o ambiente interno do Mercosul?

RB – Na parte comercial continua problemático, não está avançando em função das restrições impostas por todos os países a outros membros. No caso da União Europeia, a situação melhorou porque a Argentina, pelas informações que temos, mudou de posição e está favorável a um acordo.

BE – Israel fechou um acordo com o Mercosul. Parcerias isoladas tendem a ganhar força?

RB – Até 2008 a América Latina estava crescendo em média 5% ao ano, foi um resultado recorde e o Brasil ainda não estava alcançando esse ritmo. Mas é o país agora que vai puxar essa alta na região. Esse fator de crescimento e a maior abertura atraem o interesse da Europa para negociar. Eles sempre se perguntam como ficará o Mercosul quando a Venezuela entrar. Aí fica uma interrogação. Agora, a Europa definiu o Brasil como um parceiro estratégico, então na negociação com o Mercosul tenho a impressão de que eles estão preparados para negociar como foi feito com a Comunidade Andina, conseguindo um acordo macro, mas quando se tratou de acertar listas de produtos, isso foi feito individualmente com cada país. Se houver a resistência de alguns países dentro do Mercosul, a União Europeia pode propor ao Brasil – e eu acho que o Brasil deveria aceitar – negociar um acordo amplo e depois flexibilizar essa negociação por país. Há formas criativas de se chegar a um consenso, dentro do marco do Mercosul.

BE – A França tem um interesse militar grande com o Brasil, mas é um dos países mais refratários à redução dos subsídios agrícolas. Onde está a maior resistência europeia?

RB – Grécia, Alemanha, Irlanda e França poderão resistir à abertura do mercado aos produtos agrícolas brasileiros.

BE – Qual seria um acordo satisfatório, na sua opinião?

RB – Primeiro, que seja equilibrado. Segundo, que seja amplo. A cobertura pedida pela União Europeia é de 90% dos produtos na pauta de comércio exterior. Como vai haver resistência na área agrícola, o Brasil vai ter que aceitar cotas para produtos agrícolas. Aí resta saber se essas cotas são para valer, ou inaceitáveis, como aconteceu no passado, quando a União Europeia oferecia cotas menores do que exportações reais do Brasil e Argentina naquele momento. Esses são os principais aspectos: cota, abrangência, grande cobertura e que de alguma maneira reflita o que estava sendo discutido na Rodada Doha.

Publicada em 28 abr. 2010

parte 7

Senado Federal

1 Depoimento 1

APRESENTAÇÃO NA Comissão de Relações Exteriores e de Defesa Nacional do Senado em 23 de maio de 2011. Encontro para fazer um balanço dos vinte anos do Mercosul. Participaram dos debates Roberto Teixeira da Costa, conselheiro do Centro Brasileiro de Relações Internacionais (Cebri); professora Maria Cláudia Drummond, consultora legislativa do Senado Federal e especializada nesta área; professor José Tavares de Araújo Júnior, do Centro de Estudos de Integração e Desenvolvimento (Cindes); professor José Flávio Sombra Saraiva, do Departamento de Relações Internacionais da Universidade de Brasília.

Rubens Barbosa – Senhor presidente Fernando Collor, senhores senadores, membros da Mesa, é com muito prazer que volto à Comissão para discutir a questão do Mercosul. Como o tempo é curto, vou entrar diretamente no assunto. O tema que foi proposto foi o balanço dos vinte anos do Mercosul, as aspirações iniciais, os avanços e os ganhos do Mercosul e os desafios que tem pela frente.

As aspirações iniciais do Mercosul foram muito ambiciosas. E as circunstâncias políticas e econômicas que prevaleciam naquele momento, março de 1991, eram muito diferentes das atuais. O Tratado de Assunção foi assinado em um momento em que não tínhamos as complexidades políticas e econômicas deste mundo em grande transformação. Hoje, passados vinte anos, as negociações no âmbito do Mercosul são muito mais difíceis do que eram naquela época. A prevalência das visões nacionais de cada país aqui da região, as diferenças que surgiram entre os países da América do Sul, com a ideia bolivariana, sobretudo a emergência da China como primeiro parceiro comercial de vários países e competindo com os produtos industriais dos países da região, isso tudo mudou o cenário inicial.

O Tratado de Assunção tinha como objetivo principal a integração econômica e comercial. Se os senhores verificarem o artigo 1º e o artigo 5º do Tratado de Assunção, o artigo 1º trata da livre circulação de bens, o estabelecimento da TEC, Tarifa Externa Comum, e também da coordenação de políticas macroeconômicas; e o artigo 5º fala do Programa de Liberação Comercial.

Essa era a ideia inicial. Esse é um ponto importante a reter para o que vou dizer depois. O Mercosul é um acordo econômico comercial, cujo objetivo era promover a integração sub-regional do Conesul na área econômica, isto é, investimentos, e comercial, troca de produtos. Hoje, por uma série de razões que podemos discutir posteriormente, a ênfase da atuação dos governos dos quatro países, por iniciativa inclusive do governo brasileiro, não é, como os senhores estão acompanhando, na área econômica comercial. É na área política e na área social. Foi criado o parlamento, foi criado um instituto para debater problemas sociais, e se avançou toda uma agenda social e política no Mercosul. E o Mercosul econômico/comercial está do jeito que sabemos que está, paralisado, em crise, o que – como vou mostrar também – não fez com que o comércio diminuísse. O comércio continuou crescendo, porque o comércio não depende do Mercosul – vou explicar isso depois.

Houve avanços importantes no Mercosul. Participei, e o presidente Collor até foi quem me chamou de volta, de Montevidéu, para liderar, coordenar a seção nacional do Mercosul, e eu, por três anos, por ele muito briguei, acredito no Mercosul. Acho que foi um exercício importante para o Brasil. Esse exercício trouxe grandes avanços e ganhos para o Brasil. O primeiro, que é pouco mencionado, acho que pela minha experiência no Mercosul e depois, como subsecretário no Itamaraty para outras áreas posso dizer isso, foi o envolvimento do setor privado. Quer dizer, em 1991 não havia o envolvimento do setor privado nas negociações que existem hoje. Hoje, o setor privado participa, junto com os setores do governo, das discussões da Rodada Doha, participa das negociações comerciais com terceiros países e está muito envolvido nas negociações do Mercosul. Então, acho que o treinamento do setor privado para realmente participar das negociações comerciais veio dessa experiência no Mercosul, ou começou com essa experiência de negociação.

Um segundo aspecto importante, na história diplomático-política brasileira aqui na região, foram, em minha opinião, os desdobramentos dos acontecimentos de 1985. Foi nessa época que o Brasil começa a se voltar para a região. Só a partir de 1985, quando o Brasil começa a participar do Grupo de Contadora, que apoiava os esforços na América Central. E pela primeira vez o Brasil começou a olhar de fato para a região e depois os acordos com a Argentina, com a democratização, o fim do regime militar na Argentina e no Brasil, em 1985, essa aproximação e os acordos com a Argentina que desembocaram no Mercosul. Então, o Mercosul é o ponto mais alto pela redescoberta ou pela descoberta da América do Sul pelo Brasil. Talvez o maior ganho do Mercosul, nesses vinte anos, tenha sito propiciar um maior conhecimento da região por parte dos investidores brasileiros das oportunidades de comércio e, sobretudo, de investimento. Os senhores estão vendo hoje a importância do investimento brasileiro no Uruguai, no Paraguai, na Argentina e em outros países aqui da região. Isso tudo nasceu pelo melhor conhecimento que foi propiciado pelo Mercosul.

Mais recentemente, algumas medidas importantes foram tomadas para fortalecer, digamos, o Mercosul.

Foi criado o Fundo para a Convergência Estrutural e Fortalecimento Institucional do Mercosul, o Focem, que já tem recursos de quase oitocentos milhões de dólares para facilitar a construção de estradas, meios de comunicação, linhas de transmissão e que beneficia justamente os países menores, o Uruguai e o Paraguai.

Foi criado o Parlamento do Mercosul. Depois, se tiver tempo e interesse, tenho algumas visões críticas da maneira como foi criado o Parlamento, especialmente quanto à distribuição e à proporcionalidade dos deputados.

O Mercosul e a ampliação das negociações com todos os países da região criaram, na prática, uma área de livre comércio. Quer dizer, o Mercosul fez um acordo com o grupo andino e se criou, na prática, uma zona de livre comércio que não tem muita efetividade, mas está aí.

Acho que, para o Brasil, o Mercosul foi muito importante também porque, através da Tarifa Externa Comum, nós conseguimos consolidar uma presença brasileira nas exportações de manufaturas. Os senhores sabem que o Brasil, que tem um comércio global, ele só exporta manufaturas significativamente para os Estados Unidos e para a América do Sul. Ultimamente, por uma série de outras razões que a gente pode discutir depois, perdemos o mercado norte-americano. Hoje a composição da pauta de exportação para os Estados Unidos é 80% de produtos primários e 20% de manufatura. Antes era o contrário, eram 80% de manufatura e 20% de produtos primários. Aqui na região, na América do Sul, ainda por causa da Tarifa Externa Comum na Argentina, a presença das manufaturas é muito importante. Só pensar no movimento de automóveis com a Argentina exemplifica o que estou dizendo.

O Mercosul foi importante para o Brasil, ainda é importante, de certa maneira, sobretudo para alguns produtos, mas se coloca aí a questão do desafio. Temos um passado que foi sendo levado com dificuldade, a partir da instalação da Tarifa Externa Comum, desaguando na situação atual, que vou tentar descrever.

Em primeiro lugar, o grande desafio hoje no Mercosul é superar a crise institucional. O Mercosul, apesar, como eu disse, do crescimento do comércio, vive uma crise institucional há muito tempo. Quer dizer, os órgãos do Mercosul não funcionam efetivamente, há um descumprimento das regras do Tratado de Assunção por todos os países – isso é o pior, porque o descumprimento não é só das regras do Mercosul, é também das regras da OMC; a Tarifa Externa Comum, que cria de direito uma união aduaneira, um estágio mais avançado depois da área de livre comércio – união aduaneira e depois o mercado comum –, essa união aduaneira é chamada de imperfeita porque apenas, segundo a literatura especializada, somente 35% dos produtos são cobertos pela Tarifa Externa Comum, o resto são exceções e perfurações unilaterais.

Estamos vendo aí com a Argentina agora essas medidas restritivas tomadas, alcançando 557 produtos que são ilegais. As licenças não automáticas aplicadas pela Argentina vão contra o Tratado de Assunção.

Outro aspecto, dentro dessa questão institucional, é a não utilização do mecanismo de Solução de Controvérsias. Tivemos dezenas de problemas entre todos os países da região, o mais grave deles entre Argentina e Uruguai, na questão das papeleiras, e nunca se pensou em utilizar o mecanismo de Solução de Controvérsias que existe no Mercosul. E o Brasil pouco fez, pouco se empenhou para isso.

Outro aspecto que também pode agravar a crise institucional é o aumento do número de membros. Quer dizer, não conseguimos resolver os problemas com quatro membros, agora já estamos às vésperas de ter a inclusão de mais um membro, a Venezuela, e o Brasil convidou a Colômbia – já tinha convidado a Bolívia, que não veio –, agora convidou a Colômbia, que também acho difícil que venha, porque ela acabou de fazer um acordo com o Chile e com o Peru, países que estão voltados para a Ásia, e dificilmente vai aceitar o convite para se juntar ao Mercosul. Mas, de qualquer maneira, o acréscimo de novos membros cria maiores complexidades, e no caso da Venezuela, inclusive, ela está entrando sem cumprir todos os requisitos que estavam colocados dentro do Protocolo de Adesão, exaustivamente examinado pelo Senado. Participei inclusive de uma reunião na qual se mostrou que a Venezuela não cumpriu os itens todos do protocolo, mas o Protocolo foi ratificado pelo Congresso. O Paraguai é o último país que ainda não aprovou. Acho que, como em outras áreas aqui no Brasil, o sucesso esconde as dificuldades. Quer dizer, os números do Mercosul, esses 45 bilhões de dólares de comércio entre os quatro países em 2010, esconde as dificuldades reais do Mercosul. Um dos novos desafios é a crescente presença da China.

O Mercosul foi criado para fazer uma integração, e com a integração das cadeias produtivas a ideia original era fortalecer a indústria de todos os países, os países menores passariam a ficar mais industrializados, fortaleceria a indústria de todo mundo. Agora, vem a China e exporta produtos industrializados. Hoje a China é o maior parceiro do Brasil, de vários outros países, é o segundo parceiro de um número grande de outros países, e ela está realmente atingindo o núcleo do Mercosul. O Brasil está sendo afetado nas suas exportações de manufaturas para o bloco e para a região pela crescente presença da China.

Em segundo lugar, acho que falta uma vontade política de todos os membros do Mercosul para tomar as medidas que são necessárias para fortalecer o Mercosul, para revigorá-lo.

Em terceiro lugar, temos a situação econômica da Argentina, que hoje é um fator de perturbação do avanço do Mercosul pelas medidas unilaterais que ela continua tomando. Esse terceiro aspecto é o descumprimento das regras. Já falei aqui das exceções unilaterais argentinas e agora medidas tomadas pelo Brasil também, que, em reciprocidade da Argentina, tomou medidas que estão sendo gradualmente relaxadas, mas foram medidas de restrição à importação dos carros argentinos para o Brasil.

Outro aspecto que descumpre o Tratado de Assunção é a bilateralização das discussões. O Brasil e a Argentina discutem sozinhos desconsiderando os outros países que, evidentemente, se ofendem e reclamam sempre dessa atitude dos dois sócios maiores.

Um aspecto importante que está nos jornais nesses últimos dias, e que tem a ver com a China também, é a triangulação que a China está fazendo dentro do Mercosul. Ela está exportando produtos, via Paraguai e Uruguai, para o Brasil, o que é ilegal. Regras de origem deveriam ser mais bem trabalhadas também.

Um quarto aspecto de grande desafio para o Mercosul é a agenda externa. Como os senhores sabem, nos últimos oito anos, nenhum acordo significativo de livre comércio foi assinado pelo Brasil, nem pelo Mercosul. Só foi assinado um acordo no segundo semestre de 2010, no final do governo, com Israel, que não tem significação econômica e comercial. Esse foi ratificado pelo Congresso. E foi assinado um segundo acordo com o Egito, que nem foi enviado aqui ao Congresso ainda. Só foi ratificado um acordo em oito anos. Estávamos com uma estratégia de negociação comercial baseada na negociação da Rodada Doha. Todos sabiam que era muito difícil avançar na Rodada Doha; nós persistimos e acabamos não fazendo nenhum acordo comercial. A notícia de hoje – segundo informação que colhi na internet

– é de que o Japão, a Coreia e a China assinaram um acordo de livre comércio. Hoje. Mais de cem acordos comerciais foram finalizados em todo o mundo, e o Brasil não negociou nenhum acordo. Acho que isso é um fator muito importante a ser considerado.

Acho que o acordo que está sendo negociado pelo Mercosul com a União Europeia dificilmente vai chegar a um bom termo, por uma série de razões que podemos discutir depois. A única coisa que cabe ao Brasil fazer – que não está fazendo, mas que deveria fazer – é aprofundar os acordos bilaterais no âmbito da Aladi (Associação Latino-Americana de Integração). Isso seria mais fácil fazer, porque com o resto do mundo está muito difícil. E, aqui, esses acordos bilaterais no âmbito da Aladi não necessitam do Mercosul, porque são acordos bilaterais, chamados Acordos de Complementação Econômica (ACE) da Aladi, que o Brasil pode negociar. Já existem, temos de aprofundar esses acordos.

Uma quinta observação que eu faria sobre esses desafios do Mercosul é que, na minha opinião, o Mercosul foi um dos projetos que mais sofreu com a politização e a partidarização da política externa brasileira nos últimos oito anos. Estou com três minutos só e não vou aprofundar sobre isso. Depois, se quiserem, a gente pode discutir.

Houve um esvaziamento do Mercosul no contexto do processo de integração regional e na globalização. Por quê? Porque o Brasil deu preferência à criação de órgãos regionais, como a Unasul, a Celc, o Conselho de Defesa, todos esses órgãos, sobretudo a Unasul – eles entraram em cima de algumas competências do Mercosul e, dentro da burocracia, dividiram os esforços, porque a burocracia nossa, como foi mostrado aqui, o número de diplomatas é limitado. São poucos os diplomatas e funcionários de outros órgãos cuidando do Mercosul. Houve uma redistribuição, uma divisão burocrática dentro do Itamaraty que fracionou o tratamento dessa questão e descoordenou as atividades sobre o Mercosul, na minha visão. Não há um comando único em relação ao Mercosul. Enfim, uma série de razões fez com que, dentro da burocracia e dentro do contexto latino-americano, houvesse uma dificuldade para coordenar melhor e ocasionasse um esvaziamento do Mercosul.

O que fazer? Para terminar. Acho que o Mercosul não vai acabar, quer dizer, ninguém vai assumir o ônus político de terminar com ele. O Mercosul vai continuar. Acho que, na área comercial, vai ficar mantido em banho-maria, não vai avançar. Ele está paralisado, não tem como na área comercial modificar essa situação. A única coisa que eu acho que se poderia fazer era flexibilizar as regras do Mercosul para permitir que o Brasil, debaixo do guarda-chuva desse Mercado Comum do Sul, possa negociar, independente dos outros países. Isso porque, no caso das negociações com a União Europeia – segundo afirmado pelos negociadores da União Europeia –, uma das dificuldades para avançar são as barreiras crescentes que a Argentina está criando. Acho que a questão da despolitização, segundo a minha visão, poderá melhorar. No início do governo Dilma Rousseff nota-se uma diferença da negociação comercial, no âmbito do Mercosul, em relação ao governo Lula. Os senhores estão vendo isso com a Argentina. Quer dizer, se estivéssemos no governo Lula, a Cristina Kirchner já teria dado um telefonema para o presidente Lula para resolver o problema dos automóveis. Agora, não. Não se politizou o assunto. Deixou-se o assunto no nível técnico. Isso é muito bom, na minha visão, porque esses assuntos são técnicos. E no âmbito político, em minha opinião, o Brasil só perdeu quando se politizou o assunto, com a Bolívia, com a Venezuela, com a Argentina. O Brasil perdeu quando se politizou. O interesse brasileiro foi afetado quando se politizou a negociação. Esperemos que essa tendência continue.

Para encerrar, acho que essa paralisia das negociações comerciais, esse atraso do Mercosul, essa dificuldade de a gente sair desse problema deveria ser discutida entre os países-membros, como está previsto no Tratado. O Tratado de Assunção, no artigo 47, diz que os países deveriam convocar uma conferência diplomática, para discutir esses assuntos. Mas isso nunca foi feito. Isso está previsto no Tratado, mas nunca foi feito.

Não sei se está na hora ou não, não sei se o Mercosul é recuperável dentro desse quadro, mas, do ponto de vista comercial, que é o que nos interessa, está indo muito bem. O Mercosul não vai bem, mas a relação comercial com os países está indo muito bem: 45 bilhões de dólares; o comércio com a Argentina está florescente; os investimentos brasileiros estão crescendo; mas, isso tudo a despeito do Mercosul, à revelia do Mercosul.

Muito obrigado.

Fernando Collor (PTB-AL) – Muito obrigado ao embaixador Rubens Barbosa pela sua exposição.

Ao embaixador Rubens Barbosa coube não somente lançar a semente, mas, antes de lançá-la, preparar o terreno para torná-lo mais receptivo à semente da criação do que viria a ser mais adiante o Mercosul. Portanto, embaixador, é com muita satisfação que o recebemos aqui, porque ninguém melhor do que o senhor para nos trazer o que havia sido projetado e a maneira como havia sido colocada a ideia do nosso Mercado Comum do Sul. É de extrema importância que continuemos trabalhando para corrigir essas assimetrias, acabarmos com essas quizílias que existem aqui e acolá com relação às tarifas externas comuns, em relação à questão de linha branca, depois em relação a automóveis, depois em relação a produtos agrícolas, mas isso nós só conseguiremos mediante uma concertação política de alto nível, de que acredito tanto a presidente Dilma como todos os outros chefes de Estado dos países que compõem originalmente o Mercosul estão hoje imbuídos.

Muito obrigado, embaixador Rubens Barbosa.

2 Depoimento 2

5º CICLO POLÍTICA EXTERNA BRASILEIRA, da série de audiências públicas Rumos da Política Externa Brasileira (2011-2012) – "A Ordem Econômica Mundial e o Brasil: o Brasil face à nova ordem econômica; Brics e G-20".

Apresentação feita na Comissão de Relações Exteriores e Defesa, presidida pelo senador Fernando Collor, em 28 de maio de 2012. Participaram igualmente a ministra Dorothea Fonseca Furquim Werneck, secretária de Desenvolvimento Econômico do Estado de Minas Gerais, ex-ministra do Trabalho, ex-ministra da Indústria e Comércio; o embaixador Marcílio Marques Moreira, ex-ministro da Economia, Fazenda e Planejamento.

Rubens Barbosa – Vou expor minha visão sobre a situação no mundo hoje e como o Brasil nela se insere.

Dada a limitação de tempo, vou tratar de três temas: primeiro, a desordem econômica global; segundo, o impacto da crise sobre o nosso país e a reação que o Brasil está oferecendo, e vou terminar com um capítulo sobre a visão prospectiva: como olhar o futuro.

Dentro desses três itens, vou levantar diversos aspectos da situação externa, da situação interna e da conjuntura e, se houver interesse depois, aprofundar essas questões. Dada a limitação de tempo, não vai ser possível entrar em muitos detalhes.

Em relação à ordem econômica global, acho que a situação que nós estamos vivendo é muito peculiar. Estamos vivendo um momento de grandes transformações globais, com a transferência do eixo político-econômico do Atlântico para o Pacífico, com a negociação de um Acordo de Livre Comércio entre a China, a Coreia e o Japão, que representa um bloco maior que a União Europeia. Nós estamos entrando num mundo pós-ocidental e estamos vendo que alguns países, como os Estados Unidos, estão reagindo a isso com uma nova estratégia política, militar, econômica em relação à Ásia.

O segundo aspecto é a crise econômica, tanto nos Estados Unidos, onde começou em 2008, quanto agora na Europa, e que vem afetando os países emergentes. Estamos hoje com a Europa numa crise não só econômica, mas política também, com a possibilidade da saída da Grécia do sistema monetário europeu. A crise tem gerado a redução do crescimento nos Estados Unidos, um crescimento praticamente zero da Europa, e uma perspectiva de redução do crescimento dos países emergentes. Houve um relatório recente do Fundo Monetário que apresentava um otimismo cauteloso com a volta do crescimento. Eu, pessoalmente, sou mais pessimista. Eu acho que a Europa vai enfrentar um período de dez anos de crescimento muito baixo, eles vão ter uma década perdida, como nós tivemos aqui na América Latina.

O terceiro aspecto dessas transformações globais por que passa a economia mundial é a mudança do mapa da globalização. Tanto o comércio internacional quanto os investimentos estão mudando de lado, quer dizer, o comércio internacional está caindo, nós vamos ter um crescimento este ano de 2,3%, e o *drive*, a força motora, do comércio está na Ásia, liderado pela China, a partir da demanda de *commodities* e de minérios e da exportação de manufaturas. Os fluxos de investimento também estão mudando de orientação: hoje vêm mais da Ásia do que da Europa e dos Estados Unidos. Nós estamos vivendo uma crise do multilateralismo da OMC e na área política da ONU. Estamos tendo uma volta do protecionismo, inclusive da Europa agora, claramente anunciando medidas defensivas contra os países emergentes. E vamos ter uma redução dos fluxos de investimento. O Brasil, no ano passado, foi o segundo país que mais recebeu investimentos no mundo, depois da China, com 69 bilhões de dólares. Este ano, já vai ser sensivelmente menor.

Um quarto aspecto do mundo em que nós estamos vivendo é a grande importância que estão adquirindo os temas globais: comércio, meio ambiente, energia, mudança de clima, direitos humanos, e, em cada um deles, a voz do Brasil é crescentemente ouvida. E vamos ter agora, no próximo mês, a reunião na Rio+20, para análise do que ocorreu nesses últimos vinte anos.

E o último aspecto dessas transformações por que passa a economia e a política global é o grande desafio sobre a governança global. Eu não vou entrar na parte política da ONU, mas, como eu disse, a OMC, o próprio G-20, que foi criado para que pudesse ter influência grande na governança global, está passando por um grande desafio, está paralisado – como vimos na última reunião –, e agora, no México, dificilmente vamos ver uma posição forte do G-20, justamente porque não há consenso sobre as medidas a serem tomadas pelas economias desenvolvidas e em desenvolvimento. E isso também se torna mais difícil porque estamos entrando, já, com a emergência da China e dos outros emergentes, num mundo multipolar. Acabou a unipolaridade ou a bipolaridade. Nós estamos hoje num mundo onde existem muitos focos de poder, inclusive dos Brics, que, depois, se os senhores quiserem, poderemos aprofundar.

O segundo ponto que eu queria mencionar é o impacto da crise e como o Brasil está reagindo.

O primeiro aspecto, como eu mencionei, é a desaceleração da economia mundial. A União Europeia deve crescer praticamente zero. Os Estados Unidos, se crescerem 2% já vai ser muito bom. A projeção que se faz hoje, pelo Fundo Monetário, pela OCDE, é um crescimento da economia global de cerca de 2,5%. Isso terá efeitos sobre o Brasil. Nós já estamos vendo a redução das exportações, a redução dos fluxos de investimento, o contágio na área financeira, com a sensível redução das linhas de crédito para as empresas brasileiras no exterior. E nós temos, até maio [de 2011], segundo dados que consegui, um investimento ainda da ordem de 27 bilhões de dólares, o que não é mau, dentro desse quadro.

O Brasil, sobretudo por causa da desaceleração da economia, mas também por outros fatores, sofre com a queda dos preços das *com-*

modities. O que é interessante é que, nos últimos anos, houve uma mudança nos termos de intercâmbio, nos termos de troca, com a valorização dos produtos primários e a queda do preço das manufaturas.

O Ipea publicou um dado interessante. Se nós tomássemos os termos de troca do Brasil em 2007 e agora, hoje nós não teríamos um superávit, como vimos no ano passado, de trinta, e este ano um pouco abaixo de trinta. Nós teríamos um déficit de dezoito bilhões de dólares. Os termos de troca caíram 7,7% até setembro passado.

O Brasil está respondendo a esse grande desafio da desaceleração, da mudança do cenário internacional, com uma atitude, na minha visão, defensiva. Eu acho que o sucesso da política econômica até aqui e o sucesso das exportações – o comércio exterior brasileiro quadruplicou, de 2002 até agora –, os resultados positivos da economia e os resultados muito positivos do comércio exterior escondem os problemas que nós estamos começando a enfrentar agora e que estão ficando claros, pois exigem algo mais por parte do governo brasileiro.

A taxa de crescimento da economia em 2012, segundo o governo, começou com cinco, quatro, agora já é um pouco menos de quatro. Há economistas que acham que o crescimento, este ano, vai girar em torno de 3%, talvez menos que isso, o que mostra o efeito dessa crise internacional.

Além disso, registramos – falando como presidente do Conselho de Comércio Exterior da Fiesp, nós temos examinado muito isso lá em São Paulo – uma sensível queda do crescimento da indústria. Se os senhores pegarem os dados desses últimos três meses, a projeção que a Fiesp faz é de que, se nós crescermos daqui até o fim do ano 0,2% – como se sabe, o crescimento tem sido negativo –, o crescimento da indústria vai ser zero. O crescimento de 0,2%, possivelmente, não irá ocorrer.

Além da queda do crescimento da indústria, o comércio exterior está crescendo a taxas mais baixas. Tanto a exportação quanto a importação estão crescendo, mas abaixo dos níveis do ano passado. As medidas que estão sendo tomadas pelo governo são medidas *ad hoc*. São corretas, vão no sentido correto, mas na minha visão, são insuficientes para enfrentar o grande desafio que vem pela frente.

No caso da indústria, o problema da desindustrialização não é uma ficção, não é uma criação de economistas. Isso é uma realidade. Basta assistirmos às reuniões lá na FIESP para ver o que isso significa.

Um dado apenas, para não dar muitas estatísticas aos senhores: até a década de 1980, a indústria representava 25% do PIB brasileiro; hoje, representa 14,5% do PIB brasileiro. O consumo interno brasileiro era atendido pela indústria brasileira em 80% a 85%. Hoje, o consumo interno é atendido pela indústria brasileira em 70% a 75%. O resto vem das importações, sobretudo das importações da China.

Outro aspecto importante que tem a ver com a desaceleração do crescimento, que tem a ver com a queda do crescimento da indústria, que tem a ver com essa estagnação do setor externo, é a perda da competitividade do Brasil. Em minha opinião, a perda da competitividade é o maior problema que o Brasil enfrenta hoje, porque é sistêmico. Não é apenas uma perda de competitividade da indústria ou do comércio exterior. É a economia inteira que está perdendo competitividade – nós podemos voltar aqui, depois, sobre isso –, é o câmbio apreciado durante muitos anos, é a alta taxa de juros, coisas que agora estão sendo corrigidas. É o chamado Custo Brasil.

Eu não vou entrar em detalhes aqui, mas os senhores sabem do que estou falando. É o problema trabalhista, o alto custo para as empresas, a infraestrutura, a ineficiência dos diferentes setores que entram na questão da produção. Enfim, tudo isso que nós sabemos, o alto custo e a complexidade da gestão da economia brasileira representam esse Custo Brasil.

Além do mais, por uma série de razões que têm a ver com o aumento do salário acima da inflação, acima da produtividade, o crescimento da produtividade aqui no Brasil é muito baixo. De 1950 a 2009, a média do crescimento da produtividade brasileira é 1,3%. Eu estava lendo no avião, o *The Economist*, que a China, de 1990 a 2008, cresceu em média 9%. Os Estados Unidos crescem, a produtividade cresce, em média, 6%, enquanto a nossa produtividade cresceu, nos últimos cinquenta, sessenta anos, 1,3%, o que explica muito dos problemas que estamos tendo de enfrentar.

Como eu disse, as medidas que foram tomadas pelo governo em 2012 para enfrentar a crise estão repetindo o que foi feito com grande sucesso em 2008. Acho que as medidas vão no caminho correto, mas elas, em minha visão, não são suficientes porque elas estão baseadas na expansão do mercado interno, na redução dos juros, na depreciação do câmbio e em medidas *ad hoc* que estão sendo tomadas em relação à previdência social. A aprovação pelo Congresso relacionada com os rendimentos da caderneta de poupança, em vista da redução da taxa de juro, é muito apropriada. As medidas de defesa comercial, contudo, não têm uma visão de médio e longo prazos, quer dizer, não se resolve o problema da perda de competitividade fazendo mais restrições internas. E há exaustão do mercado interno, pelo endividamento das pessoas e a *exposure*, a exposição dos bancos, ambas estão chegando aos limites. Portanto, essas medidas de expansão do mercado interno, que deram muito certo em 2008, possivelmente agora vão ter um resultado menor, porque há cinco anos não havia a exposição interna dos bancos e nem o nível de endividamento das pessoas.

Estamos chegando ao limite do crescimento interno brasileiro. Nós podemos entrar depois nisso. Nós temos fatores externos, fatores internos e fatores conjunturais que influem para limitar o nosso crescimento. Os fatores conjunturais, como eu mencionei, a queda das *commodities*, que reflete sobre a *performance* do comércio exterior, a volatilidade dos preços, os limites ao crédito interno, o crescimento negativo da indústria, o endividamento das famílias, dos bancos, como eu mencionei.

Os fatores estruturais, já discutimos muitas vezes, e o Senado também tem discutido muito; essas são as medidas que estão afetando demais o comportamento das empresas: o alto custo dos tributos, a questão da previdência social, o custo da energia. A energia, hoje, no Brasil é das mais caras do mundo; está afugentando investimentos porque ninguém consegue fechar as contas com o custo da energia do jeito que está. E, para não repetir também os detalhes, o custo que representa para as empresas a ineficiência da infraestrutura. Nós temos que evoluir desse modelo de expansão do mercado, que está se esgotando, para um modelo baseado no investimento e na poupança.

Enquanto aqui no Brasil nós mal chegamos a 19%, na China, só na infraestrutura, na construção civil e na construção de plantas de fábricas, o investimento é de 48% do PIB.

Para encerrar esta segunda parte e concluir, a percepção externa sobre o Brasil está mudando rapidamente. Eu estive recentemente no exterior, pude avaliar, recebi muitos comentários, e todos focando na necessidade dessas mudanças internas. O fator externo, para nós, seria controlável se nós fizéssemos essas mudanças internas que são importantes.

Eu recebi – só não vou entrar em detalhes também – um relatório de uma empresa de consultoria internacional chamada Monitor International. Trata-se de um relatório sobre o Brasil. O título era: "Brasil: a festa terminou". O *Foreign Affairs*, que circulou agora, publicou um artigo também, dizendo "*Bearish Brazil*", quer dizer, em termos de bolsa, o *bearish* é o para baixo e o *bullish*, para cima. O *The Economist* tinha uma página inteira sobre o Brasil na linha de que o Brasil estava chegando no limite do crescimento. A empresa Bloomberg fez um estudo sobre ambiente de negócios em cinquenta países; o Brasil é o 50º. O Banco Mundial fez um estudo com 140 países, o Brasil é o 126º.

Então, a percepção externa do Brasil – a gente não deve se iludir – está mudando. Isso é responsabilidade nossa. Nós temos que enfrentar as nossas fraquezas e assumir a necessidade de responder aos desafios.

Para encerrar, também a gente pode discutir depois, vou mencionar algumas ideias – que podemos discutir depois – sobre a necessidade de uma visão prospectiva.

Na minha opinião, no Brasil, antes da estabilidade econômica [1993], era difícil pensar em termos estratégicos, pois todo mundo estava vivendo para fechar a folha de salário para pagar a conta no fim do mês.

Hoje, não. Hoje, nós temos a inflação sob controle, temos estabilidade econômica, os indicadores macroeconômicos, na maioria, estão bem. Então, não vejo por que o setor privado, o governo não ter uma visão de médio e longo prazo. Esse é um dos grandes problemas que enfrentamos.

O Brasil, hoje, dentro dessa visão prospectiva, tem que levar em conta as incertezas e a volatilidade da economia global, como eu mencionei. Tem que levar em conta a instabilidade política no cenário internacional. Nós estamos vendo a situação no Oriente Médio, que de uma hora para outra pode trazer consequências tremendas do ponto de vista, por exemplo, do preço do petróleo. Depois, os desafios geopolíticos, geoeconômicos que o Brasil está enfrentando estão a exigir ajustes na nossa política econômica e na nossa política externa. O que o Brasil quer do mundo? O que o Brasil quer da relação com a China? O que o Brasil quer da relação com os Estados Unidos? O que o Brasil quer da relação com a Europa?

Eu confesso que ouço pouco debate sobre esses pontos, que são cruciais. O Brasil mudou de nível. O Brasil atualmente joga numa outra liga, e a expectativa sobre o que o Brasil fala, sobre como o Brasil vai atuar, aumentou, e está faltando essa visão estratégica por parte do governo, por parte dos empresários, por parte dos trabalhadores. Eu acho que esses encontros que o presidente Collor tem realizado aqui vão um pouco nesse sentido, para a gente examinar as coisas, qual é o cenário, por onde o Brasil deveria ir. E eu acho que o Brasil, o governo brasileiro, nesses próximos anos, por causa da crise internacional, da mudança desse quadro, vai ter que enfrentar desafios que não foram enfrentados até aqui. Nós estamos entrando em um mundo pós-ocidental. Muito pouca gente está se dando conta disso.

O que estamos fazendo para enfrentar um mundo que não é mais apenas o dos Estados Unidos e Europa. É um mundo que é voltado para a Ásia. Como é que os nossos produtos vão chegar à Ásia? Como é que se faz a integração física para chegar aos portos do Pacífico? Eu acho que isso, na minha visão, não está sendo enfrentado.

Agora, estamos começando a falar em inovação. Há uma discussão recente que fala que a nova fase da globalização é essa, é a inovação. Como é que vamos enfrentar a inovação sem investimento ou com investimento baixo? Nós temos que enfrentar a realidade e passar a buscar uma nova estratégia para o crescimento, aumentando o investimento, a poupança. Não tem outro jeito. Eu não sou economista, mas tenho alguma experiência nessa área; não tem segredo, você não consegue aumentar o investimento, aumentar a poupança aumentando o gasto público. Não existe isso, não fecha o círculo, temos que reduzir o gasto público.

E para encerrar, o Brasil não é uma ilha, o Brasil está inserido em um contexto. Nós estamos aqui na América Latina – e também isso a gente pode discutir depois – e o regionalismo hoje está presente em todo o mundo, na Ásia, na Europa, na América do Norte, só não está presente aqui na América do Sul. Nós estamos vivendo uma crise no processo de integração regional, no Mercosul, há um esvaziamento do Mercosul, e, na minha visão, o Brasil não está nem com uma estratégia de negociação comercial com a região nem com o mundo, porque, nesses últimos dez anos, quando mais de cem acordos comerciais foram negociados – e agora, como eu disse, China, Japão, Coreia, Estados Unidos, Europa e Asean estão negociando –, o Brasil, nos últimos dez anos, negociou três acordos: um com Israel, que o Congresso ratificou; um com o Egito, que não foi ratificado; e um com a Autoridade Palestina. Os três acordos, sem nenhuma relevância comercial para o Brasil.

Então, quando se olha para o futuro e se encaram os desafios, nós temos a medida da tarefa que está pela frente. Eu acho que chegou a hora de nós encararmos esses problemas, e o Congresso, com as suas comissões, com a visão que deve ter sobre os problemas brasileiros, terá um papel importante para resolver esse dilema que estamos enfrentando: a paralisia ou o avanço para enfrentar esses desafios.

Fonte: Stempel Garamond
Papel: pólen soft 80 g/m²
Impressão: RR Donnelley
Tiragem: 1.500